FACULTÉ DE DROIT DE PARIS

DROIT ROMAIN

DU ROLE DE L'ÉTAT
EN MATIÈRE MONÉTAIRE A ROME

ÉCONOMIE POLITIQUE

DU ROLE DE L'ÉTAT
EN MATIÈRE MONÉTAIRE

THÈSE POUR LE DOCTORAT

PAR

Paul GRÉCIANO

DIPLOMÉ DE L'ÉCOLE DES SCIENCES POLITIQUES

PARIS

LIBRAIRIE NOUVELLE DE DROIT ET DE JURISPRUDENCE

ARTHUR ROUSSEAU

ÉDITEUR

14, RUE SOUFFLOT ET RUE TOULLIER, 13

1895

THÈSE

POUR LE DOCTORAT

La Faculté n'entend donner aucune approbation ni improbation aux opinions émises dans les thèses ; ces opinions doivent être considérées comme propres à leurs auteurs.

DROIT ROMAIN

DU ROLE DE L'ÉTAT

EN MATIÈRE MONÉTAIRE A ROME

ÉCONOMIE POLITIQUE

DU ROLE DE L'ÉTAT

EN MATIÈRE MONÉTAIRE

THÈSE POUR LE DOCTORAT

L'ACTE PUBLIC SUR LES MATIÈRES CI-APRÈS

Sera soutenu le lundi 18 février 1895, à 9 heures.

PAR

Paul GRÉCIANO

DIPLOMÉ DE L'ÉCOLE DES SCIENCES POLITIQUES

Président : M. BEAUREGARD, *professeur.*

Suffragants: MM. PLANIOL, *professeur.*
CUQ, LESEUR, *agrégés.*

PARIS

LIBRAIRIE NOUVELLE DE DROIT ET DE JURISPRUDENCE

ARTHUR ROUSSEAU

ÉDITEUR

14, RUE SOUFFLOT ET RUE TOULLIER, 13

1895

A MON PÈRE

Hommage de respect et d'affection.

BIBLIOGRAPHIE

DES OUVRAGES CITÉS.

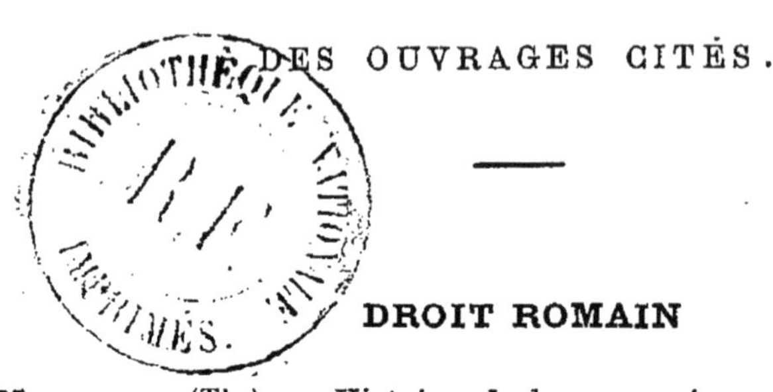

DROIT ROMAIN

Mommsen (Th.). — *Histoire de la monnaie romaine*. Traduc. de Blacas, 1865.

— *Droit public romain*. Traduc. P. F. Girard, 1894, t. IV.

— *De C. C. Saturni Titulo*. Nuove memorie dell'Instituto di corrispondenza archeol.

— *Ephemeris Epigraphica*, V, nº 697.

Lenormant (Fr.). — *Histoire de la monnaie dans l'antiquité*, 1878-1879.

— *Essai sur l'organisation économique et politique de la monnaie dans l'antiquité*, 1863.

— *Essai de classement des monnaies des Lagides*, 1855.

— Article *As*. *Dictionnaire des antiquités grecques et romaines* de Daremberg et Saglio.

Mommsen et Marquardt. — *Manuel des antiquités romaines*, t. X, 1888.

Bouché-Leclercq. — *Manuel des institutions romaines*, 1886.

Babelon. — *Description des monnaies de la République romaine*, 1885-1886.

Waddington. — *Mélanges de numismatique*.

Soutzo (Michel). — *Introduc. à l'étude des monnaies de l'Italie antique*, 1re partie, 1887, 2e partie, 1889.

— *Essai de restitution des systèmes monétaires de l'Asie mineure et de la Grèce*, 1884 ; — *des Lagides*, 1893.

— *Étalons pondéraux primitifs*, 1884.

Vazquez Queipo. — *Essai sur les systèmes métriques et monétaires des anciens peuples*, 1859.

D'Ailly. — *Recherches sur la monnaie romaine*, 1864-1869.

Cuq. — *Institutions juridiques des Romains*, t. 1er, ancien droit, 1891.

— *Études d'épigraphie juridique*. Bibl. des Éc. franc. d'Ath. et de Rome, 1881, fs. 21.

— *Mélanges de l'École de Rome*, 1893, p. 20 et s.

Bélot. — *Révolution économique et monétaire qui eut lieu à Rome au IIIe siècle avant notre ère*, 1885.

Samwer (K). — *Geschichte des ælteren ræmischen Münzwesens*. Wien., 1883.

Reinach (Th.). — Cours libre à la Sorbonne. *Histoire de la Grèce d'après les monnaies*, 1893.
Girard (P.-F.). — *Textes de droit romain*, p. 144.
— *La garantie d'éviction*, 1884.
Voigt. — *Die XII Taifen*, 1883.
Marsault. — *Les magistrats monétaires*, 1888, Thèse.
Bœckh. — *Métrologische Untersuchungen*.
Revue de numismatique française.

ÉCONOMIE POLITIQUE.

Levasseur. — Rapport lu à l'Académie des sc. mor. et polit. dans la séance du 11 février 1882 (Prix Rossi).
Jourdan (Alfred). — *Du rôle de l'État dans l'ordre économique*, 1882.
Villey. — *Du rôle de l'État dans l'ordre économique*, 1882.
Lévy (R.-G.). — *Mélanges financiers*, 1894.
— (Traduc. d'ouvrages de M. Bamberger). *Le métal-argent*, 1894.
Le Monde économique (M. Paul Beauregard).
Le Journal des économistes. Compte-rendu des séances de la Société d'économie politique, etc...
L'Économiste français (MM. Paul Leroy-Beaulieu, de Foville, etc...).
Say (Léon). — *Rapport sur le payement de l'indemnité de guerre*.
— (Traduc. de l'ouvrage de Goschen). *Théorie des changes étrangers*, 1892.
Leroy-Beaulieu (Paul). — *Traité de la science des finances*.
Ott. Haupt. — *Arbitrages et parités*, 1894.
Le Touzé. — *Traité du change*, 1883.
Raffalovich. — *Le marché financier*, 1891 à 1894.
— *La Conférence de Bruxelles*, 1892.
Juglar (Clément). — *Des crises commerciales et de leur retour périodique en France, en Angleterre et aux États-Unis*, 1889.
Stanley Jevons. — *Périodicité des crises commerciales*, 1878.
— *Essai sar la question de l'or*.
— *The Nature*, 14 novembre 1878.
De Laveleye. — *Le marché monétaire et ses crises depuis* 50 *ans*, 1864.
Allard. — *Dépréciation des richesses*, 1889.
— *La baisse des prix. La crise actuelle*, 1885.
Chevalier (Michel). — *La monnaie*, 1866.
— *La baisse probable de l'or*.
Ducrocq (Th.). — *Du cours international des monnaies de l'Union monétaire dite latine*, 1883.
— *De la monnaie au point de vue de l'Économie politique et du droit*, 1865.
— *Etudes d'histoire financière et monétaire*, 1887.
Bulletin de statistique du Ministère des Finances.

DROIT ROMAIN

DU
ROLE DE L'ÉTAT EN MATIÈRE MONÉTAIRE
A ROME

INTRODUCTION

DU ROLE DE L'ÉTAT EN MATIÈRE MONÉTAIRE DANS L'ANTIQUITÉ ORIENTALE ET GRECQUE.

§ 1. — L'intervention de l'État en matière monétaire dans les civilisations antiques a été tardive. — Le commerce s'y est longtemps opposé.

Le fait le plus frappant de l'histoire monétaire de l'antiquité est que la monnaie, qui nous semble aujourd'hui un instrument absolument indispensable pour le commerce, ait été inventée si tard. Des peuples commerçants, tels que les Phéniciens, des peuples industrieux et d'une civilisation avancée, tels que les Assyriens, les Babyloniens, les Egyptiens, les Hébreux, les Lydiens, les premiers Grecs, ont traversé des siècles d'une prospérité qui nous étonne, sans connaître le principal instrument des échanges.

Bien plus tous ces peuples — et les Romains firent comme eux — non seulement avaient renoncé de bonne heure au vulgaire *troc* des époques barbares, pour pratiquer l'échange, à l'aide d'une marchandise intermédiaire, mais encore ils avaient choisi pour ce rôle les *métaux* les plus précieux qui étaient à leur portée; ils avaient divisé ces métaux en *lingots réguliers*, d'un titre et d'un poids constants, ils avaient créé des *multiples* et des *sous-multiples* du poids choisi comme *unité*, qui était en même temps l'*unité du sytème pondéral.* Enfin la régularité du poids des pièces avait réduit dans bien des cas la balance, dont on se servait à chaque payement, au simple rôle de témoin muet, et, pour tout dire, inutile, d'une opération devenue simplement formaliste. La monnaie existait donc dans tous ses détails, elle avait tous les caractères d'une bonne monnaie, elle était pure et sincère..... Les auteurs qui remarquent ces faits s'empressent d'ajouter qu'il ne lui manquait qu'une chose: l'*empreinte officielle.*

Avant de prononcer ce mot à notre tour, nous rapprocherons une seconde remarque de la précédente. C'est que les peuples qui se servaient de cette monnaie, minutieusement organisée, à laquelle il semble qu'il manquait si peu de chose et une chose si simple, vécurent longtemps sans admettre ce prétendu perfectionnement, le côtoyant sans cesse sans le voir et sans l'adopter. Et non seulement beaucoup de peuples qui n'eurent pas connaissance d'une monnaie officielle, marquée du sceau de l'autorité, ne l'inventèrent pas, mais ceux qui connurent ce genre de monnaie ne l'adoptèrent qu'après de longs siècles et comme à la suite d'une résistance opiniâtre. Les Phéniciens, les Hébreux, ne connurent pas la monnaie légale, les Perses ne l'employaient pas dans leur commerce intérieur, tandis que le Grand Roi en frappait pour payer les troupes mercenaires et la flotte et que les cités en relations commerciales directes avec les Grecs en frappaient pour leurs échanges extérieurs. Les Satrapes qui représentaient en Egypte, par exemple, le roi de Perse, frappaient des monnaies pour payer les commerçants grecs qui apportaient leurs marchandises jusqu'à Memphis et à Naucratis et les Egyptiens n'adoptèrent jamais ce genre de monnaies pour leurs usages particuliers. Il fallut que les Grecs eux-mêmes vinssent à la suite d'Alexandre établir en Egypte, avec la domination des Ptolémées, la pratique de la monnaie à la grecque. Rome fit de même. Entourée de colonies grecques et de peuples indigènes qui se servaient de monnaie, elle ne put ignorer ce précieux instrument, et pourtant pendant 300 ans Rome se passa de monnaie ; et, plus tard, quand au bout de trois siècles l'usage en fut établi, ce ne fut que d'une manière accessoire pour des usages particuliers et le commerce continua avec une opiniâtreté et un mépris vraiment exorbitants, devant un progrès qui nous semble aujourd'hui considérable, à se servir de ses pièces anciennes qu'il continuait à peser à l'aide de sa balance (1).

Il y a dans ces faits, on l'avouera, quelque chose de mystérieux et d'inexpliqué que nous nous efforcerons de démêler par la suite. Pour l'instant hâtons-nous de justifier nos observations par l'étude des sources.

---

(1) Lenormant, *Essai sur l'organisation de la monnaie dans l'antiquité*, p. 107. Plin., XXIII, 3, 42. — Gaius, I, 122. — Paul, p. 191.

1° *Exemple de l'Egypte.*

A. — Période antérieure à l'introduction de la monnaie de l'Etat.

L'outen. — Le plus ancien document que nous possédions sur l'histoire de la circulation métallique est un papyrus du temps de la XIXe dynastie des Pharaons qui parle d'une gratification de 100 *outens de cuivre* distribuée à la garnison de la ville forte de Pa-Ramsès, dans la basse Egypte, pour donner aux hommes le moyen de faire la fête, à l'occasion de la visite du roi Merenphtah (1).

L'*outen* n'était pas une monnaie, c'était l'unité pondérale. Elle se divisait en 10 kite. Des pesées nombreuses faites sur les échantillons de ces blocs de cuivre conservés au Musée de Boulaq et qui représentent l'outen, ses multiples et ses sous-multiples, semblent indiquer que son poids a varié de 91 à 96 grammes suivant les époques.

Caractères monétaires. — Si l'outen n'était pas une monnaie proprement dite, parce qu'il ne portait pas l'empreinte officielle, qui donne au bloc de métal la garantie de l'Etat, qui ajoute à la valeur intrinsèque du lingot cette valeur fiduciaire qui fait l'originalité, même de la meilleure monnaie, l'outen avait de la monnaie trois caractères importants : il servait d'unité de compte, d'instrument de payement, permettant au commerce de s'élever du simple troc à la pratique de l'échange, enfin il était l'étalon commun des valeurs.

1° *Etalon des valeurs.* — Les objets, dans les documents

---

(1) Papyrus Anastasi. V. F. Lenormant. *Hist. de la monn. dans l'antiq.*, L. 1, p. 93 et s.

privés de l'époque pharaonique, sont toujours exprimés en outens. M. Maspéro (1) décrit, d'après des documents scrupuleusement vérifiés, un marché au temps des Ramessides, où l'on constate en même temps la pratique du troc et l'usage de l'outen de cuivre comme terme d'évaluation des valeurs. Un taureau y est échangé contre 1 natte, 5 mesures de miel, 11 mesures d'huile et 7 objets différents. En même temps que l'acheteur et le vendeur troquent ces diverses marchandises, ils notent sur une facture la valeur en outens de cuivre de ces divers objets :

1 natte	=	25 outens
5 mesures de miel	=	4 outens
11 » d'huile	=	10 outens

en tout 119 outens représentent la valeur d'un taureau.

Nous trouvons dans ces documents non seulement une évaluation comparative intéressante des divers objets usuels, mais aussi la preuve que les métaux, même le cuivre, avaient à cette époque un pouvoir d'achat bien supérieur à celui qu'ils ont aujourd'hui.

2° *Monnaie de compte*. — La valeur de l'outen de cuivre était donc l'unité de valeur, comme le poids de ce bloc de cuivre était l'unité de poids. Nous venons de constater en outre que cette unité servait à fixer le prix des objets usuels, leur valeur par rapport au cuivre. Les prix s'exprimaient donc en outens. Ce poids servait d'unité de compte.

3° *Instrument de payement*. — Les payements se faisaient en outens et quelquefois en anneaux d'or ou d'argent qui n'étaient pas fabriqués en Egypte, mais qui y circulaient comme monnaie étrangère à un cours variable exprimé en outens nationaux de cuivre.

(1) *Lectures historiques*, p. 20.

La monnaie d'or et d'argent circulait en Egypte non seulement sous forme d'anneaux, mais aussi sous forme de briques. Cette monnaie était fabriquée en Asie et taillée suivant des systèmes pondéraux différents du système égyptien.

Il y avait des mines de cuivre très riches dans la péninsule du Sinaï. Ces mines étaient exploitées pour le compte de l'Egypte depuis le temps de la IVe dynastie. — Quant à l'or, il existait en Egypte, mais il était très cher et, vu le pouvoir d'achat déjà élevé du cuivre, l'or n'aurait pu servir dans les échanges journaliers. L'electrum était apprécié à l'égal de l'or parce que c'était un alliage d'or et d'argent et que l'argent était presque aussi cher en Egypte que l'or. L'or à poids égal valait deux fois l'argent, exactement 1 2/3 (1).

Système monétaire. — On voit ce qu'était à cette époque le système monétaire égyptien. Si l'outen avait eu cours légal, s'il avait été frappé par l'État, on aurait pu dire que les Egyptiens avaient le système de l'étalon unique de cuivre avec circulation libre, purement commerciale, de monnaies étrangères à un cours variant suivant les fluctuations du marché.

Mais la monnaie véritable, légale, n'était pas inventée, le commerce ne savait pas encore profiter de la confiance qu'inspire l'État pour rendre plus simple et plus facile la circulation des monnaies. On avait imaginé l'emploi des métaux comme intermédiaire dans les échanges et comme terme de comparaison des valeurs. Mais on était obligé de es peser à chaque transaction comme le prouve une peinture égyptienne bien connue.

---

(1) Mariette, *Papyrus de Boulaq*.

B. — Introduction de la monnaie par les Perses.

La coutume nationale conserva ce système primitif et simple jusqu'au temps des Lagides. Ce ne fut que par exception et pour l'usage de commerçants grecs et phéniciens qui affluaient à Memphis et à Naucratis que des monnaies véritables d'argent furent frappées par les satrapes perses et en particulier par le satrape Aryandès dans des conditions qui lui valurent d'être puni de mort par Darius. Ce sont donc les Perses qui introduisirent en Egypte l'usage de la monnaie. Nous verrons que le monnayage des Achéménides comprenait un monnayage officiel, royal, et laissait à certains satrapes le droit (1) d'émettre une monnaie municipale. Aryandès émit une monnaie d'argent pesant environ 3 gr. 1/2. Le fait même de l'émission d'une monnaie d'argent n'excédait pas ses pouvoirs ; mais ce qui lui valut la colère de Darius et la peine capitale dont il fut frappé, c'est que ses monnaies étaient meilleures que celles du grand Roi. Encore au temps d'Hérodote ces pièces, qui ne nous sont pas parvenues, faisaient prime par rapport aux drachmes de 3 gr. 1/4 en usage dans le reste de l'Empire des Perses.

D'autres satrapes, et en particulier l'eunuque Bagoas, émirent vers le milieu du IVe siècle avant notre ère des pièces d'argent, entre autres des doubles sicles, qui pèsent jusqu'à 28 gr. 40.

C. — Monnaies des Lagides.

Jusqu'à l'époque de la mort d'Alexandre le monnayage à la grecque continua assez irrégulièrement dans les diverses satrapies de l'Egypte. Mais après la mort du grand con-

(1) Waddington, *Mélanges*, p. 5 et s.

quérant s'ouvre une période dans laquelle les monnaies portent l'effigie et le nom de Ptolémée sans aucune autre indication chronologique. Ces monnaies fort nombreuses présentent des difficultés de classement contre lesquelles lesplus érudits des numismatistes modernes ont livré des combats encore peu fructueux (1).

Ptolémée, gouverneur de l'Egypte, au nom de Philippe Arrhidée et du jeune Alexandre IV, fit frapper une monnaie au type d'Alexandre le Grand. On appela cette monnaie *Alexandreion.* Devenu roi, Ptolémée Ier Soter fit frapper des pièces à son effigie. Ces types se perpétuèrent sous le nom de Ptolémée, jusqu'à la conquête romaine, sans qu'il soit possible de les répartir entre les différents princes de la dynastie des Lagides (2). Les pièces de cette série sont très nombreuses dans les collections et très curieuses. Outre les pièces d'argent introduites par les satrapes et imitées du système des Phéniciens qui, eux-mêmes, le tenaient des rois de la Lydie, les Lagides frappèrent des *pièces d'or* dont le monnayage dura jusqu'à Ptolémée V Epiphane et qui font, tant elles sont belles, la joie des collectionneurs. Enfin ces rois frappèrent des monnaies de *bronze* qui pèsent jusqu'à 80 grammes, c'est-à-dire environ le poids de 3 de nos pièces actuelles de 5 francs, avec un diamètre de 45 millimètres (3).

M. Wolowski disait que l'on pourrait juger du caractère des rois d'après le son des pièces qu'ils ont émises. Nulle part peut-être on ne peut reconnaître aussi bien

---

(1) Cf. Ch. et F. Lenormant, *Essai de classement des monnaies des Lagides.*

(2) Cf. Michel Soutzo, *Essai de restitution..*, 1893.

(3) F. Lenormant. *Essai*, p. 68, 69.

l'exactitude de cette remarque que dans les vicissitudes de l'histoire des Ptolémées d'Egypte. Parmi les événements qui amenèrent la chute de cet Empire et la domination romaine, il faut placer au premier rang la crise économique qui vers le milieu du premier siècle de notre ère sévit en Egypte et dont l'altération des monnaies ne fut pas l'une des moindres causes. Les difficultés économiques amenèrent des dissensions intestines et la division des partis favorisa l'intervention romaine qui aboutit à la conquête (30 ap. J.-C.). Cette crise, qui commença dès la moitié du IIe siècle, n'est comparable, dit M. Lenormant, qu'à celle qui sévit à Rome au IIIe siècle, et dans toute l'Europe au XIVe.

2° *Exemple de l'Assyrie et de la Babylonie.*

En Assyrie et en Babylonie les documents cunéiformes nous donnent pour la période postérieure au XIIe siècle, des renseignements précis qui concordent avec les indications tirées des monuments hiéroglyphiques pour la même période et pour la période antérieure. Il n'existe pas de monnaie légale, mais les métaux sont employés comme instruments de payement et étalons des valeurs. On les taille en poids réguliers, fixes, mais on les pèse à chaque transaction. En un mot, la monnaie existe, mais elle n'est pas consacrée par la loi. Il n'y a pas à proprement parler de législation, ni de système monétaire.

Ce qui distingue la civilisation asiatique, c'est que l'argent, l'or et le cuivre circulent tous dans le commerce ; mais l'argent qui était rare en Egypte, domine en Assyrie. L'or venait de l'Arabie et de l'Inde, l'argent venait d'Espagne.

L'unité de poids est le *sicle* qui pèse 8 gr. 415 ; c'est l'unité inférieure. Ce n'est en aucune façon une monnaie. Ce poids, le sicle, sera adopté plus tard comme poids de l'unité monétaire, mais à l'origine le sicle n'est que l'unité du système pondéral chaldéo-assyrien. 60 sicles font une mine et 60 mines un talent.

Cette division sexagésimale était empruntée par les Assyriens et les Babyloniens à leurs observations astronomiques (1). L'unité supérieure était le *Kikkar* ou talent, d'environ 30 kilos, divisé en 60 mines, d'une livre (505 gr.) ; la mine se subdivisait en 60 sicles de 8 gr. 42.

Il y avait des sicles d'or et des sicles d'argent qui affectaient la forme de petites briques ou de cylindres.

Les pièces d'or de Crésus, de Darius, de Philippe et d'Alexandre, ont à peu près le poids du sicle d'or babylonien dont 60 faisaient une mine. La livre sterling a précisément le même poids (2). Il en faudrait 60 pour faire une mine. Le sicle babylonien est donc l'équivalent de la livre qui a traversé les siècles.

Des milliers de pesées ont été faites pour connaître le rapport de valeur de l'or et de l'argent à cette époque. Elles ont établi que 1 kilo d'or valait à Babylone 12 1/2 kilos d'argent (3) et dans tous les autres pays qui avaient adopté le même système 13 1/2 (4).

C'est en particulier de ce système de poids que dérive la livre romaine. C'est à lui qu'on rattache la plupart des autres systèmes pondéraux du monde antique : le système

---

(1) Th. Reinach, *Revue de sociologie*, fév. 1894.
(2) Max Muller, Confér. à Mansion House.
(3) Calculs de M. Brugsh.
(4) Calculs de M. Brandis.

rhodien, la mine d'Alexandrie. Il conserve une analogie frappante avec les systèmes égyptiens, le royal et l'olympique (1). Comme eux, il a pour unité le pied ; le cube de ce pied forme le cafiz ou métrétès persan ; le poids de ce cube rempli d'eau donne le talent. Le demi-sicle d'argent valait la drachme et 20 drachmes valaient 1 sicle d'or (2).

On voit que le système pondéral babylonien est l'origine de ceux de l'univers entier (3). Mais ce peuple ne connut pas la monnaie officielle.

3° *Exemple de la Phénicie.*

Les Phéniciens faisaient le commerce avec les Assyriens et devaient avoir la même monnaie qu'eux, avec l'Egypte, dont la Phénicie était l'entrepôt pour son commerce avec Babylone, enfin avec tout le monde alors connu qu'ils avaient couvert de leurs comptoirs.

Ils échangeaient directement avec leurs clients les produits de leur industrie et s'en tenaient par suite au troc. Il semble que la raison dominante de cet usage persistant du troc soit dans la nécessité où ils se trouvaient d'assurer le fret de leurs navires, qui sans cela auraient fait un voyage sur deux à vide ou insuffisamment lestés (4).

Cela explique qu'un peuple aussi industrieux et aussi commerçant n'ait point imaginé et n'ait point adopté, quand il en eut connaissance, la monnaie véritable, marquée de l'empreinte de l'Etat.

---

(1) Vazquez Queipo, *Essai sur les syst. métriq. et monét.*, p. 18.
(2) Max Muller *l. c.*
(3) Cf. Michel Soutzo, *Etalons primitifs*.
(4) Th. Reinach, Cours libre à la Sorbonne.

Sur terre, les Phéniciens envoyaient des caravanes vers l'Arabie d'où elles rapportaient l'or, l'agate, l'encens, les perles, les épices, l'ivoire, l'ébène, les plumes d'autruche, — vers l'Assyrie d'où venaient les étoffes de coton et de lin, la soie de Chine, — vers la mer Noire où elles prenaient des chevaux, des esclaves.

Sur mer, ils se lançaient dans toute la Méditerranée et osaient même franchir les colonnes d'Hercule. Ils avaient des comptoirs en Chypre, en Egypte, en Grèce, en Sicile, en Espagne (à Malaca, à Cadix).

Partout ils portaient la pourpre, le bronze et les denrées des autres peuples dont ils étaient les commissionnaires.

Ils ne pouvaient ignorer la monnaie et ses avantages. Ils ne l'adoptèrent jamais, quoiqu'ils eussent imaginé l'alphabet pour simplifier l'écriture que les Égyptiens leur avaient fait connaître.

Ce ne fut que vers le temps des guerres médiques, quand les relations maritimes avec les contrées grecques reprirent leur ancienne activité, qu'il y eut de véritables émissions de monnaie phénicienne.

Jusque là, quand par hasard ils renonçaient au troc des marchandises entre elles, c'était pour payer en lingots de métal au poids et pour cet usage, ils se servaient de poids taillés d'après un système dérivé du système babylonien (1).

---

(1) Cf. Michel Soutzo, *Essai de restitution*, 1884.

§ 2. — Lorsque l'État est intervenu en matière monétaire, il a simplement adopté, dans ses rapports avec les particuliers, la monnaie déjà organisée par le commerce.

Invention et propagation de la monnaie.

Invention de la monnaie. — La Lydie et la Grèce se disputent l'honneur d'avoir inventé la monnaie. Ces deux traditions semblent également puissantes et l'on est forcé d'admettre qu'en même temps Gygès, roi de Lydie, et Phidon, roi d'Égine, firent frapper les premières monnaies. Le roi de Lydie aurait frappé la première monnaie d'or et le roi d'Égine la première monnaie d'argent.

1° Hérodote (1) dit que « les premiers parmi les hommes les Lydiens ont frappé la monnaie d'or *et d'argent* (2) ». — 2° Quant à Phidon, il a pour lui le témoignage de Strabon, Elien, la Chronique de Paros, et il est certain qu'il établit un système de poids et mesures qui fut dans le Péloponèse le premier que l'on ait vu. Hérodote (3) lui-même en attribue l'honneur à ce prince. On a conservé longtemps dans le temple d'Héra des lingots qu'il y déposa en souvenir de son invention. C'étaient des lingots d'argent, d'autres disent de fer (4), de forme allongée et sans em-

(1) I, 94.

(2) Xénophane de Colophon, (Pollux, IX, 83.), écrivain du VIe siècle, attribue aussi l'invention de la monnaie aux Lydiens qui avaient soumis sa patrie et auxquels par conséquent il ne devait pas être très favorable. V. Th. Reinach, *Revue de sociol.*, févr. 1894.

(3) VI, 127.

(4) Th. Reinach, *l. c.*

preinte, tels qu'ils servaient en Grèce avant l'invention de la monnaie.

La date du règne de Phidon coïncide avec la 8e Olympiade (1), il régnait en 748 avant Jésus-Christ. Gygès, roi de Lydie, fut le premier souverain de la dynastie des Mermnades. Ces deux princes semblent donc avoir régné vers la seconde moitié du VIIIe siècle et le commencement du VIIe siècle avant Jésus-Christ.

Indiquons aussi les arguments de pure numismatique. 1° On remarque en faveur de la Grèce l'originalité du système éginétique (2) basé sur le statère d'argent de 12 gr. 60 divisé en drachmes et oboles qui fut la source de tous les systèmes de l'Asie Mineure et de la Phénicie et plus tard de la Grèce même et des colonies gréco-italiques, tandis que le système asiatique du sicle qui se divisait autrement suivant le système pondéral babylonien ne s'est répandu que plus tard et a remplacé même en Grèce le premier système éginétique.

2° On dit encore en faveur de la priorité du monnayage hellénique que le statère d'argent, qui est la monnaie la plus ancienne frappée par Phidon, au type de la tortue de mer, a un aspect plus grossier, moins artistique que les monnaies d'électrum lydiennes qui portent au droit des stries et au revers des poinçons dont l'un représente le renard du grand dieu de la Lydie, Bassareus. Cependant les pièces éginètes ont, au lieu de l'empreinte en creux, l'empreinte en relief du coin-matrice qui semble marquer un progrès. Cet argument n'a donc pas grande puissance.

(1) Pausanias, VI, 22.

(2) F. Lenormant. Voir : Michel Soutzo, *Essai de restitution.*

3° La vraisemblance est plutôt en faveur de la Lydie qui a donné en général à la Grèce les inventions civilisatrices.

Propagation de la monnaie. — Quoi qu'il en soit de cette lutte pour la gloire d'avoir été le berceau de l'une des institutions fondamentales de la civilisation, la monnaie de l'État, inventée en Lydie ou en Grèce, ne s'est pas, quoi qu'on en dise, très rapidement répandue. Les rois en émirent pour leur usage particulier, mais le commerce résista à son introduction.

De la *Lydie*, la monnaie passa à quelques villes grecques de la *côte asiatique*, puis en *Thrace* et en *Macédoine*. D'*Egine*, elle se répandit dans la *Grèce continentale* et dans tous les pays où les Grecs avaient des *comptoirs* (VIe siècle). — Les *Perses* empruntèrent à la Lydie, qu'ils venaient de soumettre, cette périlleuse invention. Les Grecs la communiquèrent aux *Phéniciens*, après les guerres médiques, à l'*Egypte*, à l'*Italie*, aux populations du *bassin du Danube*, en *Gaule*, par leurs colonies, à *Carthage*, par l'intermédiaire de la Sicile, enfin, lors de l'expédition d'Alexandre, à la *Bactriane* et à l'*Inde*, à l'*Arabie*, à la *Characène* et à tout l'*Empire des Parthes*. L'influence romaine fit le reste.

La *Chine*, qui forme une humanité à part, a inventé et propagé en *Corée* et au *Japon* un système original. On voit donc que la monnaie, découverte à la fin du VIIIe siècle en un point des abords de la mer Egée, centre de la civilisation antique, s'est répandue progressivement. Le commerce ne mit qu'un empressement relatif à l'adopter. Aussi les souverains eux-mêmes ne furent-ils pas très prompts à en monopoliser l'émission. Mais dès que leurs monnaies acquirent quelque crédit, les Etats se hâtèrent de s'en réserver la fabrication, d'en réduire le poids et même de lui imposer le cours forcé.

1° *Exemple de la Lydie.*

Origine de la monnaie. — C'est donc en Lydie que semble avoir vu le jour le premier ancêtre de nos louis d'or. L'étalon d'or auquel nous revenons aujourd'hui a peut-être été le premier étalon de nos pères. Cependant certains auteurs pensent que la première monnaie fut d'argent et frappée dans l'île d'Egine. D'autres disent que ce fut une monnaie de fer.

On a soutenu enfin (1) que l'invention de la monnaie est bien lydienne, mais d'une époque beaucoup plus ancienne que celle qu'on admet généralement. La monnaie aurait fait son apparition en Lydie peu après la disparition de la domination égyptienne sur l'Asie Occidentale, au moment où elle fut supplantée par la prépondérance assyrienne. Ce qui semble le prouver, c'est la relation frappante qui existe entre l'outen du système pondéral de l'Egypte avec le talent lydien. Hérodote dit d'ailleurs (2) que les Lydiens frappèrent l'or et l'argent. On recevait en effet déjà à cette époque dans la circulation ces deux métaux taillés sur le pied qu'on adopta ensuite pour la monnaie officielle : le kite et ses divisions pour l'argent, et pour l'or le poids équivalent à un outen d'argent, la drachme d'or, 60me du talent lydien de 25,920 grammes. Le premier statère d'or

---

(1) Michel Soutzo, *Essai de restitution des syst. monét. de l'Asie Min. et de la Grèce*, 1884. — V. *Rev. de mumis.*, 3e s., t. II, 1884, p. 502-504, la notice de M. E. Babelon.

(2) I, 94.

aurait pesé 14 gr. 402 et le premier statère d'argent 9 gr. 60.

Ce système (1) est conforme aux plus récents résultats des recherches sur les origines de la civilisation hellénique, qui montrent l'influence de l'Egypte et de l'Assyrie s'exerçant sur la Grèce par l'intermédiaire de la Lydie.

La plus ancienne pièce de monnaie connue. — Quoi qu'il en soit, les plus anciennes pièces connues sont des pièces d'or ou plutôt d'électrum lydiennes. L'électrum était un alliage naturel contenant en moyenne 2/3 d'or et 1/3 d'argent. Le mot électrum, par lequel on désignait aussi l'ambre, signifie « brillant ».

Les pièces qui nous sont parvenues sont taillées (2) sur deux pieds différents dont l'un est indigène (10 gr. 80) et l'autre, le plus lourd (14 gr. 20), correspond presque exactement à un sicle phénicien. Aussi a-t-on supposé que ces dernières étaient destinées au commerce extérieur avec les Phéniciens, les autres au commerce intérieur.

La forme du flan est ovoïde, bombé. C'est presque exactement un haricot blanc.

La face supérieure est striée de lignes longitudinales. Le revers porte trois creux quelquefois marqués de « différends » d'une exécution très sommaire qui indique leur origine archaïque. On y voit un renard courant, emblème du dieu lydien Bassareus, une tête de cerf et un X.

Telle est la plus ancienne pièce de monnaie connue.

Caractères de la monnaie lydienne. — L'invention de la monnaie en Lydie s'explique par ce fait que la royauté y

---

(1) Babelon, *Rev. de numismatique*, *l. c.*
(2) Th. Reinach, Cours libre à la Sorbonne.

était fortement organisée et intelligente (1). Les rois y étaient riches. Le pays produisait beaucoup d'électrum qu'on recueillait sur les flancs du Tmolus et du Sipyle. Les sables du Pactole roulaient des paillettes d'or qu'on recueillait par simple lavage. Sophocle cite l'électrum de Sardes et l'or de l'Inde comme les deux principales richesses de l'Asie.

Les pièces d'or formaient surtout les réserves des rois. Crésus est célèbre par ses richesses. Les monnaies servaient à l'usage particulier du souverain, comme moyen de thésaurisation, comme instrument d'échange pour le commerce extérieur avec les Grecs, les Phéniciens. Nous croyons peu à l'emploi de la monnaie fabriquée à cette époque pour les usages du commerce de détail. M. Th. Reinach soutient pourtant que ce fut pour ce commerce que les premières monnaies furent frappées. Le pouvoir d'achat des métaux les plus vulgaires étant considérable à cette époque et les pièces d'or lydiennes pesant de 10 à 14 gr., c'est-à-dire deux fois autant que notre louis d'or, on peut douter que le petit commerce ait pu en faire usage. Nous en concluons que les princes s'en servaient pour leurs besoins particuliers et pour régler leurs échanges avec l'étranger.

2° *Exemple de la Grèce.*

Origine. — De Sardes, où nous admettons qu'elle a vu le jour, la monnaie se répandit dans les villes ioniennes, à Milet, Phocée, puis à Égine et à la Grèce continentale.

Avant l'introduction de la monnaie d'État, la Grèce,

---

(1) Th. Reinach, *l. c.*

comme les autres nations antiques dont nous avons parcouru l'histoire, a pratiqué le troc. Les poèmes homériques qui sont de 1200 à 800 ans antérieurs à notre ère, en fournissent de nombreux témoignages (1).

Pour le commerce extérieur le troc pouvait suffire, pour le commerce de détail il était insuffisant. On choisit un étalon des valeurs, qui fut le blé, des graines, des peaux de bêtes, enfin des métaux bruts, puis des métaux ouvrés, taillés, de poids régulier et fixe.

Dans la Grèce homérique (2) ce sont les bœufs et particulièrement les vaches, qui servent d'étalon des valeurs :

1 chaudron vaut.	1 vache	(3)
1 trépied d'airain	12 vaches	(4)
1 armure	9 »	(5)
1 femme esclave.	4 »	(6)
Ulysse a payé Euryclée.	20 »	(7)

On disait d'un homme qu'on avait acheté qu'on lui avait mis « un bœuf sur la langue » ; l'expression fut conservée dans la suite et se retrouve dans Eschyle (8).

Enfin dans les lois de Dracon, les amendes sont évaluées en bétail. Peu à peu l'usage des métaux se répandit. Au VIIIe siècle, la première monnaie fut émise par l'Etat. La date est fixée exactement par le fait que Phidon, roi d'Ar-

(1) *Iliade*, VII, 472, etc... *Odyssée*, I, 184, XV, 416, 456...

(2) Th. Reinach, Cours libre à la Sorbonne : *L'histoire de la Grèce par les monnaies*, 1893.

(3) *Iliade*, XXIII, 885.

(4) *Il.*, XXIII, 703.

(5) *Il.*, IV, 236.

(6) *Il.*, VI, 705.

(7) *Od.*, I, 431.

(8) *Agamemnon*, 36.

gos, introduisit le premier système de poids et mesures dans le Péloponèse. Or ce roi présida (1) avec les Pisates, la fête de la 8e Olympiade (2), qui se place en juillet 748 avant Jésus-Christ. Le palmarès des concours olympiques nous a conservé cette date.

Le poids de la monnaie de Phidon fut basé sur une unité pondérale de 600 grammes environ représentée par des broches de métal, appelées *obélisques*. Phidon déposa quelques obélisques dans le temple d'Héra, près d'Argos, pour assurer la fixité de son système, comme on dépose de nos jours le mètre-étalon de platine aux Archives. Ces obélisques s'y trouvaient encore au temps d'Aristote (3).

M. Reinach croit, contrairement à l'opinion commune, que ces monnaies étaient de *fer* et non d'argent. Plutarque dit que pour transporter une valeur équivalente à 1000 fr. actuels, il fallait une voiture à 2 chevaux (4).

Systèmes monétaires. — Nous avons dit que l'un des arguments qui semblent, aux yeux de quelques auteurs, les plus favorables à la Grèce, revendiquant l'honneur d'avoir inventé la monnaie, est dans l'origine même de son système monétaire qui se serait répandu le premier avec les caractères distinctifs qu'il possédait à sa naissance. Mais la Grèce ne s'en est pas tenue à ce système originaire, si tant est qu'il fût original. L'étalon monétaire hellénique a toujours été l'argent et l'unité monétaire un certain poids de ce métal, mais ce poids n'a pas toujours été le même et l'on compte dans le monnayage hellénique au moins six

(1) Th. Reinach, *l. c.*
(2) Pausanias, VI, 22.
(3) Fr. 481. Rose.
(4) Plut. Lyc., 9.

unités (1) et par conséquent autant de systèmes monétaires différents qui non seulement se sont succédé dans les cités grecques, mais souvent ont coïncidé et se sont confondus dans les mêmes lieux. De là une complication qui contribue à faire de l'histoire des systèmes monétaires de la Grèce l'une des questions les plus ardues et les plus obscures de l'archéologie antique. Nous n'indiquerons donc que quelques points que la science semble avoir définitivement établis.

Le mot *drachme*, qui veut dire *poignée*, désignait probablement une poignée de grains ou de menus objets choisis à l'origine comme unité de poids. Les anciens habitants de l'Inde avaient de même pour unité de poids une poignée de grains de réglisse qu'ils appelaient ratis ; cent ratis formaient le *rupyam*, d'où vint plus tard le nom de *roupie* (2). Cette monnaie a à peu près le même poids que le rupyam antique. La drachme d'argent devint l'unité monétaire chez les Grecs et l'argent l'étalon du système. La *mine* était probablement un poids de cent drachmes à l'origine. Les multiples et les sous-mutiples de la drachme s'échelonnaient régulièrement suivant un système duodécimal. Il y avait des poids de 12, 10, 8, 6, 4, 3, 2 drachmes et des divisions par 1/2, 1/3, 1/4, 1/6, 1/8, 1/10, 1/12.....

Lorsqu'on tailla des pièces d'or, on prit pour unité le *statère* qui pesait deux drachmes ; mais l'échelle des multiples et sous-multiples fut la même ; il y eut des pièces d'or correspondant aux diverses pièces d'argent. Le mot statère désignait quelquefois aussi les pièces d'argent de 2 drachmes.

---

(1) Vazquez Queipo en compte sept, *Essai sur les systèmes*...

(2) Le mot roupie vient, suivant d'autres, du sanscrit *roupa* qui signifie troupeau.

Tel est le système pondéral hellénique. M. Vazquez Queipo, savant numismatiste espagnol, suppose que les Grecs n'en appliquèrent jamais d'autre et que par suite les diverses monnaies grecques qui ne rentrent pas dans une même série correspondent à des séries ayant des unités différentes. En effet, à chaque poids fixé pour la drachme correspond toute une série monétaire, donc autant on trouvera de séries de poids incompatibles entre elles, par rapport à l'échelle précédente, autant on devra compter dans le monnayage hellénique de systèmes distincts et par suite de drachmes différentes.

D'après ce principe on arrive à découvrir dans les monnaies grecques, 6 séries correspondant à 6 systèmes différents ou à 6 drachmes différentes.

Eginétique.	6 gr.
Lydienne	3 — 1/2
Asiatique	3 — 1/4
Attique	4 — 1/4
Babylonienne.	5 — 1/2
Assyrienne.	4 — 880

Les unités de ces divers systèmes varient de 3 gr. 1/4 à 6 grammes d'argent. La moyenne de ces unités est un peu inférieure à 5 grammes qui est précisément le poids de notre franc d'argent actuel.

Sur ces 6 unités, 4 ont une origine asiatique ; la drachme attique et la drachme éginétique sont seules autochtones. Les autres ont toutes leur origine dans les systèmes pondéraux asiatiques et particulièrement babyloniens.

Combinaisons de ces divers systèmes. — Comment les monnaies résultant de ces divers systèmes pouvaient-elles circuler simultanément dans une même contrée ? Car enfin le système pondéral que nous avons indiqué au début de ce chapitre comprend une vingtaine de multiples ou sous-multiples de la même unité ; cette série se répète pour chacune des six unités que nous avons énumérées, ce qui fait déjà 120 pièces différentes et si l'on ajoute à cela les monnaies d'or, les monnaies étrangères, celles des systèmes que nous avons négligés, comme insuffisamment établis, mais auxquels appartiennent des pièces, non classées aujourd'hui, et qui en rendent l'existence au moins probable, on aboutit fatalement à un nombre d'espèces circulant concurremment, dont la multiplicité devait produire une confusion inextricable. — Disons tout de suite que toutes les séries n'étaient probablement pas complètes, que deux ou trois seulement étaient usitées à la fois dans un même lieu, mais la complication à ce compte devait encore être considérable. Cela est certain, mais il y a des palliatifs aux inconvénients de cette complication, et l'on peut même soutenir qu'elle a des avantages.

1° La difficulté de se retrouver dans des pièces d'espèces différentes n'est pas si grande qu'on le croit et quiconque a voyagé particulièrement en Orient s'est plié sans trop de difficulté aux exigences de cette arithmétique. Nous manions en France des pièces de 5 et 10 centimes, de 50 centimes, 1 franc, 2 francs, 5 francs, 10 francs, 20 francs, sans compter les billets. Cela fait au bas mot 10 espèces différentes ; or en passant de France à travers les divers pays d'Allemagne, de là en Autriche, d'Autriche en Grèce, sans compter les autres pays intermédiaires, on rencontre partout des monnaies différentes dont les relations sont de plus en plus compliquées ; on apprend leurs cours en entrant dans chaque pays et l'on y retrouve en somme assez facilement son compte ; il n'y a pas longtemps que la Grèce, pour ne parler que d'elle, avait encore en circulation des ducats, des lires turques, des zwanzig autrichiens, des livres anglaises, etc., entre lesquelles les commerçants s'égaraient rarement. Cette complication existe aujourd'hui dans beaucoup de pays. Or étant donné le caractère commercial et calculateur des Grecs, il n'est guère étonnant qu'ils se soient de bonne heure habitués sans difficulté à distinguer entre elles des monnaies de valeurs variées. Ces facultés naturelles de la race étaient donc un palliatif puissant du mal.

2° En outre ces systèmes ne se confondaient pas toujours dans les mêmes circonstances. Il arrivait qu'une ville possédait un système pour sa circulation intérieure, un autre dans ses relations avec telle ou telle ville. Les banquiers seuls avaient à s'occuper du cours du change entre les différentes monnaies. Le commerce de chaque ville ne connaissait que l'une d'entre elles.

3° Enfin on choisissait souvent ces divers systèmes de manière à représenter une échelle de valeurs croissant par degrés insensibles. C'est ce que l'on peut particulièrement constater dans les monnaies des Lagides (1) qui avaient le système phénicien, le système asiatique, le système babylonien et le système olympique pour l'argent, les systèmes phénicien, attique et babylonien pour l'or. Les diverses pièces ainsi frappées avaient entre elles des rapports simples et se suivaient de si près qu'à presque toutes les valeurs correspondait une pièce distincte. De là l'inutilité presque absolue de la *monnaie d'appoint*. Les Grecs voyaient donc dans la combinaison de plusieurs séries monétaires le moyen d'éviter l'emploi de *monnaie représentative* ou *d'appoint*. C'était le principal avantage de leur système.

---

(1) F. Lenormant, *Essai de classement des monnaies des Lagides*, p. 149, 174.

Ils eurent, il est vrai, dès l'origine, des *chalques* de bronze, qui se divisaient en 7 *lepta* et valaient 1/8 d'obole, c'est-à-dire 1/48 de drachme ; mais la circulation de ces pièces était restreinte. La monnaie de bronze n'entra véritablement dans les mœurs qu'avec l'influence romaine.

Théorie monétaire des Grecs. — La monnaie grecque, émise par des cités jalouses de leur indépendance et soucieuses de leur bonne renommée, fut toujours une excellente monnaie. Elle resta, dans les diverses Républiques qui frappèrent des pièces nationales, ce que le commerce l'avait faite. La monnaie représentative ne s'introduisit que très tard ; le cours forcé fut inutile. Chaque cité conserva, au point de vue monétaire, son autonomie entière, et émit constamment des pièces à valeur réelle pleine, comme celles dont le commerce libre s'est toujours servi. Ce n'est que l'influence romaine qui à provoqué l'adoption de la monnaie représentative et du cours forcé.

Aussi ne trouve-t-on pas en Grèce les grandes crises économiques qui bouleversèrent les autres peuples et dont la cause principale est le plus souvent une mauvaise politique monétaire.

3° *Exemple de la Perse.*

Origine. — Les Perses Achéménides empruntèrent aux rois de Lydie, qu'ils venaient de détrôner, le modèle de leurs monnaies. Avant cette époque les métaux circulaient dans l'Empire à l'état de lingots et s'échangeaient au poids, comme au temps des Empires de Ninive et de Babylone. Cette pratique persista d'ailleurs dans les provinces de l'intérieur, même après l'introduction de la monnaie véritable. Celle-ci n'était très répandue que dans les cités du littoral qui avaient des relations fréquentes avec les Grecs. Si Darius frappa des pièces d'or et d'argent, il ne le fit que pour solder les mercenaires enrôlés au service de l'Empire. L'argent était destiné particulièrement au payement de la flotte composée en majorité de Grecs, dont le système national était basé sur l'étalon d'argent. L'or servait plutôt à la solde de l'armée de terre, composée d'asiatiques habitués aux pièces d'or ou d'électrum du Royaume de Lydie. Quant au pays lui-même, il ne faisait guère usage de monnaie et se contentait des métaux bruts dont il avait une longue habitude. Aussi, quand Alexandre le Grand s'empara de l'Empire des Achéménides, il ne trouva dans le trésor royal de Suse que 9.000 talents d'argent monnayé sur 40.000 et le reste en or et en argent bruts.

Cet usage restreint de la monnaie à l'intérieur de l'Empire explique en partie que le grand Roi fût peu jaloux du droit de battre monnaie. Les recherches de M. Waddington ont prouvé que dans l'Empire perse il y avait auprès du monnayage royal, officiel, un monnayage municipal, propre à chaque cité. Les pièces d'or et d'argent du Roi portent au droit la figure du monarque, coiffé de la tiare, agenouillé et armé de l'arc et du javelot ; le revers est sans type. Les monnaies provinciales étaient signées du nom d'un satrape responsable ou marquées de types particuliers. M. Waddington (1) a décrit une pièce frappée au nom du grand Thémistocle qui, banni d'Athènes, s'était réfugié à la cour d'Artaxerce et avait reçu de ce prince la concession du domaine utile de la ville de Magnésie. On a des pièces signées des noms de Pharnabaze (2), satrape de Cyzi-

(1) *Mélanges*, p. 1...
(2) Duc de Luynes, *Numism. des satrapies*, p. 4, 10.

que, puis de Tarse, qui datent de 398 avant notre ère. Les pièces de ce satrape, qui resta toujours fidèle à son roi, prouvent que ce monnayage n'était pas, comme on l'avait cru, un droit usurpé. Tarse, Sidé, Aspendus, les villes lyciennes, ont fait frapper des monnaies autonomes pendant une longue suite d'années, à partir du Ve siècle et jusqu'à la chute de l'Empire persan, sans s'être jamais insurgées contre l'autorité royale.

Système monétaire. — Cependant le roi se réservait le monnayage de l'or et ne permettait aux satrapies que la frappe de monnaies d'argent. Mais le roi frappait également des pièces d'argent. La base fondamentale, du système était la *darique d'or*, inventée par Darius, fils d'Hystaspe. Tant que dura la monarchie des Achéménides l'*or* joua le *rôle d'étalon*. Cyzique et Phocée eurent par exception le droit de frapper l'électrum, beaucoup de satrapies purent frapper l'argent, mais la frappe de l'étalon, de l'or, demeura toujours un privilège de la couronne. Les dariques égalaient d'ailleurs en pureté de titre et en exactitude de poids les meilleures monnaies ; elles faisaient prime même dans le monde hellénique.

A côté des monnaies d'or, il y avait encore comme monnaies d'Empire le *sicle médique d'argent* dont le titre était réduit par rapport aux monnaies grecques contemporaines. Le crime du satrape Aryandès, qui fut puni de mort par Darius, consista précisément à frapper des sicles à un titre supérieur à celui des pièces du grand Roi. Ces dernières dès lors furent négligées et l'argent aryandique préféré par le commerce. Cette préférence se constatait encore au temps d'Hérodote. — D'autres pièces d'argent du Roi étaient destinées à la circulation de certaines satrapies, leur titre était celui des monnaies d'Empire, mais leur poids était plus faible.

Bimétallisme. — Pour faciliter l'emploi simultané de l'or et de l'argent et éviter les calculs compliqués qui résultaient de ce qu'à cette époque l'or valait 13 1/3 par rapport à l'argent, on tailla les deux métaux sur un pied différent, de manière que le rapport des pièces fût un rapport simple. Ce système avait été appliqué déjà lors de la circulation des métaux non monnayés. Mais il n'y avait alors ni monnaie légale, ni rapport légal entre les métaux, ni système monétaire proprement dit. On ne pouvait parler alors de système bimétallique. La faculté de peser le métal et de le refuser faisait obstacle aux inconvénients qui résultent de ce que la loi oblige le créancier de recevoir un métal de valeur inférieure pour une valeur égale à celle d'un autre métal qu'il n'a pas le droit d'exiger. Mais quand la monnaie légale fut inventée et qu'on fut tenu de l'accepter pour la valeur d'un poids déterminé d'un autre métal, le *bimétallisme* fut créé. Ce système, très commode dans la pratique, tant que le rapport commercial était invariable, sans inconvénient quand la loi n'intervenait pas pour le rendre fictivement invariable et que des pesées continuelles de blocs informes permettaient de modifier sans cesse les pièces et de les plier aux variations des valeurs, ce système, avec l'établissement de l'inflexible cours forcé, devait amener, au temps des Achéménides, toutes les perturbations dont il nous accable aujourd'hui. Et c'est ce qui eut lieu. Le rapport commercial de 13 1/3 changea, l'or perdit 11 0/0 de sa valeur. Il aurait fallu en venir à une démonétisation et à une refonte des deux métaux. Les Achéménides, dans le temps de la décadence de leur Empire, voulurent résister à cette nécessité et maintenir le rapport de

13 1/3 qui avait été établi à l'origine du monnayage en Asie. Le résultat de cette prétention fut une exportation d'argent vers l'occident hellénique, malgré toutes les ordonnances royales, dans des proportions telles qu'il disparut presque complètement de l'intérieur de l'Empire où ne restait plus que l'or fortement déprécié (1) par le fait, mais surestimé par la loi (2). Les monarques eurent alors recours, comme l'ont fait pour les mêmes raisons, de 1862 à 1865, les Etats de l'Union latine, à l'altération des espèces d'argent dans le but de les retenir. Le sicle d'Empire fut abaissé à un titre tel que la Lycie et d'autres provinces de l'Asie Mineure à demi-indépendantes refusèrent de le recevoir autrement qu'en le tarifiant par rapport à l'argent municipal qui restait excellent et en indiquant cette tarification par une *contre-marque* empreinte sur les pièces. Les grosses monnaies d'argent fabriquées pour les satrapies purement asiatiques soumises au roi de Perse devinrent des monnaies détestables. Mais ces expédients n'atteignirent même pas leur but ; au contraire, ils accélérèrent l'exportation de l'argent et la baisse de l'or, les prix s'élevèrent démesurément et le résultat inévitable fut l'abandon d'une monnaie reconnue mauvaise, la révolte ouverte contre l'Etat qui voulait l'imposer, le retour aux pesées et aux « continuels mesurages » et enfin au troc des époques de barbarie. C'est ce que nous voyons dans le commerce des peuples civilisés modernes qui n'ayant plus de bonne monnaie règlent leurs dettes en nature : aujourd'hui l'Amérique entière, la Chine, l'Inde inondent l'Europe de leurs produits à vil prix, en particulier de leurs céréales. Ce n'est

(1) Lenormant, *Essai*, p. 177.
(2) Brandis, p. 248.

qu'avec la conquête macédonienne que l'afflux de la monnaie à la grecque rendit à la monnaie-marchandise le rang qui était dû à ce précieux instrument d'un maniement si délicat et d'un usage si prompt à se pervertir. L'invasion macédonienne trouva l'Empire des Perses tout prêt à succomber au milieu des difficultés d'une crise économique et monétaire.

CHAPITRE PREMIER

L'ÉTAT. — LES AUTORITÉS MONÉTAIRES A ROME.

A Rome, sous la République, l'État c'était le peuple ; sous l'Empire, l'État c'était l'Empereur. Les pouvoirs, en matière monétaire, comme en matière politique, ont passé, du peuple à l'Empereur.

Avant d'étudier la législation monétaire qui fut appliquée à Rome, il faut connaître les agents qui furent chargés de la confection même des lois monétaires et de leur application :

1° Les sources font totalement défaut pour la période où il n'y avait que de la monnaie de cuivre en circulation. On croit que le coulage était donné en ferme par le Sénat, au nom du peuple, à des *redemptores* (1). Des magistrats, que le Sénat chargeait de cet office, concluaient des marchés de fourniture avec ces fermiers ;

2° A partir du VIIe siècle de Rome, la frappe des monnaies urbaines fut dirigée, en vertu d'un mandat du Sénat, par des fonctionnaires, tels que les questeurs ou des fonctionnaires élus dans ce but à titre extraordinaire (2). Il n'y avait pas à cette époque de magistrats monétaires permanents. Le Sénat chargeait du monnayage une *commis-*

---

(1) Marquardt, *Manuel des antiq. rom.*, t. X.
(2) Mommsen, *Droit public*, Traduct. Girard, t. IV, p. 353.

sion temporaire et extraordinaire, ou bien en confiait le soin à certains magistrats, tels que les *questeurs*, les *édiles*- ou les *préteurs*. Ce n'est que pendant la guerre sociale que les magistrats monétaires formèrent une commission permanente comptée parmi les magistratures annales.

Ainsi, aux premiers temps de la République romaine, le droit de battre monnaie appartenait au peuple, de même par exemple, que celui de donner les terres publiques. Il était exercé de même par l'intermédiaire de magistrats spéciaux nommés à cette fin (1). A plus forte raison ce système s'appliquait-il dans les temps de crises, comme en 403 et 538 de Rome (351 et 217 avant notre ère) (2). Le peuple ordonnait alors des distributions de secours pécuniaires sur son propre trésor ou des émissions extraordinaires de monnaies.

C'était donc le *peuple*, réuni dans ses comices par curies ou par tribus, qui détenait l'autorité suprême. Il décidait en matière monétaire, comme dans toutes les questions qui intéressaient l'Etat.

Le *Sénat* était le régulateur ; il exerçait une sanction sur les votes populaires (3) et modérait les entraînements ou les emportements, réprimait les abus ou les erreurs que l'opinion publique pouvait commettre.

Enfin des *magistrats* exécutaient les votes populaires ; c'étaient d'abord les rois, les décemvirs, puis les consuls, les dictateurs, et tous les autres magistrats revêtus de tout ou partie de la puissance exécutive (4). A mesure que le

---

(1) Mommsen, *loc. cit.*, p. 354.
(2) Liv., 7, 21. — 23, 21, 6.
(3) Willems, *Dr. publ. rom.*, p. 208.
(4) V. Marsault. Thèse, déc. 1888. *Les magistrats monétaires*.

droit public se compliqua, les Romains tendirent à restreindre les pouvoirs de leurs magistrats supérieurs et à créer des charges spéciales pour des services divers. C'est ainsi que furent créés les magistrats monétaires.

3° A quelle époque cette *magistrature* devint-elle *permanente* ? Un texte de Pomponius (1) dit que les magistrats monétaires furent créés après le préteur pérégrin et avant la conquête de la Sardaigne, de la Sicile et de l'Espagne. Or le préteur pérégrin fut institué vers 247 avant notre ère (2) et les conquêtes dont il s'agit sont de la fin du VIe siècle de Rome. C'est donc vers 234 (3) que les magistrats monétaires furent créés. Ils commencèrent par marquer les monnaies qu'ils émirent d'un emblème particulier, d'un bonnet de flamine, par exemple, d'un signe distinctif rappelant une gloire de leur famille, un exploit de leurs ancêtres. Plus tard ils inscrivirent un monogramme et enfin le nom même de leur famille.

Diverses inscriptions parlent de magistrats monétaires. L'une des plus anciennes date de 85 avant notre ère et nous apprend que Marius Fonteius fut questeur après avoir été magistrat monétaire. Cicéron (4) cite cette magistrature parmi les magistratures mineures. A Rome, en effet, les hautes fonctions étaient occupées dans un ordre déterminé par les nobles qui y étaient admis. Au sortir du service militaire, qui durait 10 ans (5), les jeunes nobles briguaient les *magistratures mineures*, puis arrivaient aux

(1) Dig., I, II, 2, 30.
(2) Lydus, *De magistr.*, 1, 38, 45.
(3) Mommsen, M. R., p. 366.
(4) *De legib.*, III, 3, 6.
(5) Loi Villia.

magistratures majeures. Parmi les premières, comme parmi les dernières, il y avait une hiérarchie qu'il fallait suivre ; c'était le *cursus honorum.* On était par exemple magistrat monétaire, puis questeur, préteur, consul. Les magistrats monétaires étaient au premier degré de l'échelle des honneurs. Cette fonction flattait l'amour-propre de la jeune noblesse avide de voir le nom de ses pères figurer sur les monnaies de Rome (1). La fréquence des émissions rendit nécessaire d'établir d'une manière permanente la fonction des monétaires et c'est, comme nous l'avons vu, au commencement du premier siècle avant notre ère, entre 104 et 89, suivant Mommsen, que cette magistrature devint permanente et annale.

Les magistrats monétaires étaient placés sous la surveillance du Sénat, mais émettaient la monnaie en leur nom. C'est parce que les magistrats étaient de jeunes nobles appartenant à des familles qui avaient donné des consuls à la République, à des familles consulaires, que l'on trouve des noms de consuls sur les monnaies de la République. Aussi a-t-on à tort désigné ces monnaies du nom de monnaies consulaires, qui pourrait faire croire qu'elles étaient émises par les consuls. Les monétaires livraient aux questeurs chargés de l'administration de l'*ærarium* les espèces monnayées. Ils en frappaient également pour les particuliers.

Dès l'origine les magistrats monétaires furent constitués en *triumvirat.* Lorsque leur charge devint permanente, le Sénat continua à confier, dans des cas extraordinaires, à d'autres magistrats, par exemple aux questeurs, certains monnayages exceptionnels. Mais la dignité de monétaire ne

(1) V. Marsault, *Magistrats monét.*, 1888.

fut conférée chaque année qu'à trois fonctionnaires. Ce fut César qui augmenta leur nombre.

4° En l'an 44 avant notre ère, César, pour augmenter le nombre des places à distribuer à ses créatures, augmenta le nombre des magistrats inférieurs (1) ; au lieu de 20, il y en eut 28. Les magistrats monétaires furent portés de trois à quatre. Auguste rétablit leur nombre antérieur.

La réforme de César coïncida avec l'introduction de la monnaie d'or. César fit frapper à Rome les pièces qu'il avait émises hors de Rome en vertu de son *imperium militare*. Le Sénat ayant suivi Pompée en Orient, César fit marquer de son effigie les monnaies qui furent frappées à cette époque. L'autorité impériale s'était ainsi substituée brusquement à celle du Sénat dans le monnayage.

Lorsque le Sénat revint à Rome, les quatuorvirs restèrent en fonction. Ils ne furent réduits à trois que par Auguste, probablement en l'an 20 avant Jésus-Christ. La monnaie d'or fut frappée par les soins du préfet de la ville, mais porta le sigle S. C. qui marquait le contrôle et l'autorité monétaire du Sénat. Le monnayage du cuivre avait été interrompu à l'époque de Sylla, vers 84 ou 74, au milieu des troubles de la guerre civile, et ne fut repris que vers l'an 15 avant Jésus-Christ. L'argent seul fut frappé au nom du Sénat, de l'an 44 à l'an 20, par les magistrats monétaires. Ces faits prouvent qu'au commencement de l'Empire il y eut une période de transition où l'autorité, en matière monétaire, fut partagée entre l'Empereur et le Sénat.

5° A partir de l'an 15 avant notre ère, de l'an 16 suivant

---

(1) Suétone, *César*, 41.

Mommsen (1), 12 suivant Eckhel (2), l'Empereur marque nettement sa suprématie en matière monétaire : il enlève au Sénat le droit d'émettre l'or et l'argent et ne lui laisse que celui de frapper la monnaie de bronze, alors abandonnée et dépréciée. Les noms des monétaires cessent d'être imprimés sur les pièces, mais la charge n'est pas supprimée. Les inscriptions (3) la citent encore jusqu'au règne de Gallien (4). Mais elle n'était plus alors un privilège de la noblesse, elle était occupée par les classes inférieures de la société et même par des affranchis.

La monnaie d'or et d'argent était donc devenue impériale, c'était la monnaie de César, *moneta Cæsaris* (5). Le Sénat n'avait plus que la frappe de la monnaie de cuivre. Cette émission était depuis longtemps abandonnée. Il la reprit, mais l'Empereur se réserva un droit de surveillance qui devint de plus en plus oppressif. Ce fut Aurélien qui porta le dernier coup aux droits du Sénat que Néron et Trajan avaient essayé d'abolir. A la suite de la réforme d'Aurélien et de la révolte des ouvriers monétaires, les triumvirs furent remplacés par un seul fonctionnaire. Les inscriptions ne parlent plus des anciens magistrats ; c'est donc à cette époque qu'ils disparurent. Déjà Trajan avait créé un *procurator monetæ* qui prit plus tard le nom de *rationalis*. C'est ce magistrat, représentant de l'Empereur, qui, à partir du règne d'Aurélien, préside au monnayage de l'or, de l'argent et du cuivre. Les droits du Sénat sur

(1) M. R., p. 741.

(2) D. N. V., VI, 102.

(3) Henzen, 6503 et 6512. — Wilmanns, 1211 et 1219.

(4) Eckhel, I, 79. — A. de Barthélemy, *Rev. de Num.*, 1847, p. 360... — Lenormant, III, 185 à 196.

(5) *Corp. Inscr. Lat.*, VI, n°s 42, 44, 791.

ce dernier métal ont été définitivement supprimés. Les lettres S. C. et les noms des monétaires ont complètement disparu.

6° A l'époque de Dioclétien, les ateliers monétaires ayant été multipliés dans les provinces, on nomma un *procurator* par atelier (1) et tous furent mis sous les ordres du *comes sacrarum largitionum*.

Le monnayage était devenu une charge de la maison de l'Empereur, une prérogative exclusive, en même temps que l'une des principales sources de revenus du souverain.

Le *procurator monetæ* avait sous ses ordres un grand nombre de fonctionnaires secondaires que mentionnent quatre inscriptions (2) de l'an 115, découvertes à Rome, près de l'église Saint-Clément, à l'endroit même où était autrefois l'Hôtel des Monnaies (3). Ces fonctionnaires étaient répartis en quatre sections :

a. Les *officinatores*, surveillants des ateliers impériaux ;

b. Les *signatores*, qui attestaient le poids et le titre des pièces, les *suppostores*, qui fixaient le flan sur un support en acier, les *malliatores*, qui martelaient la lentille de métal ;

c. Les *conductores flaturæ*, qui dirigeaient la fonte des flans ;

d. Les *scalptores*, qui gravaient les matrices (4).

L'*exactor auri argenti et æris* qu'on trouve mentionné dans les diverses inscriptions dont nous avons parlé était

(1) *Corp. Inscr. Lat.*, VI, n°s 164, 1145. — Orelli, n° 1090.

(2) *Corp. Inscr. Lat.*, VI, 42, 43, 44, 791.

(3) V. Cuq, *Etudes d'épigraphie juridique. Bibl. des Ec. françaises d'Athènes et de Rome.* Fs. 21, p. 36 et s.

(4) Cf. Mongez, 2e *Mém. acad. des Inscr.*, IX, 218. F. Lenormant, I, 251 et s.

le premier des *officinatores*. — Ces employés étaient peut-être, avant la création du *procurator monetæ*, sous la direction générale d'un *superpositus*. A l'époque de Caligula, C. J. Thallus (1) fut *superpositus nummulariorum*, mais la question est de savoir si les *nummularii* se confondaient avec les *officinatores* (2). — Au IIe siècle, les *officinatores* étaient sous les ordres du *procurator monetæ* (3). L'*exactor* était compté parmi les *officinatores* (4) et se trouvait être par conséquent le premier des fonctionnaires monétaires après le *procurator*.

La complication de ce service s'explique, non seulement par la difficulté des opérations monétaires, mais aussi par la nécessité de prévenir les fraudes des ouvriers employés à la fabrication des monnaies (5). Ces fraudes étaient fréquentes, malgré la sévérité des lois qui les réprimaient. Ce sont elles qui provoquèrent sous le règne de Caligula une véritable révolution dans laquelle 7.000 citoyens périrent.

7° Sous le règne de Constantin, comme sous Trajan et sous Dioclétien, on trouve les *officinatores*, mais leurs chefs ne sont plus appelés *exactores auri argenti et æris*; ils sont appelés *præpositi*, comme cela résulte d'une inscription (6). Il y avait encore à cette époque des *exactores*, mais ce n'étaient pas des agents monétaires, c'étaient des fonctionnaires chargés de recouvrer l'impôt, *exactores tributum*, délégués à cet effet par l'Empereur. Ces personnages existaient dès le commencement du IIIe siècle et n'a-

(1) Marini, *Inscriz. Alb.*, p. 102.
(2) V. Cuq, *l. c.*, p. 39, 40.
(3) Henzen, 6343. Wilmans, 2809 a.
(4) *Corp. Ins. Lat.*, VI, 43.
(5) Voir Ulpien au Dig., L. 8, pr. — XLVIII, 13.
(6) Orelli, 1090 ; *Corps. Inst. Lat.*, VI, 1145 ; Cuq, *l. c.*, p. 41.

vaient de commun que le nom avec les *exactores auri argenti et æris*.

Sous Constantin d'ailleurs le besoin de surveillants des monnaies ne se faisait pas moins sentir que sous les régimes précédents. Nous en avons la preuve dans deux constitutions de ce prince (1) qui eurent pour but de protéger les contribuables, particulièrement dans les provinces, contre les exactions des percepteurs et les fraudes des monétaires. Ces constitutions, qui sont de l'an 325, disposent que le contribuable peut, s'il est tenu à l'impôt pour plusieurs fonds, s'acquitter en une seule fois, à une époque quelconque. Si le payement est fait en or, il doit consister en pièces à l'effigie de Constantin et taillées sur le pied de 84 à la livre ou 7 à l'once (2). Mais il peut être fait en lingots ; dans ce cas, des précautions minutieuses sont indiquées pour la pesée du métal.

Mommsen (3) attribue la fonction de l'*exactor auri argenti* à l'*examinator per Italiam* qu'on trouve mentionné dans une inscription de l'époque de Dioclétien (4). Cette inscription, le plus important des monuments épigraphiques relatifs au règne de ce prince, a été trouvée en 1856 à Rome dans les fondations du palais Filippani. Elle était gravée sur le piédestal d'une statue représentant C. C. Saturninus. On y voit le *cursus honorum* de ce personnage qui commença sa carrière sous Dioclétien pour l'achever

---

(1) Code Théod. 2, *De susceptor,* XII, 6 ; 1. *De ponderator et auri illatione,* XII, 7.

(2) D'autres lisent 6 à l'once, ce qui donne 72 à la livre ; Marquardt, t. II, p. 26. *Pancirole variar.*, I, 67, p. 127, éd. Lyon, 1617.

(3) *De C.C. Saturni titulo. Nuove memorie dell'Instituto di corrispondenza archeol.*, p. 317.

(4) *Corp. Inscr. Lat.*, VI, 1704.

sous Constantin. Parmi les 18 fonctions qu'il occupa, on trouve celle d'*examinator per Italiam*. On n'a pas encore exactement déterminé cette fonction (1). Comme nous l'avons dit, Mommsen assimile l'*examinator* à l'*exactor* envoyé dans les provinces pour vérifier les monnaies remises en payement des impôts. Nous avons vu que l'*exactor auri argenti* sous Constantin avait été remplacé par le *præpositus* et que ce terme désignait à cette époque un percepteur des impôts. De plus l'*exactor*, vérificateur des monnaies, était en général un affranchi (2). L'*exactor provincial* de l'époque de Constantin semble donc être un *exactor tributum* et n'avoir pas eu la charge de vérifier les monnaies qui, dans la perception des impôts, était confiée au *susceptor* (3). Il ne se confond donc pas avec l'*examinator* dont la fonction consiste à *peser*, *examinare*.

M. Cuq (4) voit dans l'*examinator per Italiam* un inspecteur des finances dont la mission est analogue à celle du *discussor* du code Théodosien et consiste principalement à *examiner* les comptes des comptables de deniers publics (5).

Quoi qu'il en soit de l'opinion de Mommsen sur ce point, il est certain que l'*examinator per Italiam* était un délégué de l'Empereur aussi bien que l'*exactor*. L'assimilation

---

(1) Voir sur cette inscription l'ouvrage de M. Cuq, cité plus haut, p. 3-77.

(2) Félix, affranchi d'Auguste, etc.... *Corp. Inscr. Lat.*, VI, 42, 43.

(3) Cod. Théod., c. 1, XII, 7.

(4) *Loc. cit.*, p. 47 et s. — *Mélanges de l'Ecole de Rome*, 1893, p. 20.

(5) C. Th., c. 5, § 1, L. VIII, t. 15 ; c. 5, L. X, t. 3 ; c. 27, l. XI, t. 36.

faite par Mommsen n'est donc pas contraire à cette théorie qu'à l'époque de Dioclétien et de Constantin le droit de monnayage était devenu exclusivement impérial.

Les inscriptions montrent en outre qu'à l'époque d'Auguste l'*exactor* avait sous sa surveillance non seulement les ateliers impériaux, mais aussi ceux du Sénat qui émettaient la monnaie de cuivre. Ainsi l'*exactor Felix*, affranchi d'Auguste, portait le titre d'*exactor auri*, *argenti et æris*. Le Sénat qui frappait la monnaie de cuivre subissait donc la surveillance d'un agent de l'Empereur. Cette ingérence avait fait des progrès et avait abouti, sous les derniers Empereurs romains, à un droit de monnayage exclusif du prince.

8° Les Empereurs barbares conservèrent ce système. Leur cour fut calquée sur celle de Rome. Un *major domus palatii* avait, comme l'ancien *comes*, la surveillance supérieure du monnayage. Cependant on constate à diverses reprises un retour aux pratiques anciennes qui confiaient la frappe du cuivre au Sénat. Sous Zénon, sous Zénon et Léon associés à l'Empire, sous Théodoric, la marque S. C. reparaît sur les pièces.

En dehors de son autorité directe en matière monétaire, le Sénat, à toute époque, avait exercé le droit de déléguer son autorité, à divers magistrats chargés extraordinairement du monnayage : aux questeurs, aux préteurs, aux édiles. Il la déléguait même d'une façon permanente aux généraux en campagne et aux gouverneurs de provinces. C'était pour eux une dépendance de l'*imperium*. Lorsque l'Empereur s'attribua tous les droits monétaires du Sénat, les diverses délégations que nous venons de citer disparurent aussi. Ce fut l'Empereur qui nomma des *procuratores* dans les provinces et dans les ateliers urbains ; quant aux généraux, ils n'eurent plus qu'un *droit de contre-marque*, consistant à inscrire leur nom sur la monnaie de l'Empereur. Le seul *imperator* était César. Le monnayage militaire disparut ainsi au premier siècle de notre ère en même temps que la suprématie du Sénat et du peuple.

L'autorité monétaire, que le Sénat exerçait à l'origine au nom du peuple, par l'intermédiaire de magistrats spéciaux, passa donc, par une transition lente, progressive, entre les mains de l'Empereur, qui la partagea quelque temps avec le Sénat, et qui finit par l'accaparer tout entière.

CHAPITRE II

ORIGINE ET CARACTÈRES PRIMITIFS DE LA MONNAIE OFFICIELLE ROMAINE.

§ 1. — Origine de la monnaie officielle.

A. — Usage du bétail comme instrument d'échange.

Tous les auteurs rapportent ce fait que pendant trois cents ans (1), de 754 à 451 avant notre ère, chez les premiers Romains, comme chez tous les peuples à leur naissance, le commerce se fit *sans monnaie*, ce qui ne fut pas un obstacle à la prospérité industrielle ni au progrès économique (2).

L'étalon des valeurs était la tête de bétail, *pecus* (3), qui servait aussi d'instrument d'échange.

Nous avons vu que tous les peuples de l'antiquité à leur naissance avaient pratiqué le commerce sous la forme du troc direct, puis avaient adopté l'échange à l'aide d'une marchandise intermédiaire qui était en général le bétail. Les Romains ont-ils pratiqué les mêmes usages ? La plu-

---

(1) Marquardt, Mommsen, F. Lenormant...

(2) F. Lenormant, *Essai*, p. 97.

(3) Varr., *De ling. lat.*, V, 19. Columel, *De re rust.*, 6. Festus, *De verb. sign.*, 213. Marquardt, t. X, p. 3, etc...

part des auteurs s'accordent à le reconnaître : 1° Le mot *pecunia* qui désigne la monnaie semble bien venir de *pecus* (1) ; 2° On voit dans diverses lois des évaluations fixées en bœufs, en brebis ou en porcs ; 3° Jusqu'à l'an 300, on ne pouvait agir en justice, dans la forme du *sacramentum* sans consigner 5 bœufs ou 5 brebis, suivant les cas ; 4° Nous verrons plus loin que des lois du Ve siècle avant notre ère, fixaient le taux des amendes en bétail et que l'une d'elles exigea que les amendes fussent payées en monnaie de cuivre (2), et non en bétail, comme par le passé.

On a pu soutenir cependant (3) que les Romains appartenaient à une race qui avait déjà traversé les deux premières phases de la vie des peuples ; que l'usage du cuivre remonte, chez les peuples gréco-italiques, à une époque antérieure à la fondation de Rome ; qu'avant le règne de Servius, les Romains se servaient déjà de barres de cuivre (4), de fragments d'armes et d'ustensiles de ce métal (5) ; que, par conséquent, les Romains dès l'origine se servirent du cuivre dans leurs échanges.

Cela ne nous semble pas en contradiction avec notre théorie. Les Romains se servirent probablement de cuivre en même temps que de bétail et que d'autres objets utiles, tels que le blé et les autres denrées, le poisson, etc... Le mot *pecunia sacrificium* désignait les grains et les fruits offerts dans les sacrifices. Festus (Ed., Panckoucke,

(1) Festus, V° *Peculatus*. Ed. Panckoucke, p. 408.
(2) Loi Julia Papiria.
(3) M. Cuq, *Institu. juridiq. des Rom.*, 1891, p. 256.
(4) Pline, H. N., n° 33, 3. C'était l'æs *rude*, *raudus*.
(5) Fouilles d'Orvieto.

p. 430) ajoute : « c'est en ces choses que consistait ce que nous appelons maintenant *pecunia* ». On offrait par exemple un gâteau de pure farine pour obtenir une bonne récolte de blé et de fruits. Nous verrons d'ailleurs à certaines époques particulièrement troublées un retour à ces usages. Sous le règne de Julien, par exemple, les taxes judiciaires étaient fixées parfois en denrées, ce qui ne faisait pas obstacle au payement de ces taxes en monnaies équivalentes (1), ainsi que cela résulte d'une inscription découverte en 1882 à Thamugadi, en Numidie.

Si, dès l'origine de Rome, le cuivre et le bétail étaient employés concurremment dans les échanges, on en devrait trouver la preuve dans les premiers contrats qui furent en usage chez les Romains et particulièrement dans la mancipation (2).

La mancipation ne peut être, en effet, qu'une application de l'acte unique de l'ancien droit, le *nexum* ; le mot mancipation n'était appliqué au *nexum* que lorsqu'il servait à constituer des droits réels (3). Or, la loi des XII Tables dit que l'objet du *nexum* est, non pas *æs*, le cuivre, mais *nuncupata pecunia* ; et le mot *pecunia* désigne aux premiers temps de Rome le petit bétail, aussi bien que la monnaie proprement dite, en un mot tout ce qui constitue la fortune individuelle, par opposition à la *familia*, qui désigne le patrimoine (4).

---

(1) Cf. P. F. Girard, *Textes de dr. rom.*, p. 144. — *Ephem. epigraph.*, V, n° 697. Commenté par Mommsen, pp. 632 à 646.

(2) Cf. Voigt, *Die* XII *Tafeln*, 1883, I, 197, II, 483 ; cité par M. Cuq, *Institu. jurid. des Rom.*, p. 254, n° 1.

(3) V. la discussion de cette théorie dans *La garantie d'éviction* de M. P. Girard, 1884, p. 28 et s.

(4) M. Cuq, *Institu. juridiq. des Rom.*, 1891, p. 91.

Le legs *per damnationem* de denrées, de bétail..., pouvait s'exécuter par la mancipation (1). Ce contrat semble donc avoir pu, à l'origine, sous le nom générique de *nexum*, s'appliquer, non seulement au cuivre, mais à diverses choses susceptibles d'être pesées ou comptées. Ce n'est qu'à une époque postérieure que le prix fut définitivement établi en cuivre et que le contrat prit le nom de mancipation *per æs et libram*.

Le *mutuum* d'ailleurs s'appliquait aux denrées et autres objets aussi bien qu'au cuivre.

B. — Usage du cuivre au poids.

Il nous semble donc probable que les Romains employaient concurremment le cuivre, le bétail et d'autres objets utiles, comme intermédiaires dans les échanges.

Mais ce qui nous semble incontestable, c'est que, dans les premiers temps de Rome, le cuivre était employé dans le commerce comme une *marchandise* avant d'être employé comme un *signe de valeur*. Autrement dit, le cuivre était *pesé réellement*, dans les échanges, et livré, à sa valeur marchande, par l'acheteur au vendeur. Il n'était pas remis comme un signe d'une valeur fixée arbitrairement par l'Etat, mais bien comme une richesse dont la valeur nominale égalait exactement la valeur intrinsèque.

Ainsi, à l'origine, les Romains se servaient du bétail, des denrées, en même temps que du cuivre, comme moyens de payement. Mais en outre, quand ils se servaient du cuivre, ils s'en servaient comme d'une marchandise et la donnaient en payement pour sa vraie valeur, pour sa va-

(1) Gaius, III, 175.

leur marchande. Ce n'est que plus tard qu'un poids déterminé de cuivre a été pris pour unité d'évaluation et qu'une monnaie, marquée du sceau de l'Etat, a pu être considérée comme la représentation d'une valeur qu'elle ne portait pas réellement en elle.

Nous trouvons la preuve de ce fait, que la monnaie à l'origine était une véritable marchandise, qui s'échangeait à sa valeur commerciale, réelle, dans les diverses circonstances qui accompagnèrent la création de la monnaie officielle. 1° Nous verrons que cette monnaie portait à l'origine le nom d'*æs grave* ou cuivre au poids. 2° Elle était très lourde, parce qu'elle était employée le plus souvent comme équivalent d'un porc, d'une brebis ou d'un bœuf. 3° Les premières pièces portaient l'image de ce bétail qu'elles représentaient dans les échanges. 4° Les premières lois qui organisèrent les payements en monnaie, donnèrent le choix aux débiteurs de l'Etat entre le payement en bétail et le payement en un poids équivalent de cuivre.

Nous reviendrons plus loin sur ces divers points, mais nous devons insister ici sur un argument qu'on peut tirer en faveur de cette thèse du caractère originaire de la mancipation.

A l'époque de Gaius la mancipation est une vente imaginaire, *imaginaria venditio* (1). L'acquéreur se contentait de toucher la balance avec un morceau de cuivre, *raudus*, *rauduscultum*. Le payement du prix était simplement fictif.

Il n'en fut pas toujours ainsi. Dans le droit ancien la mancipation était une vente réelle (2). La description qu'en

(1) Gaïus, I, 122 ; III, 174.

(2) V. M. Cuq, *Institu. juridiq. des Rom.*, p. 258 et s.

donne Gaius en est la meilleure preuve. Pourquoi aurait-on fait intervenir un *libripens*, une balance, du cuivre ; comment les diverses solennités qui constituent ce contrat seraient-elles nées, si l'on n'avait pas dû à l'origine peser le métal ? Gaius dit d'ailleurs qu'on pesa les pièces, même quand elles furent monnayées. Le payement du prix était donc réel, dans les premiers temps, et on ne livrait le cuivre qu'après l'avoir pesé.

De ce que les meubles seuls pouvaient être mancipés à cette époque primitive, il résulte que l'objet de la mancipation était livré de même que le prix au moment du contrat. La mancipation était donc bien une vente réelle.

Il semble que le jour où l'Etat s'avisa d'émettre une monnaie, d'en garantir le poids et le titre, la pesée devint inutile. La mancipation aurait dû par suite devenir imaginaire le jour de la création de la monnaie officielle.

Mais il n'en fut pas ainsi. La transition ne fut pas brusque, la mancipation resta réelle, malgré l'introduction de la monnaie officielle, c'est-à-dire que l'on continua à peser cette monnaie. L'État en la créant ne lui donna pas cours forcé. Il ne l'imposa pas. Il s'engagea simplement à l'accepter pour une valeur déterminée. En d'autres termes, il lui donna un *cours officiel*. La pesée resta nécessaire pour les gros payements (1), pour les échanges les plus importants, qui se faisaient par actes solennels (2), où l'emploi de la balance était obligatoire, enfin pour le commerce international (3).

---

(1) Cf. F. Lenormant, *Essai*, p. 107.

(2) V. M. Cuq, *Instit. jurid.*, p. 261, n. 1.

(3) V. d'Ailly, *Recherches sur la monn. rom.*, 1864, I, 46. — Voigt, *Die* XII *Tafeln*, I, 202.

La balance resta donc utile, la mancipation resta une vente réelle, jusqu'au jour où l'État donna cours forcé à sa monnaie. Dès lors le poids des pièces devint indifférent, le crédit de l'État fit toute leur valeur et l'on dut se contenter de les compter.

Ainsi, en un mot, les Romains se servirent tout d'abord dans leurs échanges de *bétail*, de *denrées* et d'autres *objets utiles*.

Plus tard ils employèrent le *cuivre au poids*, dont ils se servirent même après l'émission de la monnaie par l'État.

C. — Introduction de la monnaie de l'État.

Les métaux s'imposèrent par des qualités qui les font encore préférer aujourd'hui ; on les employa en lingots. Ces métaux n'étaient pas tous abondants : l'or était presque inconnu aux premiers temps de Rome, l'argent était très rare, surtout au Nord et au Centre, où les relations commerciales étaient moins développées que sur les côtes et dans le Midi. Le cuivre au contraire était très abondant. Les Italiotes s'en servaient pour beaucoup d'usages ; ils l'adoptèrent naturellement comme mesure de la valeur des choses et comme un instrument de payement qui leur permit de remplacer le troc par l'échange. C'était donc le cuivre qui était le métal monétaire tout désigné. On l'employa d'abord en lingots informes, d'un poids de plus en plus régulier. Il était naturellement échangé à sa valeur commerciale et à chaque payement on le pesait (1). L'essayage était inutile, car le cuivre ainsi échangé était presque

(1) Mommsen, *Monnaie romaine*, p. 178.— F. Lenormant, *Essai*, p. 107. — Marquardt, t. X, p. 7.

pur : il contenait (1), d'après les nombreuses analyses qu'on en a faites, 6 0/0 d'étain. La fraude plus tard s'en mêla et l'on ajouta du zinc à l'alliage. Mais cela ne put avoir lieu qu'à l'époque impériale, car ce métal ne fut pas mis en œuvre plus tôt. Les lingots d'ailleurs prirent vite une *forme* et un *poids réguliers* ; le pesage se réduisait donc à une vérification et même entre gens de bonne foi la balance n'était plus qu'un simulacre ; il suffisait de compter les lingots, la confiance réciproque faisait le reste.

Ce cuivre primitif brut, portait le nom d'*æs rude* ; les tailles qui circulaient dans le commerce étaient coupées sur l'étalon de la *livre romaine* de 327 grammes, divisible en 12 onces, et se subdivisaient régulièrement suivant le système de numération adopté pour les poids de 2 livres à 2 onces.

On le voit, le système monétaire était créé, il existait dans tous ses détails indépendamment de toute intervention publique. Il semble même que ce concours fût superflu, car il ne lui restait pour ainsi dire rien à faire. L'étalon monétaire du système était le cuivre, car les monnaies servant d'instrument de libération étaient de cuivre ; l'unité monétaire était l'unité de poids de tout temps pratiquée à Rome, la livre romaine de 327 grammes ; les multiples et sous-multiples correspondaient à ceux du système pondéral. Quelle lacune, quelle nécessité provoqua l'intervention de l'État ? C'est ce que nous déduirons des circonstances dans lesquelles la monnaie légale fut introduite et des premiers usages auxquels elle fut destinée.

Æs signatum. As libral. — La tradition romaine rapporte que Servius Tullius fut le premier qui fit marquer

(1) F. Lenormant, *La monnaie, Essai*, p. 98.

le cuivre, circulant en lingots dans le commerce, d'une empreinte officielle : *primus signavit æs* (1). L'*æs signatum* aurait fait partie de l'ensemble d'un système de poids et mesures que ce roi aurait établi à Rome, comme autrefois Phidon à Argos. La plupart des auteurs rangent cette tradition parmi les fables qui environnent l'histoire de tous les peuples à leur naissance (2). L'introduction de la monnaie fut, dit-on, bien postérieure à la chute de la Royauté.

Les plus anciens lingots que nous possédons (3) portent pour types le bœuf, le mouton, le porc. Ils circulaient comme la représentation de la valeur de ce bétail. Ils étaient très lourds, puisqu'ils avaient leur *valeur commerciale*, c'est-à-dire qu'ils devaient peser le poids de cuivre équivalent à un bœuf, à un mouton ou à un porc (4). C'étaient de grandes briques de bronze pesant le plus souvent 5 livres romaines (5). Pour les poids inférieurs on se servait d'*æs rude* taillé dans les lingots d'*æs signatum* et portant une partie de l'empreinte officielle ou bien de blocs de cuivre brut sans types avec de simples signes de valeur correspondant aux divisions de une livre à une once (6).

Les premières lois qui concernent les monnaies et dont quelques dispositions nous sont parvenues, confirment ces faits, les complètent et les expliquent. La première est la loi *Aternia Tarpeïa*, qui date de l'an 454 avant Jésus-Christ. Cette loi fixe un taux de valeur en cuivre au moyen duquel *on pouvait* remplacer les bestiaux qui servaient au-

(1) Plin., XVIII, 3, 12. Fest, p. 246, Ed. Muellero.
(2) Mommsen, p. 474 et s. Lenormant, *Essai*, p. 99.
(3) Britisch-Museum (*Catalogue*, p. 37, 38, 66, nº 3).
(4) Plut. Poplic., II, Varr., *De re rust.*, II, 1. Plin., XVIII, 3, 12.
(5) Mommsen, p. 229 et 230.
(6) Mommsen, p. 171.

paravant à payer les amendes (1). La seconde est de 452, c'est la loi *Menenia Sestia*, qui renouvelle la même disposition (2). Enfin la loi *Julia Papiria* (430 avant Jésus-Christ), n'est plus, comme les précédentes, purement facultative, elle est impérative. Elle remplace définitivement les payements en têtes de bétail par les payements en cuivre prévus dans les lois précédentes (3). Solon, qui avait réformé le monnayage à Athènes et l'avait définitivement établi, n'avait pas été poussé par d'autres considérations. Il avait fixé l'équivalent en argent des amendes que Dracon avait établies en têtes de bétail (4).

Si donc on considère, avec la majorité des auteurs, l'attribution du monnayage officiel à Servius Tullius, comme une légende, on est amené à considérer la loi Julia Papiria, qui est de l'an 430 avant Jésus-Christ, comme le premier indice de l'existence de la monnaie officielle à Rome. Les lois Aternia Tarpeïa et Menenia Sestia, qui sont de 454 et 452 ne se référaient probablement qu'à l'emploi des lingots quadrilatères de cuivre non encore marqués par l'État. En conséquence ce seraient les Décemvirs qui auraient fait

(1) Cic., *De Rep.*, II, 35 ; *Dio. Cass.*, X, 50.

(2) Cic., *loco cit.* ; liv. IV, 30. Fest., p. 202.

(3) Festus, p. 237 (Ed. Muellero) ; V° *Peculatus*. (Ed. Panckoucke, p. 408), *Peculatus* furtum publicum dici cæptus est a *pecore*, quia ab eo initium ejus fraudis esse cœpit ; siquidem ante æs aut argentum signatum ob delicta pœna gravissima erat duarum ovium et XXX bovum ; ea lege sanxerunt T. Menenius Lanatus et P. Sestius Capitolinus coss. Quæ pecudes, postquam ære signato uti cœpit P. R., Tarpeia lege cautum est, ut bos centusibus, ovis decusibus æstimaretur. — Cic. de Rep., 2, 35, 60. Æstimatio pecudum in multa lege C. Juli. P. Papiri consulum constituta est ».

(4) Plut. Solon, 23. — Pollux, IX, 61. — Lenormant, *Essai*, p. 102. — Mommsen, p. 176.

frapper les premières monnaies, puisque la loi des XII Tables est de 449 ou 450 avant Jésus-Christ. C'est au moins l'opinion de Mommsen, Lenormant, Marquardt....

Cette opinion semble confirmée par une considération purement artistique (1). Les plus anciennes pièces fondues à Rome ont été certainement imitées des monnaies grecques de l'art le plus avancé, de l'art issu de la rivalité des écoles de Phidias et de Polyclète. Or, les modèles de ces écoles n'ont pu pénétrer en Italie que vers l'époque de la mort de Périclès (429), qui est précisément celle de la loi Julia Papiria.

Ce dernier argument a permis à d'autres auteurs de soutenir que l'introduction, à Rome, de la monnaie de l'État fut postérieure aux XII Tables.

M. Karl Samwer place le commencement du monnayage romain en 360 avant notre ère, ou au plus tôt en 400. Il se fonde sur des considérations purement numismatiques et artistiques. Les arguments qui attribuent à Servius Tullius ou aux Décemvirs la création de la monnaie lui semblent sans valeur. Les fragments qui nous restent des XII Tables, comptent, dit-il, en cuivre au poids et non en monnaie. Ce n'est donc pas dans les documents historiques ou législatifs qu'on peut chercher quelque éclaircissement du problème. Mais, ce qui est certain, c'est que l'art romain dérive de l'art grec. Or ce n'est que vers 460 ou 430 avant notre ère que les Grecs arrivent à une certaine perfection dans le dessin des types monétaires. Cet art n'a donc pu pénétrer à Rome que vers l'an 400. La forme de la proue des navires de guerre représentée sur les plus

(1) Lenormant, *Essai*, 103 ; Lenormant et de Witte, *Th. des mon. cér.*, I, 30.

anciennes monnaies romaines, est empruntée aux Grecs et aux Phéniciens. Or les Grecs n'ont eu ce genre de navires qu'après la guerre du Péloponèse. C'est donc au plus tôt dans la seconde moitié du IVe siècle avant notre ère qu'il faut placer le commencement du monnayage romain (V. *Geschichte des ælteren rœmischen Münzwesens. Dr. Karl Samwer. Wien*, 1883).

§ 2. — **Caractères de la première monnaie de l'État.**

Nous concluons de ces faits, que l'État n'est pas plus intervenu à Rome qu'en Grèce, ni dans la plupart des nations, lors de l'invention de la monnaie, pour rendre au commerce un service dont celui-ci avait prouvé par une expérience de plusieurs siècles, qu'il se passait très aisément. L'Etat est intervenu tout d'abord dans son *propre intérêt*, dans le but de faciliter ses rapports pécuniaires avec ses débiteurs, et ce qu'il a établi, c'est, non pas comme on le dit très souvent, le cours légal des monnaies, ni l'étalon, ni l'unité du système : l'utilité du cours légal n'était pas soupçonnée à cette époque, quant à l'étalon, à l'unité monétaire, au système applicable, tout cela était déjà réglé par le commerce depuis 300 ans à Rome et l'État ne pouvait rien y changer. Ce qu'il fit, ce fut de fixer le taux auquel il accepterait les espèces que lui devaient ses débiteurs, c'est-à-dire ce qu'on appelle aujourd'hui le *cours officiel*, rien de plus. Et pour se dispenser de mesurages continuels, il marqua d'une empreinte les monnaies existant précédemment, les paya à ses créanciers et déclara qu'il les accepterait de ses débiteurs, sans autre vérification que celle de cette empreinte. Mais les particuliers dans leurs relations privées étaient libres de peser cette monnaie et de vérifier la sincérité de l'Etat.

Ces divers points ne sont pas sans importance ; ils montrent quelles furent les véritables circonstances qui entourèrent la naissance de la monnaie à Rome. Ce sont les mêmes que nous avons trouvées chez tous les peuples primitifs et que nous résumons de la manière suivante :

1° La monnaie émise par l'État n'a été, à Rome comme chez tous les peuples de l'antiquité, que *la monnaie déjà adoptée par le commerce* de longs siècles avant l'intervention de l'État et dont le commerce se servit encore après cette intervention, concurremment avec la monnaie officielle.

2° Le *système monétaire* que le commerce avait adopté avant l'État était *en rapports directs avec le système pondéral* en usage ; l'unité, les divisions et les multiples, le mode de numération étaient les mêmes, et il était évident *à priori* qu'il devait en être ainsi.

3° L'*instrument monétaire* définitivement choisi par le commerce, puis adopté par l'État, fut le métal le plus usuel en même temps que le plus utile, le plus répandu, en un mot *le plus propre aux échanges* de toute sorte.

4° Les monnaies avaient dans les échanges la *valeur réelle* que représentait le poids du métal qu'elles contenaient. C'était une nécessité absolue et évidente pour les monnaies commerciales. L'État ne faisait que la consacrer en frappant les pièces qui devaient servir à son usage particulier.

5° L'État ne fit donc qu'utiliser pour lui-même une pratique séculaire lorsqu'il adopta la monnaie courante et y apposa l'*empreinte officielle* et il ne chercha, en marquant d'avance ses monnaies d'un signe spécial, qu'à simplifier ses rapports pécuniaires avec ses propres créanciers et ses propres débiteurs, comme aurait pu le faire et comme le faisait tout gros commerçant dont le crédit était bien établi sur le marché et dont les affaires étaient suffisamment étendues. Ce n'est pas, comme tous les auteurs le disent, dans le but humanitaire et désintéressé de faciliter les relations entre commerçants que l'État a émis la première monnaie ; il l'a fait dans son *propre intérêt* et pour se débarrasser lui-même de l'ennui « de continuels mesurages (1) ». Ce point de vue est en opposition absolue avec la théorie du *cours légal* que l'État donne aujourd'hui aux monnaies en les recouvrant de son empreinte et qui a en perspective l'intérêt général du commerce autant et plus que l'intérêt de l'État. L'État ne donnait alors à ses monnaies que le *cours officiel.*

§ 3. — **Systèmes monétaires romains.**

I. — Nous avons vu que Rome, pendant trois siècles, a fait le commerce avec tous les peuples de l'antiquité civilisée, *sans se servir de monnaie garantie par l'Etat* (754 à 451 avant notre ère).

II. — Puis, pendant 180 ans (451 à 268), c'est-à-dire pendant près de deux siècles, elle a fait usage de *monnaie de cuivre*, quoique la plupart des peuples avec lesquels elle entretenait des relations commerciales eussent surtout des monnaies d'argent, conformément au système hellénique. Cela s'explique, parce que la monnaie officielle ne

(1) Aristote, *Politique*, L. I, ch. III, trad. Barthélemy St.-Hilaire, t. I, p. 53. Passage reproduit par tous les auteurs.

servait que dans les rapports de l'Etat avec les particuliers, par exemple pour le payement des amendes et la solde des troupes. Le commerce avait sa monnaie spéciale dans laquelle l'*argent* tenait, auprès du cuivre, une place de plus en plus importante.

III. — L'État romain, profitant de la faveur que sa monnaie trouvait dans le commerce, libre d'ailleurs de lui donner un caractère fiduciaire, puisqu'il ne l'offrait qu'à ses clients, en *réduisit* progressivement le poids et créa ainsi la *monnaie représentative*, rapportée scrupuleusement tout d'abord à la monnaie originaire, à pleine valeur, dont elle n'était que la représentation. Le public continua à se servir de cette monnaie dans ses relations privées, mais en la pesant à l'aide de la balance.

IV. — L'État abusa de cette faveur, réduisit sa monnaie de plus en plus, introduisit l'argent et le réduisit aussi dès son introduction dans le système officiel. A cette ingérence inique, que l'État ne put imposer qu'en décrétant le *cours forcé* de ses monnaies, correspondit une *crise monétaire* qui fut l'évènement capital du IIIe siècle avant notre ère à Rome.

V. — A la suite de cette crise, le commerce renonça, dans ses relations privées, à la monnaie de l'État, en revint au *troc* des époques de barbarie et subit avec patience les maux qui en résultèrent et qui se transmirent du domaine monétaire, au commerce, à l'État économique et politique tout entier.

Telle est l'histoire, rapidement résumée, de la première intervention de l'État à Rome.

L'État organise le système de l'*étalon unique de cuivre*, crée une *monnaie réduite* de ce métal, impose cette monnaie en lui donnant *cours forcé*, à l'époque de la seconde guerre punique et pendant la *crise de l'an* 217 qui s'étend à toute la fin du IIIe siècle. Cette réforme est *consacrée par la loi Flaminia*, qui applique en réalité le système bimétallique, puisque cette loi impose le cuivre et l'argent dans un rapport fixe forcé.

Nous retrouverons cette histoire point par point dans l'introduction par l'État d'une monnaie officielle d'argent, puis d'une monnaie officielle d'or. Toujours nous verrons se succéder :

1° L'usage de la nouvelle monnaie dans le commerce avant toute intervention de l'État.

2° L'adoption de la monnaie du commerce par l'État.

3° La réduction ou l'altération de cette monnaie.

4° Une crise monétaire.

5° Une loi provoquant cette crise par l'établissement du cours forcé ou essayant de l'enrayer par une réforme le plus souvent inefficace.

Origine des systèmes monétaires romains dans ceux des cités gréco-italiques. — Les Grecs, comme les Phéniciens, comme tous les peuples industrieux, débordèrent du territoire où leur civilisation avait pris son premier essor et émigrèrent au loin, portant sur des terres incultes, à peine habitées, leurs institutions et leurs usages. Mais, en colonisateurs habiles, ils se montrèrent conciliants avec les indigènes, encore à moitié sauvages, qu'ils trouvèrent établis avant eux sur ces territoires : ils cherchèrent à assimiler ces populations grossières au lieu de les anéantir ou de les asservir. En ce qui concerne l'usage de la monnaie, ces principes de la colonisation hellénique sont incontestables. Partout où les Grecs rencontrèrent un système monétaire établi, ils le concilièrent avec le leur au lieu de le traiter en vaincu, c'est-à-dire, suivant la théorie romaine, en esclave. Ils plièrent leurs propres habitudes à celles de leurs nouveaux clients et trouvèrent facilement, tant leur théorie monétaire était simple et naturelle, un compromis entre deux systèmes en apparence contradictoires.

Nous ne savons aujourd'hui comment concilier nos systèmes monétaires avec ceux de nos voisins, et cela parce que nous et nos voisins n'avons que de mauvaise monnaie, de la monnaie représentative ou fiduciaire, c'est-à-dire une monnaie qui exige une confiance réciproque sans bornes entre les États, tandis qu'en fait ces États n'ont réciproquement que de la défiance.

Les Grecs n'avaient pas, avant l'époque de l'influence romaine, de monnaie représentative. Toute leur monnaie valait ce que valait le métal dont elle était faite et il en était ainsi non seulement de l'argent, qui était leur monnaie courante et fondamentale, mais du cuivre et de l'or, dont ils ne faisaient qu'un usage restreint. Il leur fut facile de plier leur système monétaire, basé, comme nous l'avons vu, sur un système pondéral unique, et sur des unités multiples, au système pondéral et monétaire que pratiquaient les indigènes de leurs nouvelles colonies. Les explications que nous avons données dans les précédents chapitres nous suggèrent déjà une solution du problème. Aux six unités que les Grecs avaient dans leur circulation monétaire, telle que nous la connaissons aujourd'hui, ils auraient pu en ajouter une septième, suivant leur procédé ordinaire, qui fût précisément celle dont faisaient usage les indigènes. Ils auraient, pour ainsi dire, ouvert un compte à cette unité dans leur circulation générale, c'est-à-dire qu'ils auraient construit sur cette unité une série monétaire nouvelle dont les termes eussent été proportionnels aux coefficients de leur système pondéral national. Mais ils firent mieux, car ils trouvèrent dans leur système monétaire même un multiple de l'unité admise chez ces étrangers.

Les peuples italiotes, et en particulier les Syracusains, auxquels nous faisons ici allusion, lorsque les Grecs vinrent se mêler à eux et leur apporter l'usage de la monnaie, ces peuples avaient un système pondéral basé sur la *litra* ou *livre*, de 217 grammes environ, qu'ils divisaient en 12 onces, au lieu de compter comme les Grecs par drachmes, mines et talents. Le métal généralement usité en Sicile et dans les autres pays du sud de l'Italie était le cuivre qui valait à poids égal 250 fois moins que l'argent. La litra de cuivre valait à ce taux 0 gr. 870 d'argent (1), ce qui était précisément le 10e de la double drachme ou du *didrachme attique fort*. En conséquence on considéra la litra de Syracuse, pièce de cuivre, comme valant 1/10 du didrachme, pièce d'argent grecque ; on frappa des pièces d'argent équivalentes à la litra, pesant 0 gr. 870 et portant le nom de *noummoi*, qui devinrent à Rome les *nummi*. Le système fut complété par des pièces de 10, 6, 5, 4, 3, 2 et 1 once (2) valant autant de douzièmes de nummi ou de litræ et portant des noms spéciaux que Pollux nous rapporte. Le didrachme était appelé *décalitron* ou *statère*. 120 litræ pesaient 2 kilogr. 610 grammes environ, c'est-à-dire autant que le talent au poids attique, qui équivalait à 6.000 drachmes (3).

---

(1) Aristote, *ap Polluc.*, IV, 174 et IX, 87. — Lenormant, *Essai*, p. 90.

(2) Pollux, IV, 174.

(3) Bœckh., *Metrologische Untersuchungen*, p. 84. Voir sur ces divers points : Michel Soutzo, *Introduc. à l'étude des monnaies de l'Italie antique*, 1887-1889.

L'équation suivante résume le système monétaire syracusain :

$$\underbrace{217 \text{ gr.} = 1 \textit{ litra} = 12 \text{ onces}}_{\text{cuivre}} \;\Big|\; \underbrace{= 1 \text{ numunus} = 1/10 \text{ décalitron [ou statère} = 0 \text{ gr. } 87}_{\text{argent}}$$

Rapport de valeurs :

$$\frac{\text{cuivre}}{\text{argent}} = \frac{1}{250}$$

Laissons un moment de côté toute cette arithmétique pour ne considérer que le procédé économique de conciliation de deux systèmes monétaires au fond contradictoires, puisque l'un était basé sur l'étalon d'argent, l'autre sur l'étalon de cuivre. Que trouve-t-on de mieux dans ces temps primitifs, où l'économie politique n'était pas étudiée, pour résoudre le problème monétaire ? Chacun des systèmes fait un pas. Le système grec s'ouvre à l'unité nouvelle et divise l'une de ses pièces, contrairement à ses habitudes de calcul, en 10 parties égales : le didrachme est divisé en 10 nummi. Le système syracusain se prête à la transformation et accepte un multiple de son unité de cuivre, qui vaudra dix de ces unités et portera le nom de *décalitron*, pour rappeler son rapport avec la *litra* indigène, ou celui de *statère* qui le rapprochera de la drachme grecque. Un simple artifice de calcul a donc tout concilié et le système a fonctionné ainsi jusqu'au jour où de mauvais principes vinrent enrayer sa marche.

Faisons un saut de 30 siècles en avant. Nous trouvons en 1892 l'Angleterre et l'Inde aux prises avec des difficultés identiques. L'une a l'étalon d'or, l'autre l'étalon d'argent. La métropole et sa colonie ont fait pendant des siècles des efforts désespérés pour rester immobiles dans cette situation contradictoire. Pendant ce temps, l'Inde, pour régler ses échanges avec l'Angleterre lui livrait de l'argent dont celle-ci n'avait que faire ; l'Angleterre se trouvait contrainte de vendre à l'Europe cet argent pour de l'or. Ce n'était donc pas une opération d'échange que l'Inde faisait avec l'Angleterre, c'était un *troc*, le troc vulgaire, primitif, dont on ne voulait pas il y a 30 siècles entre Grecs et Syracusains, parce qu'on le considérait comme un reste de barbarie. Or un jour vint où l'Angleterre ne trouva plus à vendre cet argent qui était déprécié. On s'avisa dès lors de chercher la solution du problème que les Grecs et les Syracusains avaient résolu dès les premiers jours. Sir D. Barbour envoya au Secrétariat d'Etat pour l'Inde un rapport qui n'était que le résumé de nombreuses dépêches échangées depuis de longues années entre le vice-roi et le cabinet de Londres. La commission Herschell examina le projet du Gouvernement Indien ; elle fit une enquête ; après des mois entiers de travaux, qui réflètent les lumières des plus grands économistes de notre temps, un projet définitif fut arrêté, les deux gouvernements l'adoptèrent, les Parlements du jeune Empire et du vieux Royaume le votèrent. Et cette loi, quelle solution consacre-t-elle ? — Celle que les Grecs il y a 3000 ans appliquaient à leurs relations commerciales avec Syracuse ! Il y a là quelque chose d'éminemment décevant pour ceux qui croient au progrès et à la marche en avant de la civilisation ! Et cela est décevant surtout parce que cette solution, que l'on a reprise sans le savoir à une politique économique morte depuis 30 siècles, résolvait le problème à cette époque lointaine et ne le résout pas complètement de nos jours où les systèmes monétaires sont devenus d'une extrême complication (voir *Crise dans l'Inde anglaise*).

Le système syracusain étant basé sur le rapport de 1 à

250 entre le cuivre et l'argent, ne pouvait rester régulier qu'autant que ce rapport se maintiendrait, ou à la condition qu'on laissât les deux métaux, ou au moins l'un d'eux, libre de varier par rapport à l'autre. Denys l'Ancien, suivant en cela l'exemple funeste que nous avons déjà rencontré plus d'une fois, montra la prétention de maintenir ce rapport légalement tout en contribuant lui-même à le fausser dans la pratique en réduisant de 4/5 d'abord, puis de moitié, la litra primitive. La première réduction la fit équivaloir à 1/5 de nummus et la seconde à 1/10, tandis que sa valeur légale restait de 1 nummus. Aristote traite l'opération de Denys de véritable banqueroute (1). Ces faits rapportés par les auteurs sont confirmés par la numismatique. Les collections contiennent des pièces qui permettent de suivre toutes ces altérations.

La plupart des villes de la Sicile, Agrigente, Tauromenium, pratiquaient le système de Syracuse. L'or était soumis au même régime. On admet que le rapport de l'or à l'argent était alors à Syracuse et dans le reste de la Sicile comme 15 est à 1. Les tailles de l'or correspondaient à un nombre exact de nummi d'après ce taux, en même temps qu'elles représentaient des pièces de divers systèmes en usage en Grèce : phénicien, éginétique, attique, etc...

Le statère phénicien de 6 gr. 986 valait 25 drachmes ou 120 nummi.

L'hémi-statère éginétique de 5 gr. 821 valait 20 drachmes ou 100 nummi.

L'hémi-statère attique de 4 gr. 370 valait 15 drachmes ou 75 nummi.

---

(1) *Ap Polluc.*, IX, 79. — Pollux, IV, 174. — Mommsen, 84.

L'hémi-statère phénicien de 3 gr. 493 valait 12 drachmes ou 60 nummi.

La trité attique de 2 gr. 910 valait 10 drachmes ou 50 nummi.

La trité phénicienne de 2 gr. 329 valait 8 drachmes ou 40 nummi.

Dans les autres colonies grecques de Sicile et de l'Italie méridionale, telles que Naxos, Zanclé, Messine, Rhegium, le système pondéral le plus anciennement adopté est le système éginétique (1) apporté par les colons venus de l'île d'Eubée. Mais à partir du commencement du Ve siècle apparait le système syracusain avec la division en *nummi* et *litræ* qui se maintient jusqu'à la conquête romaine. Comme à Syracuse, des réductions furent opérées et en dernier lieu le talent ne valait plus que 2 nummi au lieu de 120 et le nummus se divisait en 60 litræ ou 720 onces au lieu de correspondre comme à l'origine à 1 litra de 12 onces.

Le système de Syracuse était encore pratiqué à Tarente, à Héraclée de Lucanie. Mais c'est le didrachme qui porte le nom de nummus et se divise en 10 litræ de 12 onces. Ces nummi de Tarente furent également réduits. Ils pèsent à l'origine 8 gr. 190, plus tard 7 gr. 400, les derniers 6 gr. 600 à 6 gr. 100. On remarque dans ce système parmi les sous-multiples du nummus de Tarente les *tétroboles attiques*, frappées probablement suivant le système d'assimilation usité en Grèce, pour faciliter le commerce avec l'étranger. Ces pièces à l'intérieur et dans le système national représentaient 40 onces ou 3 litræ 1/3.

(1) Mommsen, p. 90, 91.

A Crotone, Locres, Métaponte, Posidonia, Sybaris, Thurium, Pyxus, Telia, etc... on suivit exclusivement le système grec pur sans aucun mélange du genre syracusain.

Enfin dans les villes de la Campanie, nous ne trouvons aucune trace de système indigène, c'est le système grec dans sa pureté qui est pratiqué partout. L'unité ordinaire est la drachme phénicienne qui pèse à l'origine 3 gr. 700 et s'abaisse progressivement jusqu'à 3 gr. 400 (1).

(1) Mommsen, M. R. 143-166. — F. Lenormant, *Essai*, p. 96.

CHAPITRE III

LA MONNAIE DE CUIVRE.

§ 1. — L'as libral et ses réductions.

La monnaie romaine, dont nous avons déterminé l'origine et les premiers caractères reçut le nom d'*as*, vieux mot des langues italiotes qui dérivait du sanscrit *ayas* ayant le sens de *totalité*, *unité* (1). Les anciens auteurs ajoutent le mot *libralis* pour indiquer que l'as originaire avait le poids de la *livre romaine* qui pesait 327 grammes et se divisait en 12 onces ou 288 scrupules (2).

Les nombreuses pièces romaines qu'on a pesées, même les plus anciennes, n'atteignent jamais le poids de la livre romaine. Les plus lourdes pèsent de 11 (3) à 9 onces ou en moyenne 10. Ce fait est inexplicable, si l'on considère l'évolution de la monnaie romaine prise isolément. Mommsen (4) l'attribue à une *première réduction* de l'*as* dans son passage d'*æs rude* à l'état de véritable monnaie. En outre le même auteur suppose que cette réduction avait été opérée pour faire équivaloir l'*as* de bronze avec un poids

---

(1) Valusius-Mœcianus, *De asse*, 1. — Mommsen, p. 188.

(2) Varr., *De re rust.*, I, 102, *De ling. lat.*, V, 169, 174, 182. Fest., p. 347. Plin., XXXIII, 3, 44. Paul, p. 98.

(3) Trésor de Cervetri.

(4) P. 196, 207, *Monnaie Rom.*

exact d'argent métallique, qui n'était pas encore officiellement frappé, mais dont une certaine quantité circulait déjà à Rome (1) à l'état de monnaies étrangères ou de lingots. L'explication du système romain doit donc être cherchée dans les systèmes qui lui ont donné l'exemple. C'est en Grèce, dans l'Italie Méridionale, en Sicile, en Asie même, que les Romains ont pris le modèle et les principes de leur monnaie.

1° Ils y ont vu des monnaies déjà réduites et n'ont peut-être pas dédaigné de *faire profiter l'Etat*, dès le premier monnayage, *de la prime* dont la monnaie officielle, circulant plus facilement, jouissait parmi les commerçants. Cette première réduction, qui eut été extraordinaire chez un peuple nouveau aux usages monétaires, est très naturelle chez celui qui apprend par la renommée que la monnaie émise par l'Etat tire de ce fait même une *plus-value* particulière qui la fait préférer au simple bloc de métal qu'elle représente. Et comment résister à la tentation de faire profiter l'Etat d'un avantage qui ne vient en somme que de son intervention et du crédit qu'il inspire ?

2° Mais un autre motif militait en faveur de la réduction et c'est encore l'exemple de leurs voisins qui l'a inspiré aux Romains. Le sentiment anticipé du *problème monétaire* et des crises qu'il pourrait entraîner les hanta sûrement. Ils s'aperçurent d'ailleurs facilement que pour régler leurs *transactions avec leurs voisins* ils devaient soumettre leur système national aux principales exigences des systèmes étrangers, italiotes ou grecs, et voyant déjà des pièces d'argent syracusaines ou grecques et des lingots de ce métal d'un poids régulier, circulant dans le commerce national,

(1) T. Liv., I, 53,55 ; X, 46.

ils firent comme faisaient les Grecs, ils ouvrirent un compte-courant dans le registre national à cette étrangère que les législations modernes auraient considérée comme une intruse et auraient chassée durement. La livre romaine de 327 grammes se divisait en 12 onces. Or, au taux de 1/250 (1) par rapport à l'argent, taux courant dans tout le midi de l'Italie et dans la Sicile, 10 onces de cuivre valaient exactement 1/288 d'une livre d'argent ou un *scrupule* (2). En conséquence ils donnèrent à l'as libral le poids de 10 onces et le firent coïncider par ce moyen avec le scrupule d'argent qui était le poids du noummos de Syracuse (3). On le voit, c'est le même principe de combinaison de deux systèmes monétaires basés sur des étalons différents, que la Grèce pratiquait chez elle, qu'elle avait introduit à Syracuse et qui s'introduisait à présent à Rome.

S'il fallait d'autres preuves de cette origine nous en trouverions aisément une dans le nom même du *sesterce*, qui s'appelait communément *nummus* à Rome et qui n'est autre que le *noummos* d'argent de Syracuse (4). C'est aussi à Syracuse que fut empruntée la division du *denier* en 10 *libellæ*, monnaies de compte, répondant aux *litræ* syracusaines. L'*as* originaire de Rome était donc une *litra* de cuivre, taillée de manière à correspondre à un *nummus* d'argent, qui ne circulait pas encore comme monnaie véritable et n'avait cours que dans le commerce.

Ainsi le système romain qui comprenait à l'origine :

1 as libral = 12 onces (cuivre).

---

(1) Le rapport 1/120 a aussi ses partisans. Voir Michel Soutzo, *Introduc. à l'étude des monnaies de l'Italie antique.*

(2) Mommsen, p. 196, 207.

(3) Lenormant, *Essai*, p. 104.

(4) Lenormant, *Essai*, p. 104-105.

Et plus tard = 1 as nummus (ou sesterce) = 1/10 du denier primitif (libella), (argent),

était calqué sur le système syracusain :

Litra = 12 onces (cuivre) = noummos = 1/10 décalitron (argent).

Les sous-multiples de l'*as* correspondaient exactement à ceux de la *litra*.

Les deux motifs que nous avons signalés et qui engagèrent les Romains dès les premiers jours à réduire l'as libral et à faire coïncider leur système de monnaies avec ceux de leurs voisins, expliquent donc aussi les modifications ultérieures de leur circulation monétaire :

1° Les lingots et les pièces étrangères d'argent affluèrent de plus en plus dans la circulation par suite de la conquête du Samnium et de la Campanie et dès lors l'écart qui existait entre la valeur de l'argent et celle du cuivre diminua progressivement. Il fallut donc bien pour maintenir l'équivalence entre l'as et le noummos syracusain réduire de plus en plus la teneur en cuivre de l'as. La réduction était imposée par cette nécessité de maintenir un rapport entre le système romain d'une part et d'autre part les systèmes italiotes et grecs.

2° Mais en dehors de ce motif, il y en avait un autre non moins important, que nous avons signalé, pour expliquer la réduction originaire de l'as, et qui explique aussi bien les réductions suivantes. C'est que l'État avait appris, par l'expérience des Etats contemporains, que la monnaie émise par lui acquiert de ce fait même une valeur qu'elle n'avait pas à l'état de lingot, parce que la confiance que le commerce prête à l'empreinte officielle facilite la circulation de la monnaie qui en est revêtue et la fait rechercher. L'État devait se trouver naturellement amené à profiter d'une augmentation de valeur qui venait de son crédit, de sa bonne renommée, de son importance sur le marché et il en profita tout naturellement en réduisant ses pièces par rapport à l'unité pondérale, qui demeurait le point de départ fixe d'évaluation des monnaies courantes, commerciales ou officielles, qui demeurait l'unité véritable et immuable d'après laquelle toutes les valeurs des monnaies de cuivre ou d'argent se fixaient, qui demeurait en un mot l'*étalon* du système.

L'étalon est en effet *l'unité des unités*. C'est la mesure initiale, primordiale, d'après laquelle on évalue et l'on règle les mesures de toutes les autres unités en usage dans la pratique. Le mètre est l'unité de longueur du système métrique français, mais le mètre de toile, de bois ou de fer, dont se sert tel ou tel commerçant, n'est pas un étalon, c'est une réalisation matérielle plus ou moins exacte de l'unité du système. L'étalon des longueurs de notre système métrique est le mètre-étalon de platine déposé aux Archives et dont la longueur à 0° centigrade constitue l'unité du système métrique. Que ce morceau de platine soit ou ne soit pas exactement la représentation de la longueur de la 40.000.000ᵉ partie du méridien terrestre, peu importe, au moins dans la question présente ! Que pour un genre de mesures quelconques on prenne pour unité de longueur le décimètre, le millimètre ou le kilomètre, peu importe ! Les unités varient au gré des calculateurs. On peut choisir, pour un calcul déterminé, une unité de 99 centimètres et une fraction, une unité même incommensurable avec le mètre, peu importe encore ! Mais on devra toujours s'en référer, pour vérifier l'exactitude de la mesure, au morceau de platine déposé aux Archives, qui servira à reconnaître que la longueur, quelle qu'elle soit, que l'on a prise pour unité, a bien cette longueur par rapport à la barre de platine dont la dimension est désignée du nom de mètre. Il ne faut donc pas confondre les mots *unité de longueur* et *étalon des longueurs*.

Il en est de même de l'étalon et de l'unité monétaires. A Rome, par exemple, l'unité aurait pu être indifféremment, suivant les époques, suivant les lieux, suivant les calculs que l'on voulait faire, l'as libral, l'as réduit à 10 onces, ou à 9, ou à 8 1/2, l'as triental qui pesait 4 onces, le sesterce ou nummus d'argent, le denier, etc... Toutes ces unités pouvaient être employées dans les échanges, dans les comptes, dans la taille des pièces. Mais l'étalon était et devait être unique, car c'est lui qui permet d'évaluer l'unité quelconque choisie pour un calcul spécial. Hé bien! à Rome, l'étalon de valeurs, facile à reconnaître et à retrouver au milieu des pièces variées et des unités de toute sorte en usage, l'étalon était l'as libral de cuivre, c'est-à-dire un poids de cuivre pesant une livre romaine; il était représenté à l'origine par la première pièce que le commerce avait adoptée, que l'État avait ou n'avait pas reproduite exactement dans son premier monnayage, mais qui en tout cas était la première, la plus ancienne monnaie connue, celle qui de tout temps à Rome avait été jugée comme la plus propre au rôle monétaire, comme la monnaie par excellence et dont toutes les autres, nées pour répondre à des besoins ou à des intérêts nouveaux, n'étaient que des *dérivées*.

Les deux motifs qui provoquèrent la première réduction de l'étalon romain expliquent aussi, avons-nous dit, les réductions ultérieures; mais le fait même que leur influence a dû être progressive semble impliquer que les réductions elles-mêmes ne se sont pas faites brusquement. C'est ce que la numismatique établit sûrement, car des pièces nombreuses de cette époque nous sont parvenues et les pesées qui en ont été faites montrent qu'elles ont été l'objet de réductions graduelles qui portèrent l'as du poids de 10 onces environ, le premier qu'on rencontre, à celui de 8 1/2, de 4, de 2, de 1 et 1/2 once. Mommsen pense que c'est vers 244 avant notre ère que l'as triental fut frappé c'est-à-dire l'as dont le poids était de 4 onces ou du tiers de l'étalon. Il établit cette date en notant que parmi les colonies romaines, qui toutes adoptaient, à mesure qu'elles étaient créées, le système romain, la première qui commence la série de ses monnaies par l'as triental, est Brundusium, fondée en 244, tandis que la monnaie supérieure au triens était encore fréquente à Venuria fondée en 291, à Hatria fondée en 289 et à Ariminium fondée en 268. Ce fait, ainsi que les pesées des pièces découvertes dans le trésor de Cervetri, établit sûrement en tout cas que la réduction de l'as de 12 ou 10 onces à 8 1/2 fut progressive et non brusque. Mais de 8 1/2 à 4 onces, la réduction, qui suivant Mommsen eu tlieu vers 244, fut brusque (1). On trouve plus tard une nouvelle chute brusque, marquée par des pièces d'un poids exactement fixé à 2 onces ou 1/6 de la livre et le nom d'as sextantaire est donné à cette nouvelle unité. Enfin deux autres réductions brusques portent à 1 et 1/2 once le poids de l'as et marquent la quatrième et la cinquième pièce de la série. Ainsi Mommsen note :

En 449 avant Jésus-Christ as libral de 12 onces, peut-être 10.

En 244 avant Jésus-Christ as triental de 4 onces, ou 1/3 de livre.

---

(1) Lenormant, *Essai*, p. 117. — Mommsen, p. 348.

Vers 241 avant Jésus-Christ as sextantaire de 2 onces, ou 1/6 de livre.

En 217 avant Jésus-Christ as uncial de 1 once, ou 1/12 de livre.

En 227 avant Jésus-Christ as semi-uncial de 1/2 once, ou 1/24 de livre.

Ces pièces correspondaient donc à quatre temps d'arrêt dans la réduction. Ce qui est certain, comme nous l'avons dit, c'est que ces réductions ne furent pas brusques, mais progressives. De plus, il est probable que l'as libral est resté l'étalon légal jusqu'en 264 (1), époque où l'as sextantaire a été frappé. L'as libral régna donc jusqu'à cette époque. Le témoignage de Pline (2) ne laisse à ce sujet aucun doute : « Avant la défaite de Pyrrhus, dit-il, les Romains n'eurent pas de monnaie d'argent. L'argent ne fut frappé que l'an de Rome 485, cinq ans avant la première guerre punique. On fixa la valeur du denier à 10 livres de cuivre, celle du quinaire à 3, celle du sesterce à 2 1/2. Le poids réel de la livre fut diminué pendant la première guerre punique et il fut décrété, qu'on fabriquerait des as de 2 onces. On gagna ainsi 5/6 et on liquida les dettes de la République... Plus tard, Annibal serrant de près la ville de Rome, on fit l'as d'une once et l'on donna au denier une valeur de 16 as. La République fit ainsi un gain de moitié. La loi Plautia-Papiria réduisit l'as à 1/2 once ». Varron, Festus sont d'accord avec Pline.

Nous allons examiner d'autres raisons qui plaident en faveur de cette théorie en étudiant la crise qui sévit à Rome

---

(1) Michel Soutzo, *Introduc. à l'étude des monn. de l'It.*, t. II, p. 16.

(2) XXIII, 13.

à la suite de cette première réduction et pendant les guerres puniques.

Si l'on admet que les réductions ont été progressives et qu'elles n'ont pas entraîné avant l'époque des guerres puniques de changement d'étalon, il en résultera que les Romains aboutirent, par la création de simples unités nouvelles, à un système identique à celui que nous avons vu pratiqué précédemment en Grèce et dans lequel l'étalon, le système pondéral, le système de numération restaient les mêmes au milieu de la multiplicité des unités et par suite des séries monétaires. Ce tout, au premier abord incohérent, était au fond merveilleusement combiné. D'une diversité apparente résultait l'uniformité et la plus parfaite harmonie, car toutes les unités n'étaient en réalité quelles que fussent leurs tailles, que des *monnaies représentatives*, de simples photographies de l'as libral, des titres authentiques, revêtus de la signature de l'État, et contenant promesse de payer l'as libral.

§ 2. — Crise du IIIe siècle avant notre ère.

Si l'on peut soutenir que les réductions de l'as, qui furent faites à Rome pendant les beaux jours de la République, ne constituèrent pas des altérations véritables de la monnaie, on ne peut en dire autant de celle qui fut opérée pendant les guerres puniques. Cet acte fut une banqueroute qui ne s'explique que par la situation critique où Rome se trouvait après la défaite de la Trébie et le désastre du lac Trasimène, lorsqu'Annibal était à ses portes et que les ressources de l'État étaient épuisées. L'altération des monnaies apparut alors comme un remède extrême qui malheureusement ne devait aboutir qu'à des désastres plus grands encore et à répandre les ravages de la crise politique à l'état économique tout entier.

Il importe d'indiquer en quoi la réduction qui aboutit à la création de l'as sextantaire de 2 onces fut seule une véritable altération du système monétaire et une banqueroute. Nous constaterons après, que seule aussi cette opération eut des conséquences critiques que les réductions précédentes n'avaient pas provoquées.

Je remarque tout d'abord que les numismatistes modernes mettent délibérément de côté deux séries de textes qu'ils trouvent erronés ou inexplicables. Ils invoquent même ces textes pour prouver que les auteurs qui les ont écrits sont assez peu au courant des questions relatives à la numismatique ancienne (1). La première de ces deux séries de textes tend à établir que l'as libral circulait pour sa valeur réelle et qu'on le pesait dans les transactions commerciales, malgré la marque qui garantissait l'exactitude de son poids.

Pline (2) dit nettement : *libralis assis adpendebatur.* Gaius (3) : *eorum nummorum vis et potestas non in numero erat, sed in pondere.* Cette opinion est admise par Gronovius (4), Perizonius (5), Bœckh, Huschke (6), Ailly (7).

Mommsen (8), Marquardt, Hultsch (9), sont d'un avis

(1) Lenormant, *Essai*, p. 116.
(2) N. H., 33, 42.
(3) I, 122.
(4) *De Sest.*, 3, 15, p. 534.
(5) *De œre gravi*, VII, p. 419.
(6) P. 177.
(7) I, p. 46.
(8) *Monnaie*, p. 194.
(9) Hultsch, p. 261.

opposé. Avec cette opinion, dit Marquardt, à quoi servirait l'émission de la monnaie par l'Etat, la mention de la valeur sur les monnaies ne serait-elle pas inutile, la réduction de la monnaie qui se produisit à cette époque ne serait-elle pas inexplicable (1)?

D'autre part des textes nombreux déclarent que du poids appelé *libralis* on passa subitement et sans intermédiaires à celui d'un sextans, pendant la durée de la première guerre punique. Ces monuments qui émanent de Varron, Verrius Flaccus, Aulu-Gelle, Festus, Pline, etc., sont, disent tous les numismatistes modernes, en opposition avec les faits : les monnaies existantes prouvent au contraire que les réductions ont été progressives. Les pesées qu'on en a faites, non seulement nous révèlent beaucoup de pièces intermédiaires entre l'as de 12 onces et celui de 2 onces, mais encore elles semblent prouver que l'as libral véritable de 12 onces n'a jamais été frappé. Est-il admissible pourtant que les auteurs que nous venons de citer n'aient pas connu quelques-unes des nombreuses pièces frappées à Rome de 449 à 217, c'est-à-dire pendant deux siècles?

Varron (2) dit que la période de la monnaie librale dura jusqu'à la guerre punique, Verrius Flaccus (3) qu'à l'époque de cette guerre l'as d'une livre fut abaissé subitement au sixième de son poids, c'est-à-dire à 2 onces. Pline (4) nous apprend que la guerre punique dont il s'agit est la première, pendant la seconde en effet l'as fut abaissé de 2 onces à 1.

---

(1) Marquardt, *Manuel*, X, 7.
(2) *De re rust.*, I, 10, 2. — *De ling. lat.*, V, 169, 173, 174, 182.
(3) Ap. Paul, p. 98.
(4) XXXIII, 3, 44.

Or les pesées des pièces, l'expansion dans les colonies romaines des monnaies de la capitale, en particulier des as de 4 onces à Brundusium fondée en 244, prouvent à n'en pas douter que des pièces intermédiaires entre l'as libral et l'as sextantaire furent frappées à Rome et s'étendirent dans toutes les colonies.

Tels sont les faits que les monuments numismatiques et les auteurs nous rapportent. Sont-ils inconciliables ? Nous allons tâcher d'établir qu'il n'est pas impossible que l'as ait continué, malgré la frappe officielle, et quoique son poids ait été réduit dans les pièces nouvelles, de circuler à sa valeur réelle, à son poids, comme le terme d'*æs grave* le prouve. L'as libral était une monnaie de compte qui n'existait pas dans le système monétaire comme pièce distincte. Il n'y a là rien d'étrange. Dans le système français actuel l'unité principale est le franc d'argent à 9/10 de fin qui n'existe pas comme pièce distincte et n'est qu'une monnaie de compte ou l'étalon du système. Il en était de même à Rome pour l'as libral. Aussi les pièces de 10 onces, de 9, de 8 1/2 ne pesaient pas un as : elles portaient le nom d'*as libral* parce qu'elles appartenaient au système de l'as libral, mais, entre les particuliers, elles s'échangeaient au poids, à leur valeur réelle, pondérale, d'où leur nom d'*æs grave*.

D'autre part, les auteurs, en disant que l'as libral a été réduit lors de la guerre punique brusquement en un as sextantaire ou de 2 onces, n'entendent pas dire qu'il n'y a jamais eu de tailles intermédiaires entre celle de 12 et celle de 2 onces, ce qui serait manifestement faux. Ils entendent probablement par là que le système de l'as libral devint le système de l'as sextantaire, c'est-à-dire que l'unité principale, l'unité de compte, l'étalon a été réduit. C'est l'État qui, dans un jour de détresse, a déclaré qu'au lieu de payer un as libral à ses créanciers conformément à ses promesses, à ses contrats, il leur payerait sous le nom d'as, la valeur actuelle de 2 onces de cuivre, qui était le sixième de la valeur stipulée. Cela ne veut même pas dire que l'as sextantaire fut frappé pour la première fois à cette époque. Il était en cours depuis la première guerre punique, depuis 264 probablement (1), mais c'est en 217, pendant la seconde guerre punique, qu'il fut adopté comme base du nouveau système monétaire de l'État. Ce fut là une véritable réduction. L'État avait, en la faisant, failli à tous ses engagements et il n'allait pas tarder à payer la peine de sa trahison.

Que l'as libral était resté la base des transactions jusqu'en 217 et qu'à partir de cette époque l'as sextantaire devint la base, l'étalon d'un système nouveau, c'est ce que nous établirons en étudiant la *crise monétaire* que cette réforme provoqua dans la société romaine à la fin du IIIe siècle avant notre ère.

M. Bélot, dans un ouvrage publié en 1885 (2), établit sur des arguments très sérieux que l'as sextantaire du poids de 2 onces fut adopté à l'époque des guerres puniques dans tous les comptes publics. Mais cette réforme ne se fit pas en un jour et si cette unité fut introduite dans l'évaluation des fortunes portées sur les registres du cens et dans l'indication du montant de la solde, dès la première guerre punique, ce ne fut qu'en 217, pendant la seconde guerre punique que l'as sextantaire fut pris comme unité des sommes servant à distinguer, dans les registres publics,

(1) Michel Soutzo, *Introduc...*, t. II.

(2) *Révolution économique et monétaire.*

les diverses classes de citoyens, et le payement de la solde militaire continua jusqu'au temps de César à se faire en as de 10 au denier, c'est-à-dire en *asses librales*.

Ainsi, c'est en effet, comme tous les auteurs le disent, à l'époque des guerres puniques que le système monétaire officiel fut modifié par une réduction brusque de l'étalon qui passa du poids originaire de 12 onces à celui de 2 onces. L'as libral avait été jusque-là l'unité de compte officielle en même temps que commerciale. Les pièces émises par l'État avaient des poids différents, variables, rentrant le plus exactement possible dans le système de numération usité pour les poids, mais on les pesait pour les rapporter à l'étalon et former le montant des sommes que l'on avait à payer dans les diverses opérations du commerce. L'adoption du nouvel étalon, représenté depuis 264 dans la circulation par une monnaie nouvelle, se fit progressivement, pendant les guerres puniques. Le commerce s'en servit le premier, puis les censeurs l'employèrent dans l'estimation des fortunes où les prix étaient déjà exprimés à l'aide de la nouvelle unité. Enfin vers 217 l'État introduisit officiellement cet étalon nouveau à la place de l'as libral. C'est ce que les auteurs nous disent clairement. L'as sextantaire devint après la première guerre punique l'unité de compte pour évaluer l'unité de fortune à l'aide de laquelle les censeurs distinguaient les diverses classes de citoyens dans le registre du cens. Mais le montant de la solde militaire, par exemple, continua à être payé en *asses librales* jusqu'au temps de César.

Les classes de citoyens (1), ayant en tête celle des chevaliers, se maintinrent avec leur individualité distincte de-

(1) Cf. Bélot, *Révol. écon. et monét.*

puis Servius Tullius qui les créa jusqu'après les guerres puniques. Les chiffres qui représentaient les fortunes des citoyens dans ces diverses classes furent jusqu'aux guerres puniques rapportés à 25.000 as libraux, ce nombre étant le montant d'une fortune moyenne de citoyens aisés, et représentant, par exemple, la valeur de 250 bœufs.

A l'époque des guerres puniques, un changement brusque se produit. Les fortunes deviennent numériquement 10 fois plus fortes. Les registres du cens constatent vers 219-218 cette augmentation subite. Nous verrons qu'elle s'explique en partie par l'adoption d'un nouvel étalon, d'une nouvelle unité monétaire, réduite par rapport à la première, et provoquant par suite une augmentation des prix. Les comptes publics adoptèrent cette unité nouvelle et la moyenne des fortunes suivit le sort de tous les prix : elle devint numériquement 10 fois plus forte. On ne parle plus de 25 mille as, mais bien de 250 mille as ou 100 mille sesterces qui est désormais le chiffre courant d'évaluation des fortunes emprunté par les censeurs à la situation réelle, aux prix courants et par le langage de tous aux censeurs qui l'avaient consacré dans leurs registres. Ce taux d'évaluation fut maintenu d'ailleurs, malgré les réductions monétaires ultérieures, jusqu'à l'époque impériale, comme on le voit dans les registres des censeurs et dans les évaluations faites par les questeurs militaires.

Nous n'avons indiqué, en résumant la théorie de M. Bélot, que l'un des symptômes de la crise monétaire qui eut lieu à Rome au IIIe siècle avant notre ère. Nous y avons insisté parce que ce symptôme est des plus importants. La constatation dans les registres du cens de la valeur des fortunes de tous les citoyens estimée par les censeurs est la reproduction la plus précise et la plus complète de l'état économique de la nation entière. Un symptôme de ce genre nous serait très utile aujourd'hui et nous permettrait peut-être mieux que tout autre de nous rendre compte des fluctuations du bien-être général et de la prospérité ou de la décadence économique des peuples. Aussi n'est-il pas nécessaire d'insister beaucoup sur les autres symptômes qui trahissent en général les crises monétaires. Celui-là suffirait à la rigueur pour l'étudier complètement, c'est-à-dire pour remonter aux causes et pour apprécier les remèdes qu'on lui appliqua.

Disons cependant que la hausse des prix que nous avons constatée indirectement par l'élévation, dans la proportion de 1 à 10, du montant des fortunes, peut se noter directement sur certains objets (1).

Nous avons déjà parlé des lois Aternia Tarpeïa et Menenia Sestia qui estimaient un bœuf à 100 as. Après la révolution monétaire, Polybe indique pour un bœuf le prix de 10 drachmes, c'est-à-dire 10 deniers ou 100 as, c'est-à-dire 10 fois plus.

Le modius de blé (8 lit. 63) valait 2 ou 3 as avant les guerres puniques. Les lois agraires fixèrent comme prix de faveur un maximum de 6 as 1/3 et cette libéralité épuisa le trésor. La moyenne du prix du modius de blé peut être, d'après divers témoignages (2), fixée après la crise à 3 deniers, c'est-à-dire 30 as ou 10 fois le prix antérieur.

Le taux des amendes subit les mêmes variations. Au commencement de la République 2000 as était une amende assez forte. Menenius qui l'encourut mourut de chagrin. La plus forte amende était alors de 3.000 as ou de

(1) Cf. Bélot, *Révol. écon. et mon.*, p. 104 et s.
(2) Cf. Bélot, *loc. cit.*, p. 106.

30 bœufs. A l'approche des guerres puniques, en 453, en 390 on voit des amendes de 10 et 15 mille as, mais on sait en les prononçant qu'elles ne pourront pas être payées ; elles déguisent des sentences d'expulsion, car, pour échapper à la prison où l'on reléguait les insolvables, le condamné préférait s'exiler. C'est ce que fit Camille, condamné à 500 mille as. — Après les guerres puniques le taux des amendes hausse brusquement. On voit en 189 Glabrion (1) condamné à 100 mille as, en 212 Postumus de Pyrgi (2) à 200 mille. Les lois agraires portent comme sanctions de leurs prescriptions des sommes analogues. On trouve des amendes de 125 mille as pour contraventions en matière électorale. Le taux moyen s'est, comme on voit, élevé dans la proportion de 1 à 10 et même 15 ou 20.

Dans les évaluations de l'*equus publicus* les chiffres sont frappants. Varron dit que l'*equus publicus* valait 1.000 *assarii*, c'est-à-dire 1000 as anciens. Tite-Live le porte à 10.000 d'après les Annales de Fabius Pictor, contemporain d'Annibal.

La récompense accordée aux esclaves ou aux affranchis dénonciateurs d'un complot dangereux en 416 était de 10 mille as avec la liberté, comme nous l'apprend Tite-Live (3) et en 186 de 100 mille as et quelques privilèges.

Ces exemples prouvent surabondamment que *tous les prix* ont subi à l'époque de la grande commotion produite par les guerres puniques une *hausse dans la proportion de 1 à 10*. C'est là un symptôme direct et caractéristique de crise économique et spécialement monétaire.

---

(1) T. Liv., XXXVII, 58.
(2) T. Liv., XXV,3.
(3) T. Liv., V, 45 ; XXXIX, 19.

Un autre symptôme non moins caractéristique de crise résulte de la *valeur des métaux monétaires*. Le métal en usage à Rome depuis sa fondation était le cuivre, nous en avons suivi l'histoire et nous avons constaté que sa valeur, qui ne peut être appréciée que relativement à l'argent, étalon des valeurs des peuples en commerce avec Rome, avait augmenté par rapport à ce dernier métal. Ce n'est pas que le cuivre lui-même soit devenu à Rome plus rare ou plus précieux. On n'en peut rien savoir directement. Le cuivre étant lui-même l'unité d'évaluation des valeurs, on ne peut connaître sa propre valeur absolue, pas plus qu'on ne peut savoir dans notre siècle si l'or a changé de valeur absolue ou non. Cependant tout porte à croire que la valeur absolue du cuivre est restée à peu près constante à Rome, car il y a toujours été abondant et les prix des marchandises qu'il servait à évaluer n'ont pas sensiblement varié jusqu'aux guerres puniques. Mais la valeur relative du cuivre par rapport à l'argent a considérablement varié par suite de la baisse continue de l'argent à Rome provoquée par son abondance sans cesse croissante dans la circulation. L'argent valut longtemps à Rome et dans toute l'Italie au moins 120 fois plus que le cuivre. Mommsen donne le chiffre 250. Mais on peut soutenir que cette proportion est trop favorable à l'argent.

M. Michel Soutzo (1) résume les arguments qui établissent le rapport de 1 à 120, de la manière suivante :

I. — Pline et Festus disent formellement que, lors de la frappe du premier denier romain, l'as était déjà sextantaire. Le denier pesait 4 gr. 54, il valait 10 as ou 545 gr.

(1) *Introduc. à l'étude des monn. de l'Italie antique*, 1887-1889, II, p. 20 et s.

de cuivre de poids sextantaire, ce qui donne le rapport 1/120.

II. — M. Bahrfeldt (1) a constaté sur des as de bronze de 2 onces et sur des deniers de la première époque la marque des mêmes magistrats monétaires.

III. — Au dire de Pline et de Festus, en 217, le denier valait 16 as nouveaux d'une once au lieu de 10 as qu'il valait précédemment. Le denier était de 84 à la livre, il pesait donc 3 gr. 89. Il valait 16 as de 27 gr. 25 ou 436 gr. Il en résulte le rapport de 1/112.

Ainsi de 268 à 217 la valeur de l'argent par rapport au cuivre aurait varié de 120 à 112 ou 7 à 8 0/0 et non de 100 0/0 ce qui serait inexplicable.

D'ailleurs le rapport de 1/120 est le rapport normal (2) des deux métaux dans l'antiquité. Il se conserve jusqu'à la fin de l'Empire romain et ne varie qu'exceptionnellement aux époques de crises.

Ainsi lors de l'introduction à Rome de la monnaie officielle l'argent valait 120 fois plus que le cuivre. Dès lors cet écart diminua rapidement et les pièces qui furent frappées successivement ayant pour but de conserver dans la monnaie de cuivre nationale l'équivalent exact de l'unité d'argent des systèmes monétaires étrangers, les réductions successives de l'as nous permettent de suivre presque pas à pas les variations de la valeur relative des deux métaux. En 217 il passe à 1/112. Ce taux ne fut dépassé que 128 ans après, à l'époque de la loi Plautia-Papiria, qui permet de le fixer à 1/56 (3).

(1) *Numismat. Zeitschrift*, 1883, Vienne.

(2) Lenormant, I, 155.

(3) Lenormant, *Essai*, p. 12-13. — Letronne, *Récompense promise*, p. 18.

Nous résumons ces variations de la manière suivante :

		Rapport du cuivre à l'argent.
Années.	Origine du monnayage (450)	1/120 ou 1/240.
	(217)	1/112
	(89)	1/58

La baisse de l'argent a donc été continue, mais ces quelques chiffres montrent que la dépréciation de ce métal a été brusque au moment des guerres puniques, d'autant plus que nous savons que les réductions de l'as, qui suivirent la valeur décroissante de l'argent, furent progressives et lentes à l'origine : l'as pesa d'abord 10 onces, puis passa progressivement à 8 1/2 et de ce poids il s'abaissa brusquement à 4, au commencement des guerres puniques, c'est-à-dire vers 264, puis à 2, à 1 vers 217 ; c'est donc dès 264 que la baisse de l'argent a dû être considérable et c'est entre cette date et l'an 217 qu'elle a atteint sa période critique. Or cette date est précisément celle que la hausse subite des prix nous a déjà indiquée comme une période de crise économique et monétaire des plus graves.

Ces deux symptômes de la crise monétaire, la hausse des prix et la variation brusque dans la valeur relative des métaux monétaires, sont des symptômes directs. Mais, à d'autres signes, indiquant des troubles graves dans les diverses branches de l'activité économique, on aurait pu prévoir cette crise et en annoncer l'explosion, puis en suivre le développement. Ces signes sont les symptômes indirects qui résultent de crises existant dans des domaines autres que le domaine monétaire lui-même.

C'est dans la situation politique que nous trouvons les premiers indices inquiétants. Les guerres puniques furent pour les Romains les premières épreuves de l'adversité.

Jusqu'alors Rome avait réussi dans toutes ses entreprises, et, sauf quelques défaites bientôt réparées, son existence militaire avait été une longue suite de victoires (1). Dans les guerres contre Carthage, il en fut autrement ; le génie d'un seul homme fit équilibre au courage de tout un peuple : Rome trembla devant Annibal. Elle fit appel à toutes ses ressources et s'épuisa d'hommes et d'argent. Avant l'époque des guerres puniques, les luttes intestines, les revers passagers, auraient pu amener de graves bouleversements dans la situation économique et dans la circulation monétaire, mais rien de tout cela n'existait, l'agriculture seule était en honneur, le commerce et l'industrie étaient dédaignés et abandonnés aux étrangers et aux esclaves, et la richesse était une tare. Les vieux Romains honoraient la pauvreté et méprisaient le luxe que les lois réglementaient sévèrement. Cornelius Rufinus fut chassé du Sénat parce qu'il possédait 15 marcs de vaisselle d'argent, quand la loi n'en permettait que 8 onces. Il faut bien l'avouer cependant, dit un ancien, dans la maison de Fabricius et d'Æmilius, les premiers hommes de leur siècle, on voyait de l'argenterie. Ils avaient l'un et l'autre une coupe sacrée et une salière en argent. Fabricius fit même monter sa coupe sur un pied de corne. Pour de tels hommes la monnaie était un instrument superflu. L'agriculture suffisait à tous leurs besoins et ils se faisaient gloire de passer du char triomphal à la charrue et de labourer leur champ au retour d'une victoire.

Mais peu à peu leurs conquêtes mêmes les mirent en contact avec des peuples commerçants et riches. Le luxe se glissa furtivement à leur foyer. Au milieu d'une société

(1) Duruy, *Hist. rom.*, p. 96.

sans industrie ni commerce, les richesses renversèrent un équilibre basé sur la rudesse et la pauvreté. Leur introduction soudaine causa une perturbation profonde. « Tu demandes », dira plus tard Juvénal, « d'où nous viennent ces désordres ? — La luxure a fondu sur nous et le monde vaincu s'est vengé en nous donnant ses vices ». Avec l'afflux des trésors pris sur l'ennemi, les Romains s'habituèrent au commerce, à l'industrie, à tous les moyens d'attirer l'argent dont ils commençaient à goûter la saveur capiteuse et dont ils ne tarderont pas à s'enivrer. C'est au moment où l'argent apprit le chemin de Rome et s'y précipita que cet enivrement devait commencer et avec lui les premiers symptômes de crise devaient apparaître. Or c'est précisément à l'époque des guerres puniques que l'argent, devenu un objet indispensable à Rome, est adopté par l'État lui-même et frappé auprès du cuivre comme monnaie officielle. Tels sont les symptômes directs et indirects qui nous révèlent à Rome une crise monétaire à l'époque des guerres puniques. De ces symptômes tâchons de remonter aux causes.

La variation constatée dans la valeur des métaux précieux employés à Rome pour les usages monétaires nous semble trahir la cause principale de la grande perturbation du IIIe siècle. C'est l'afflux du numéraire et des richesses de toute sorte prises aux peuples vaincus qui a diminué l'écart de valeur entre le cuivre et l'argent et qui a provoqué la hausse des prix en même temps qu'il stimulait le luxe, la corruption, l'avidité dans toutes les classes du la société romaine.

Une ligne (1) allant du l'embouchure de Liris au mont

(1) Bélot, *loc. cit.*

Gargan séparait au commencement du IIIe siècle l'aire de l'*æs grave* de celle où se fabriquaient les belles pièces d'argent de la Campanie et de la Grande-Grèce. Quand la conquête romaine dépassa cette ligne l'argent commença à se répandre dans Rome. On en trouvait déjà depuis de longues années, au nord de cette ligne, puisque sa valeur n'était, à l'origine de l'usage des métaux dans le commerce, que 120 fois celle du cuivre. Mais l'argent était rare avant le IIIe siècle. Or, c'est en 323 que Naples ouvrit ses portes aux Romains et à partir de cette époque les pièces d'argent frappées depuis 20 ans en Campanie se précipitèrent dans le Latium et les vainqueurs, imposant aux vaincus leur influence oppressive, donnèrent au système des monnaies campaniennes un caractère nettement romain qui n'échappe pas aux numismatistes (1). Ceux-ci reconnaissent en effet, par la seule inspection des pièces, deux groupes distincts dans la série campanienne (2). Le second (3), qui date de 317 avant notre ère, est beaucoup plus romain que le premier. Les pièces portent le nom de la ville éternelle ROMA, comme les plus anciennes monnaies fabriquées à Rome même.

En 317, c'est Capoue, menacée par les Samnites, qui se donne aux Romains et le Samnium même se range sous la loi des vainqueurs. De 280 à 272, Pyrrhus, roi d'Epire, accouru au secours de Tarente, livre la riche colonie du sud de l'Italie, et avec elle la Grande-Grèce toute entière, qui avait dû suivre le mouvement de toute la péninsule. La conquête de l'Italie avait duré

(1) Mionnet, *Descr. de méd. antiq.*, t. I, p. 127 et 128 et supplément.

(2) Ch. Lenormant et de Witte, *El. des mon. céramogr.*, I, 41.

(3) Mommsen, *H.R.*, p. 211-215. — F. Lenormant, *Essai*, p. 119.

78 ans, de 343 à 265, et avait été une série ininterrompue de combats glorieux qui, centralisant sous le joug des premiers Romains toute la péninsule, y apportèrent toutes les richesses et tous les trésors accumulés pendant des siècles dans les ports de la mer Tyrrhénienne et de l'Adriatique. L'énorme butin fait sur les cités opulentes de la Grande-Grèce réduisit à Rome la valeur de l'argent, tandis que celle de cuivre, réglée presque uniquement par ses usages et non par sa rareté, restait à peu près constante.

Alors s'ouvre la période des guerres puniques, qui dure en réalité plus d'un siècle, puisqu'elle s'ouvre en 264 et que Carthage ne succombe qu'en l'année 146. La première (264-241) fut une nouvelle victoire pour Rome. C'est à l'occasion de la Sicile, riche contrée qui devait tenter l'avidité naissante, mais déjà insatiable des Romains, que cette guerre éclata. Carthage y régnait depuis longtemps et avait en 264 des démêlés avec Messine et les Mamertins. Ceux-ci eurent recours à Rome qui délivra la ville, mais soumit l'île. Les Carthaginois se résignèrent à mettre fin à une guerre ruineuse : ils abandonnèrent la Sicile, rendirent sans rançon tous les prisonniers romains et s'engagèrent à payer en dix ans 3.200 talents cuboïques (241). Les trésors d'Agrigente et de 67 autres riches cités de cette Sicile que Caton appelait plus tard la nourrice de Rome, le grenier de l'État, vinrent s'amasser dans les coffres de ces robustes, mais grossiers agriculteurs, qui n'avaient connu jusque-là que les durs labeurs et les privations, et dont Valère-Maxime disait : « Peu ou point d'argent, 7 arpents de terres médiocres, l'indigence dans les familles, les obsèques payées par l'État et les filles sans dot : mais d'illustres consulats, de merveilleuses dictatures, d'innombrables triomphes, tel est le tableau que présentent ces vieux âges ».

Cet afflux de richesses (1) et particulièrement d'argent métallique eut comme conséquence inévitable la dépréciation de ce métal et la hausse de tous les prix exprimés en cuivre, étalon du système romain. Cette hausse, nous l'avons calculée et nous en avons indiqué, chemin faisant, la cause principale en développant les circonstances dans lesquelles le numéraire s'est trouvé déprécié. L'abondance de l'argent n'est pas pourtant la seule cause de la hausse des prix, dans la proportion de 1 à 10, que nous avons constatée. Une seconde cause explique en partie cette hausse par des raisons plus directement en relation avec l'intervention de l'Etat en matière monétaire. Cette cause est la réduction de l'as adoptée par le commerce à l'époque de la première guerre punique, puis par la comptabilité publique au commencement de la seconde de ces guerres. Mais, comme ce choix d'une taille nouvelle pour étalon monétaire a été fait par l'Etat pour suivre l'impulsion donnée par le commerce, pour adopter une unité de monnaie de cuivre en rapport avec la nouvelle valeur de l'argent et, d'autre part, pour procurer à l'Etat des ressources que les revers sur les champs de bataille et les excès du luxe avaient rapidement dévorées, nous considérons cette disposition législative comme un remède que l'Etat crut devoir apporter à la crise, qui grondait déjà comme une tempête prête à éclater. Pendant qu'Annibal était aux portes de Rome, l'Etat, considérant que la crise ne venait pas uniquement de la présence de l'ennemi et de la disparition des ressources, pensa qu'on pouvait attaquer le mal en modifiant le système de circu-

(1) Cf. Bélot, chap. VI, *loc. cit.*

lation et ce sont les remèdes qu'il apporta dans ce but à la crise que nous allons étudier.

§ 3. — Système de la loi Flaminia.

Nous avons vu que F. Lenormant, Mommsen et les numismatistes les plus éminents de la première moitié de ce siècle, déclarent, à l'encontre des auteurs anciens, 1° que l'as libral ne fut jamais en usage parce qu'il ne fut pas frappé ; 2° que le passage de l'as libral à l'as sextantaire ne fut pas brusque mais progressif, parce qu'il existe de nombreuses tailles intermédiaires ; 3° que les réductions opérées d'une manière continue dans le monnayage romain furent une sorte de banqueroute latente ; 4° que l'adoption de l'as sextantaire comme unité monétaire date du commencement de la première guerre punique ; 5° enfin que les auteurs considérables de l'époque impériale qui ont rapporté le contraire de tous ces faits ne voyaient pas clair dans la numismatique ancienne (1). Mais, au moins, après avoir tenté la conciliation de ces divers points, tels qu'ils sont rapportés par les historiens, nous avons le plaisir de nous retrouver en communion d'idées avec les auteurs modernes sur la portée générale de ces événements historiques ou numismatiques qui nous semblaient contradictoires et de pouvoir en tirer les mêmes enseignements qu'ils en ont tirés eux-mêmes relativement au rôle économique et monétaire que l'Etat romain s'est imposé.

Après avoir déclaré que l'Etat s'était rendu coupable de réductions successives, et pour ainsi dire continues et pro-

(1) Lenormant, *Essai*, p. 116.

gressives, de ses monnaies, ce qui a toutes les apparences d'une action frauduleuse, M. Lenormant, dans ses conclusions, semble se reprendre et réduire à une seule toutes les fraudes résultant de l'altération des monnaies, que l'Etat romain a commises dans l'espace de 2 siècles. « Les quatre réductions successives qui amenèrent l'as du poids de 10 onces à celui d'un demi », dit M. Lenormant (1), « lesquelles incomplètement étudiées pourraient un moment faire illusion à ce sujet, n'avaient en réalité aucun rapport avec les altérations de monnaies que nous remarquerons plus tard..... L'Etat ne prétendait pas donner à ses nouveaux as une valeur nominale autre que leur valeur réelle ». Or c'est, n'en déplaise à l'illustre numismatiste, tout ce que l'on désigne en général par le mot de réduction. « On acceptait », ajoute-t-il, « les anciens as pour leur valeur réelle : ils n'avaient été ni démonétisés, ni réduits et continuaient à circuler pour leur valeur intrinsèque ». Et nous avons ajouté, en nous appuyant sur les arguments que nous a fournis l'ouvrage de M. Bélot, que les nouvelles unités n'avaient même pas été adoptées dans les comptes officiels avant la fin de la première guerre punique où nous plaçons la crise monétaire et l'origine de la réforme monétaire qui fut seule à proprement parler une altération, une réduction des monnaies, une erreur législative et, pour le dire d'un mot, une banqueroute.

Et, comme pour nous donner un précieux argument contre lui-même, M. Lenormant (2) ajoute aux paroles que nous venons de rapporter :

« Le seul acte à Rome qui produisit dans les beaux âges

(1) *Essai*, p. 182.
(2) *Essai*, p. 183.

de la République une altération des monnaies, fut la loi Flaminia qui réduisit subitement le denier, devenu dès ce moment le vrai régulateur de la valeur des choses, de 1/72 à 1/84 de la livre. Il y a dans cet acte volonté positive de donner par une décision publique à la monnaie une valeur arbitraire et conventionnelle. Mais on ne saurait oublier que la loi Flaminia fut rendue quand Annibal était aux portes de Rome ».

Cet acte d'ailleurs ne fut qu'une disposition isolée d'un ensemble de réformes monétaires qui s'introduisirent progressivement de la première à la seconde guerre punique et qui eurent pour but d'entraver les progrès de la crise monétaire qui sévissait à Rome et qui rendit le terrain propice à l'invasion et au succès d'Annibal. La taille de l'as sextantaire fut adoptée probablement dès 264, au commencement de la première guerre. Le commerce adopta peu à peu cette unité, comme cela résulte de la hausse des prix particulièrement constatés dans l'évaluation des fortunes faite par les censeurs. La comptabilité publique résolut d'adopter cette unité, comme on le constate dans la classification nouvelle des citoyens sur les registres officiels du cens de 219-218 et dans l'estimation de l'*æs equestre*, dans le taux des amendes, dans les récompenses payées par l'État. Enfin une loi intervint, sous le coup de nécessités nouvelles et pressantes et consacra, avec l'adoption définitive par l'État du nouvel as de cuivre, la réduction du denier d'argent fixé à 1/72 de livre ou 10 as trientaux de cuivre lors du premier monnayage en 269-268, à 1/84 de la livre ou 16 as. Cet as est l'as sextantaire, quoique à la même époque l'as ait été frappé à la taille de 1 once. Cette réduction n'en est pas une en réalité, elle est, comme toutes celles qui ont précédé, sauf celle que la loi Flaminia a consacrée en 217, une simple création de monnaie répondant au besoin d'un équivalent qui pût correspondre à l'unité d'argent des systèmes étrangers. Cela d'ailleurs n'a plus, après la loi Flaminia, d'importance véritable, car l'as de cuivre est devenu une monnaie purement conventionnelle, représentative. La loi Flaminia a établi entre le cuivre et l'argent un rapport fixe, elle a fait de l'argent un véritable étalon en donnant à l'as de cuivre une valeur intrinsèque inférieure à sa valeur réelle rapportée au denier d'argent. Elle a créé en un mot le système de l'étalon unique d'argent avec monnaie représentative de cuivre.

« Les auteurs anciens (1) ne précisent pas la date à laquelle le poids sextantaire fut substitué au poids triental et à laquelle le denier devint de 1/72 de la livre 1/84 ». On en est par conséquent réduit aux conjectures sur ces divers points. Mais un fait certain, rapporté par Pline (2), est que ce fut sous la dictature de Q. Fabius Maximus et sous le consulat de Cn. Servilius et de C. Flaminius, qu'une loi décida que l'as au lieu de 2 onces en pèserait une. « Ainsi », ajoute-t-il, « le trésor gagna la moitié : *ita respublica dimidium lucrata est.* En même temps cette loi décidait que le denier de 84 à la livre vaudrait 16 as au lieu de 10. Cependant dans la solde militaire on continua à donner le denier pour 10 as ».

Pline nous apprend par ce texte que la loi Flaminia établit le *cours forcé* du denier au taux de 16 as, ce qui fixe le rapport entre l'argent et le cuivre à 1/112. C'était une banqueroute de 37 1/2 0/0. En même temps l'as était réduit de 2 onces à 1, ce qui faisait pour le trésor un bénéfice de

(1) Lenormant, *Essai*, p. 129.
(2) H. N., XXXIII, 13. — Mommsen, p. 379 et s.

50 0/0. La monnaie d'argent était en effet devenue la monnaie courante et l'étalon du système nouveau. Le cuivre n'était plus qu'une monnaie représentative. Sa valeur intrinsèque n'était guère que la moitié de sa valeur nominale (1) : aussi ne voyait-on aucun inconvénient à réduire sa teneur en cuivre. Après la réduction de 2 onces à 1 en 217, il fut réduit à 1/2 once par la loi Papiria en 89 et à 1/4 d'once, sous l'Empire.

L'étalon d'argent avait donc, par suite de dispositions variées et successives, dont il est difficile de fixer les dates précises, remplacé l'étalon de cuivre. Le cuivre était devenu une monnaie représentative dont la valeur intrinsèque était par suite indifférente et fut encore réduite plus tard. Ce changement d'étalon avait abouti à remplacer l'ancien as libral, dans les comptes, par l'as sextantaire d'abord, puis définitivement par le denier d'argent de 16 as unciaux. En un mot la promesse de payer 12 onces de cuivre aboutissait à en payer 1 ou le 16e d'un denier d'argent de 84 à la livre, c'est-à-dire 1/112 d'once d'argent.

(1) Marquardt, *loc. cit.*

CHAPITRE IV

LA MONNAIE D'ARGENT.

(264 av. J.-Ch. — 30 ap. J.-Ch.).

§ 1. — Période antérieure au monnayage officiel.

L'argent circulait déjà dans le commerce à Rome depuis la fin du Ve siècle avant notre ère. Nous avons constaté en effet qu'il ne valait que 250 ou peut-être seulement 120 fois son poids de cuivre à l'origine de la République romaine. En 450, lorsque le monnayage officiel du cuivre semble avoir commencé, la taille de l'as libral fut fixée à 10 onces environ, de manière que cette pièce correspondît, suivant Mommsen, à la valeur de l'unité admise pour l'argent. L'Etat éprouvait le besoin de posséder une monnaie équivalente à la monnaie de ses clients étrangers. Non seulement il avait à recevoir d'eux le payement de tributs, quand il les avait soumis, et à leur payer leurs services et les produits de leur industrie, mais le commerce romain lui-même se trouvait envahi par la monnaie des peuples voisins. C'était une nécessité inéluctable pour Rome d'accepter et d'introduire chez elle les richesses des barbares et de les évaluer en monnaie nationale. Dès lors le *problème monétaire* se posait fatalement.

Au début, Rome semble avoir résolu ce problème en choisissant simplement une coupe telle pour l'unité monétaire de son système national, qu'elle correspondît à l'unité des systèmes étrangers.

La monnaie d'argent ne fut pas frappée par l'Etat. Elle circula cependant et tout porte à croire que l'Etat l'accepta aussi bien que le commerce, puisqu'il fit varier le poids de ses propres monnaies de manière qu'elles fussent toujours équivalentes en valeur aux monnaies d'argent étrangères. Ces réductions, ou plutôt ces créations successives de monnaies nouvelles s'adaptant exactement à la valeur commerciale des monnaies d'argent, étaient inévitables dans un temps où n'existait pas de monnaie d'appoint. Aujourd'hui, pour adopter le système romain de cette époque primitive, on n'aurait qu'à fixer le cours officiel de la monnaie d'argent. L'État, l'acceptant à ce cours, trouverait de quoi combiner le montant de valeurs quelconques à l'aide de pièces d'appoint. Rome n'avait que l'as et ses multiples ou sous-multiples duodécimaux. Pour les valeurs intermédiaires, il n'y avait pas d'instrument de payement. En outre, la nécessité de convertir les comptes en argent en comptes en cuivre et inversement, lorsque l'argent se mêlait de plus en plus au cuivre dans la circulation, porta naturellement à confondre les unités des deux systèmes, à créer une unité de cuivre nouvelle, qui correspondît à l'unité d'argent, quand elle n'existait pas, ou à prendre pour unité un des sous-multiples de l'as, le triens, le sextans, l'once, quand ces pièces se trouvaient en rapport simple avec l'unité d'argent.

§ 2. — Monnayage de l'argent par l'Etat.

Ce système où le cuivre jouait seul le rôle d'étalon, se pliant aux exigences du problème monétaire qui devenait de plus en plus pressant, vécut environ un demi-siècle. Lorsque Capoue se livra aux Romains, ceux-ci marquèrent le nom de Rome sur les pièces d'argent qui se frappaient depuis longtemps déjà en Campanie. Ce n'était pas encore le monnayage romain de l'argent, mais c'était un premier pas dans cette voie.

L'argent était abondant en Campanie et dans tout le midi de l'Italie, dans la Sicile, en un mot dans toutes les contrées de l'Italie situées au sud d'une ligne allant du Mont Garganus à l'embouchure du Liris (1). Au nord, c'était presque exclusivement le domaine de l'airain. La conquête de la Campanie rompit les barrières qui séparaient les deux métaux et les Romains faisant irruption dans les riches contrées méridionales, chassèrent le métal blanc vers le nord où il se précipita en masse. L'argent de Carthage suivit le mouvement, après celui de la Sicile, puis ce fut celui de la Sardaigne, de l'Espagne, et enfin de l'Illyrie. Il y eut à Rome une véritable invasion d'argent. La loi *Fabia Ogulnia*, en 269, décida que ce métal serait frappé en trois pièces. L'unité étrangère, le noummos de Syracuse, dixième du didrachme attique, fut la véritable unité sous le nom de *nummus* ou *sesterce* ; on y adjoignit une pièce de 2 sesterces, le *quinaire*, et une pièce de 4 sesterces, le *denier* (2). Le sesterce pesait un scrupule d'argent, 1/288

(1) Cf. Bélot, *Crise éc. et monét.*

(2) Cf. Marquardt, *Manuel des antiq. rom.*

de la livre et par suite le denier, 1/72. Le sesterce correspondait alors à 10 onces de cuivre ou 2 1/2 as trientaux qui étaient à cette époque les pièces les plus répandues dans le commerce. Le sesterce correspondait donc encore assez exactement avec l'as libral originaire. Le denier était à peu près équivalent à la drachme attique. Il le devint tout à fait quand il fut réduit du 72e de la livre au 84e, car il pesa dès lors 3 gr. 90.

On voit que les monnaies d'argent étaient autant que possible équivalentes aux principales unités qui circulaient dans le commerce international. Le cuivre, quoique en relation avec la valeur de l'argent, ne devait circuler qu'à l'intérieur.

Le monnayage que réglait la loi Fabia-Ogulnia commença en 268. C'était l'époque où l'argent se précipitait à Rome avec le plus de violence. Pour maintenir les rapports des monnaies établis par la loi on réduisit encore l'as. Mais les désastres survinrent avec les guerres puniques, les dépenses et l'épuisement des ressources succédèrent à la fortune rapidement acquise, les revers du Tessin, de la Trébie, du lac Trasimène, Annibal aux portes de Rome, portèrent la panique à son comble. On précipita les réformes et la force, dans les temps critiques, primant fatalement les droits les plus sacrés, Rome faillit à la parole donnée, réduisit l'étalon jusque là strictement observé dans les comptes publics, altéra le denier en diminuant son poids de 1/72 à 1/84 de la livre, décida qu'au lieu de 10 onces de cuivre il en vaudrait 16, enfin que la monnaie de cuivre aurait désormais une valeur réduite sans rapport avec sa valeur intrinsèque.

Le changement d'étalon, la diminution du montant des créances par la réduction de l'unité de cuivre et de l'unité d'argent, aboutissaient à une banqueroute que le cours forcé imposait à tous.

Le dernier acte législatif qui consacra ce système fut la loi Flaminia en 217.

Les revers sur les champs de bataille, la crise monétaire et économique qui sévissait au milieu d'une situation politique des plus compliquées, les nécessités pressantes au milieu desquelles créanciers et débiteurs se trouvaient pris, et avant tout peut-être l'intérêt de la République menacée, firent accepter cet ensemble de dispositions qui n'avaient pour excuse que la détresse générale.

§ 3. — Réductions.

Dans ces lois d'exception, dont la dernière est la loi Flaminia, les Romains avaient établi un système qui n'était autre que le bimétallisme, avec rapport fixe entre les deux métaux. C'est le propre du système bimétallique de dégénérer en un système d'étalon unique instable et trompeur, lorsque le rapport des deux étalons varie trop pour que l'autorité de la loi puisse le retenir au taux fixé par des moyens artificiels. Les Romains achevèrent alors de perdre la véritable notion de la monnaie. Syracuse leur transmettait avec son système monétaire ses pernicieuses théories. Après avoir établi un rapport fixe entre le cuivre et l'argent et avoir imposé à tous ce rapport qui n'avait rien de réel, l'État romain se figura qu'il n'était tenu à aucune obligation du fait de cette législation arbitraire. Il ne chercha pas, il est vrai, à conserver entre le cuivre et l'argent le rapport qu'il avait établi. Il ne crut pas à la possibilité de maintenir cette relation et céda à l'habitude qu'il avait prise de réduire la monnaie de cuivre. C'était, de ses propres mains, renverser le rapport fixe qu'il avait établi.

Cela n'aurait guère eu d'inconvénient s'il avait considéré la monnaie de cuivre comme une monnaie représentative. Mais c'est ce dont il ne s'avisa pas. Il lui sembla simplement que la monnaie était un signe et que l'État pouvait à son gré lui assigner la valeur qu'il lui plaisait. Aussi le cuivre fut-il abandonné par le commerce. Et quand, en 89 avant Jésus-Christ, l'État voulut réduire l'as à 1/2 once, il fallut des lois nouvelles pour l'imposer : la loi Plautia Papiria lui donna cours forcé à ce taux, la loi Valeria déclara que tout débiteur au lieu de considérer les stipulations en as comme des stipulations portant sur l'as libral, ne serait tenu qu'à payer le nouvel as monétaire semiuncial. Ces lois prouvent combien cette réduction eut peine à s'imposer. C'est que l'État faisait un acte d'autorité inique. Le commerce, au contraire, inspiré par la nature des choses, tenait pour l'équité. Or l'équité commandait à l'État, puisqu'il avait établi un rapport artificiel entre les deux métaux et qu'il les avait imposés à cette valeur, de prendre à sa charge les pertes qui en seraient résultées et de rembourser l'un quelconque des deux métaux à sa valeur légale en monnaie de l'autre métal, quelles que fussent les valeurs nouvelles dans la réalité. Réduire la valeur du cuivre, c'était frustrer les détenteurs de ce métal et permettre aux débiteurs qui avaient promis une somme exprimée en as de n'en payer que la moitié.

Ces lois affirment donc le caractère bimétallique de la réforme de 217 et l'on voit que l'État n'a pu échapper aux conséquences de ce système qu'en reniant des engagements qu'il avait imposés par la force. Le résultat fut l'abandon complet de la monnaie de cuivre. L'argent était devenu l'étalon unique.

§ 4. — Crise de 89 avant notre ère.

La guerre sociale éclata en l'an 91 avant notre ère (1). Diodore de Sicile (2) dit que ce fut la plus terrible du siècle. L'insurrection de l'Italie mit la puissance de Rome à la plus terrible épreuve. Les sacrifices que le trésor public dut faire mit les finances de l'État dans le plus complet désarroi. Les revers et les succès alternèrent pendant plus d'un an, mais les Romains, à bout de forces, durent capituler devant les populations italiotes révoltées et leur accorder une partie des droits de cité qu'ils avaient refusés jusque-là. Devant ces concessions les habitants des villes liguées contre Rome désarmèrent et la paix fut faite.

Deux lois furent promulguées à cette époque. L'une date de la fin de 90, c'est la lex Julia *de civitate*. Elle accorde, sous certaines conditions, le titre et les droits de citoyen romain aux habitants des villes latines qui n'avaient pas pris une part directe à l'insurrection (3). — L'autre est du commencement de 89, c'est la loi Plautia Papiria (4). Cette loi complétait la précédente en étendant le droit de cité à toute l'Italie.

---

(1) Cf. E. Babelon, *Revue de Num.*, 1884, 3e s., t. II, p. 36-66.
(2) *Excorpta Photii*, XXXVII.
(3) Mommsen, *H. R.*, V, 223 n.
(4) Mommsen, *M. R.*, II, 73, 407, 419-420.

§ 5. — Système de la loi Plautia Papiria.

Nous n'avons que fort peu de détails sur ces lois. Pline (1) nous apprend que la loi Papiria modifia le pied de la monnaie de bronze et inaugura l'as semi-oncial. Jusque-là et depuis la loi Flaminia on avait vécu sous le système de l'as oncial de 27 grammes. Nous ne savons rien de plus sur cette loi. Mais elle devait contenir (2) d'autres dispositions importantes, comme cela résulte de l'étude des monnaies qui furent alors frappées. Il est probable que cette loi interdisait aux villes de l'Italie de frapper leurs anciennes monnaies. C'était une conséquence naturelle de l'extension du droit de cité qui leur faisait abdiquer leur autonomie. Ce fait résulte de ce que le monnayage provincial cesse partout à partir de cette époque.

En outre ce fait est prouvé par la quantité extraordinaire de monnaie frappée à Rome à partir de cette date. Il fallait fournir de la monnaie à l'Italie en échange de celle qu'elle n'avait plus le droit de frapper.

Pour y suffire on mit à contribution le trésor conservé dans le temple de Saturne, l'*ærarium Saturni*. Pline nous apprend que ce trésor contenait 17.410 livres d'or, 22.070 d'argent en lingots, 6.135.400 sesterces en argent monnayé et 1.620.831 sesterces en or (3). Les pièces d'argent qui furent frappées avec ces lingots portèrent la mention de leur origine : *ex argento publico*, ou quelque autre formule équivalente. M. Babelon a rétabli dans cette série de

---

(1) *H. N.*, XXXIII, 3, 46, *Mox lege Papiria semiunciarii asses facti.*

(2) Babelon, *l. c.*, p. 38.

(3) *H. N.*, XXXIII, 3, 5. — Mommsen, *M. R.*, III, 109 et 407.

nombreuses pièces qui avaient été autrement classées avant lui. La mention des pièces frappées suivant cette loi avait en effet induit en erreur divers auteurs. Elle était ainsi formulée :

L. P. D. A. P.

M. Babebon, après Mommsen, lit :

Lege Papiria, de Ære Publico.

Cavedoni avait lu :

Lege Papiria diminutum Assis Pondus,

et Borghesi :

Lucius Plautius Decianus Ædilis Plebis.

On peut juger par cet exemple, non seulement de l'imagination dont font preuve quelquefois les numismatistes, mais aussi des écueils auxquels ils sont exposés.

Les diverses réformes contenues dans la loi Papiria permirent à Rome de faire face aux énormes dépenses occasionnées par une troisième et dernière guerre contre la ligue italiote et par l'expédition lointaine contre Mithridate qui avait soulevé tout l'Orient contre l'Italie.

Nous étudierons dans le chapitre suivant les vicissitudes du monnayage de l'argent sous l'Empire.

CHAPITRE V

LA MONNAIE D'OR.

(30 av. J.-Ch. — Bas-Empire).

§ 1. — **Période antérieure au monnayage officiel.**

La monnaie d'or ne fut émise régulièrement qu'à partir du règne d'Auguste. Mais le commerce se servait d'or dans les échanges avant même que l'argent fût monnayé.

En 357 la loi Manlia établit un impôt sur la valeur des esclaves affranchis. Cet impôt fut de 5 0/0 et porta le nom de *vicesima manumissionum*. Le produit devait constituer (1) un fonds de réserve pour les cas de nécessité, un trésor de guerre. On décida qu'il serait payé en *or* et le trésor qui fut ainsi amassé dans l'Ærarium porta le nom de *aurum vicesimarium*. On remarquera que l'Etat intervenait ici dans la circulation métallique de l'or créée et adoptée par le commerce, comme il était intervenu avant l'émission de monnaie de cuivre dans la circulation de ce métal. Il avait décidé que les amendes seraient payées en cuivre, à une époque où la monnaie de cuivre n'existait pas, et il avait fixé le taux auquel il accepterait ce métal, à la place du bétail qu'il exigeait précédemment, en établissant la valeur en cuivre du bœuf ou du mouton. Autrement dit,

(1) Marquardt, X, p. 27. — T.-Liv., VII, 16, 7 ; XXVII, 10, 11.

l'Etat avait fixé en bœufs et en moutons le *cours officiel* du cuivre. Il fit de même pour l'or. Il déclara la valeur légale de l'or par rapport à celle d'un esclave et décida que le 20e de cette valeur, au cas d'affranchissement, serait payé à l'Etat. C'était fixer par rapport à la valeur d'un esclave le *cours officiel* de l'or. Il en fut probablement ainsi de l'argent, qui devait être, avant son monnayage, accepté aussi par l'Etat ou payé par lui à un *cours fixé officiellement*. Ce mode d'intervention de l'Etat se dégage très nettement dans tous les cas d'introduction d'une monnaie nouvelle.

Le cours officiel de l'or fut fixé ensuite par rapport au cuivre et par rapport à la monnaie courante d'argent. Les guerres firent affluer l'or. L'Etat en possédait 4.000 livres pesant à l'époque de la première guerre punique (1). La monnaie d'or frappée à Capoue à partir de 317 circulait à Rome et le cours officiel auquel l'Etat l'acceptait était de 1.800 fois son poids de cuivre (2).

§ 2. — Monnayage de l'or par l'Etat.

Pour la première fois l'or fut monnayé en 217. La loi Flaminia, qui mettait à contribution toutes les ressources pour parer à des nécessités pressantes, fit frapper des monnaies d'or. Mais, croyant que l'autorité de la loi suffirait à les imposer, elle leur donna une valeur supérieure à leur valeur réelle. Le cours de l'or était à cette époque d'environ 12 (3), par rapport à l'argent. La loi Flaminia le fixa à

(1) Tite-Live, XXVII, 10, 11. — Mommsen, 411. — Lenormant, *Essai*, p. 134.

(2) Lenormant, *Essai*, p. 135. — Marquardt, X, p. 28.

(3) Bouché-Leclercq, *Insti.*, p. 580, n° 6.

17,143, taux qui était supérieur au taux réel (1). D'ailleurs (2) la valeur de l'or était tellement variable à cette époque qu'on ne devait pas compter émettre une monnaie de ce métal qui eût un cours régulier. Aussi, les pièces de 3, 2 et 1 scrupules d'or qui furent alors émises furent peut-être acceptées pendant la crise, à la valeur de 60, 40 et 20 sesterces, mais elles disparurent peu après et l'Etat n'en frappa plus jusqu'à la fin de la République.

Sylla, Pompée, César firent frapper en vertu de leur imperium des médailles d'or en province, mais ce fut d'une manière exceptionnelle, et ces pièces ne circulèrent pas à Rome ; ce fut pourtant l'*aureus* de César, émis en grande quantité depuis 46, qui fut copié pendant l'Empire. Cette pièce était le 40e de la livre (8 gr. 186). C'est à ce poids qu'elle dut sa fortune, car il se rapprochait de celui du statère attique de Philippe de Macédoine, qui était la monnaie d'or la plus répandue à Rome, et représentait exactement 100 sesterces ou 25 deniers d'argent au taux de 1/12, qui était courant au commencement de l'Empire (exactement 1/11 19/21). Après la mort de César, le Sénat fit continuer pour son compte par les *triumviri monetales* la frappe de l'*aureus* de César ; ainsi commença le monnayage de l'or.

On voit que, en dehors du *cours officiel* fixé dans des cas particuliers à l'or en lingots, comme pour l'impôt sur les affranchissements, ou à l'or étranger, comme pour les pièces frappées en Campanie, ou les pièces grecques, l'Etat n'était intervenu dans la circulation de l'or que pendant la crise de l'an III avant notre ère où la loi Flaminia émit

---

(1) Marquardt, *loc. cit.*
(2) Lenormant.

une monnaie d'or à *cours forcé*, monnaie de nécessité, qui disparut avec la crise. Il intervenait maintenant d'une manière décisive et les données numismatiques suffisent à montrer les caractères et le but de cette intervention.

La pièce choisie était par rapport à l'argent fixée au cours de 1 à 12, tandis que le rapport de valeurs de ces deux métaux était à l'époque de la loi Flaminia de 1 à 17,143. L'or s'était introduit dans la circulation et y était devenu relativement abondant, de là sa dépréciation. Cet or était particulièrement représenté par les statères attiques. Il fallait que l'Etat se soumît aux exigences du commerce et acceptât une monnaie que celui-ci avait adoptée. Bon gré mal gré, il fallait qu'il cédât. Il le fit en frappant une monnaie équivalente d'aussi près que possible au statère hellénique en même temps qu'à un multiple de l'unité monétaire nationale : le sesterce. Ce multiple fut 25 deniers ou 100 sesterces. Et l'on voit que le système nouveau n'est autre que celui des Grecs, celui de tous les peuples auxquels les Grecs ont enseigné leurs théories monétaires, en particulier des Syracusains, enfin celui des Romains eux-mêmes, qui, en créant leur monnaie de cuivre, ont cherché à la faire équivaloir à la monnaie d'argent étrangère déjà courante à Rome et qui, en émettant leur première monnaie d'argent, le nummus, l'avaient fait coïncider avec le noummos de Syracuse et la drachme attique, usités depuis longtemps déjà dans leur commerce.

§ 3. — Réductions et altérations.

Poids de l'aureus. — Auguste, en l'an 15 avant notre ère, prit pour lui exclusivement la frappe des monnaies d'or et d'argent et ne laissa au Sénat que celle du cuivre. Ce partage subsista pendant toute la durée de l'Empire. En même temps, il réduisit l'aureus du 40e à 1/42 de la livre (7 gr. 800), le denier restant fixé à 1/84 de la livre et valant 1/25 de l'aureus ; le rapport de l'or à l'argent se trouva fixé à 1/12 1/2.

Le poids de l'aureus resta constant sous Tibère, Caligula, Claude.

Néron l'abaissa de 7 gr. 800 à 7 gr. 400, c'est-à-dire à 1/44 de la livre en 60 après Jésus-Christ. Ce poids, malgré un essai infructueux de Galba qui voulut rétablir le poids de 1/42 de la livre, fut conservé jusqu'à la fin du règne de Titus. Domitien à son tour fit une tentative inutile de relèvement de l'aureus, il y réussit si peu qu'à la fin de son règne cette pièce ne pesait plus que 7 grammes. Caracalla fit, à son avènement, comme Galba et Domitien, il essaya de relever l'aureus à 7 gr. 230, mais sa tentative fut encore moins heureuse. En 215, il faisait frapper des pièces de 6 gr. 550 ou de 50 à la livre. C'était l'*aureus antoninianus*.

César. . . .	8	gr.	186	= 1/40	de livre.
Auguste . .	7	»	800	= 1/42	—
Néron (60) .	7	»	400	= 1/44	—
Galba. . . .				1/42	—
Domitien . .				1/42	—
—	7	gr.		= 1/46	—
Caracalla. .	7	»	230	= 1/45	—
(215) . . .	6	»	550	= 1/50	—

Si l'or avait été l'étalon unique du système, les réductions et les relèvements que nous venons d'indiquer auraient eu déjà un défaut, celui de porter atteinte aux conventions basées sur une taille différente de l'unité monétaire et particulièrement aux conventions faites sur cette base entre les particuliers et l'Etat émetteur de ces monnaies. Mais le mal était plus grand parce que l'aureus était rattaché par un rapport fixe au denier, que les monnaies d'or et d'argent étaient imposées à ce taux par l'Etat au commerce, et que, en même temps que l'or changeait de valeur en hausse ou en baisse par suite d'augmentation ou de diminution de son poids, le denier était altéré de son côté. Le denier restait nominalement égal à 1/25 de l'aureus, mais en fait sa valeur, que l'Etat ne garantissait pas, était tout autre à cause des réductions de poids et de titre dont il était l'objet. On en jugera par les tableaux suivants.

Poids du denier :

Sous	Auguste. . .	3 gr. 900	= 1/84	de la livre, comme [sous la République.
—	Septime Sév.	3 » 220	= 1/101	—
—	Néron. . . .	3 » 410	= 1/96	—
—	Galba	3 » 300	= 1/99	—
—	Othon. . . .	3 » 340	= 1/98	—
—	Vitellius. . .	3 » 300	= 1/99	—
—	Vespasien . .	3 » 270	= 1/100	—
—	Titus	3 » 300	= 1/99	—
—	Domitien			—
—	Nerva	3 » 390	= 1/97	—
—	Trajan . . .	3 » 360	= 1/97	—
—	Hadrien . .	3 » 340	= 1/98	—
—	Antonin. . .	3 » 370	= 1/97	—
—	Mc. Aurèle .	3 » 300	= 1/99	—
—	Commode. .	3 » 140	= 1/104	—
—	Caracalla irrégularité inouïe			—

Titre du denier. — En même temps le titre s'abaissait rapidement. Il était :

d'Auguste à Néron de	99 à 95 0/0
après Néron	95 à 90 »

sous	Trajan.	85 0/0
»	Hadrien	80 »
»	Marc-Aurèle.	75 »
»	Commode.	70 »
»	Septime-Sévère (Caracalla),	50 à 40 »

et les lois imposaient des peines sévères à ceux qui refusaient la monnaie de l'Etat, quoiqu'elle ne fût plus qu'un signe purement fiduciaire.

Quant au *bronze*, la frappe en avait été interrompue de l'an 84 jusqu'au triumvirat. A cette époque on reprit le monnayage de l'as au poids d'1/4 d'once. Il y eut une pièce de 4 as ou 1 once, une de 2 as et comme sous-multiples 1/4 et 1/2 as. C'étaient :

Sestertius ou Nummus.	4 as	= 1 once.	Grands bronzes.	
Dupondius	2	= 1/2	Moyens	—
As.	1	= 1/4		
Semis	1/2	= 1/8	Petits	—
Quadrans.	1/4	= 1/16		

C'est comme nous le savons, le Sénat qui frappa ces pièces.

Le semis et le quadrans, que les amateurs nomment les petits bronzes, ne furent frappés que jusqu'à Antonin Caracalla, à partir duquel on ne rencontre plus que l'as et ses deux multiples.

Telle était la situation à l'époque de Caracalla, vers 215. L'aureus, de plus en plus faible,ne pesait plus que 6 gr. 550 au lieu de 8 gr. 186 qui avait été son poids lors de sa création. Il était réduit à 1/50 de la livre au lieu de 1/40. — Le denier altéré au point qu'il ne contenait plus que 40 à 50 0/0 de fin, avait en même temps perdu de son poids progressivement jusqu'à Commode et Caracalla. Ces deux souverains le réduisirent de 3 gr. 410, qui était son poids sous Néron, à 3 gr. 140 puis à des taux d'une variété inouïe. — Le bronze enfin, frappé par le Sénat, semblait être la seule monnaie stable, mais sa valeur était trop faible pour qu'elle pût suffire même aux transactions quotidiennes. D'ailleurs l'or et l'argent avaient cours forcé et ne pouvaient par conséquent pas être refusés.

§ 4. — Crise de l'an III.

En un mot tous les symptômes d'une crise monétaire étaient réunis dans ce fait que l'État émettait une fausse monnaie en lui donnant cours forcé. C'était la banqueroute organisée légalement. Elle dura un siècle, entraînant tous les désordres dont elle est la compagne ordinaire et provoquant une crise économique, bientôt suivie de l'anarchie, de la décadence matérielle et morale, et de la chute définitive de l'État sous le joug de l'étranger.

Le premier signal des désordres fut donné par Caracalla, qui, vers 215, réduisit l'aureus à 1/50 de la livre et lui donna le nom d'*aureus antoninianus*, altéra le denier de 50 0/0 tout en réduisant son poids et le nomma *argenteus antoninianus*. Les successeurs de Caracalla suivirent ce triste exemple et précipitèrent la crise :

Poids de l'aureus.

Sous	Caracalla. . . . (215)	6 gr. 550 = 1/50 de la livre
—	Macrin	7 « 400
—	Elagabale	7 « 230
—	Alexandre Sévère. . .	6 « 550
—	Maximin.	6 à 4 gr. 560
—	Gardien III.	5.560 à 4.590
—	Philippes.	4.530 à 4.250

Sous Trébonien, Galle. . . Volusien.		6.10 à 3.40
— Valérien, Gallien . . .		6.30 à 5.150
Titre de l'argenteus.		
Sous Caracalla. . . .	(215)	50 0/0. Poids : 3 gr. 220.
Elagabale, Alex. Sévère.		altérations inouies..
— Claude et Aurélien.		6 puis 2 0/0.

Le métal dont est fait l'argenteus n'est plus que du cuivre saucé. La dépréciation est inouïe. Sous Alexandre Sévère l'État déclara qu'il n'acceptait plus que l'or en payement (1) aux caisses publiques.

Les monétaires considéraient ces fraudes comme un privilège de leur charge, Aurélien tenta de les rappeler au devoir et à une théorie monétaire moins dérisoire. Ils se révoltèrent. Il y eut des luttes sanglantes et 7.000 morts.

Quant à réformer la circulation, il n'y fallait pas songer. Aurélien se contenta de créer une monnaie de bronze plus sincère en alliant 94 0/0 de bronze à 6 d'argent. De plus Aurélien s'efforça de faire respecter ses prescriptions contre les fraudes des monétaires. On lui décerna le titre de Felicissimus.

Sous ses successeurs les fraudes reprirent. La valeur du denier était tombée si bas qu'on payait, à la fin du IIIe siècle, la journée de travail 25 deniers, ce qui, au taux de 84 à la livre, aurait fait environ 22 francs de notre monnaie et, même au taux de 100 à la livre, 15 francs environ. On payait 20 deniers au berger, à l'ânier (2). D'après le fragment de l'édit de maximum rendu par Dioclétien en 310, on payait : 5 artichauts. . . . . 10 deniers.

5 poireaux . . . . . 4 —

(1) Lamprid, Alex. Sév., 39.

(2) Mommsen, *Edit de Dioclétien*. Berichten, t. III, p. 55.

20 radis	4 deniers.		
1 boisseau d'oignons.	4	—	
1 botte d'asperges . .	6	—	etc... (1).

§ 5. — Réforme de Dioclétien.

Dioclétien accepta comme un fait accompli la diminution que l'aureus avait subie dans l'espace d'un siècle, de Caracalla (en 215) jusqu'à l'an 300. L'or réduit devenait l'étalon légal. Il le frappa au taux de 60 à la livre.

Mais il voulut rétablir le monnayage de l'argent, du billon et du bronze.

Il frappa des pièces d'argent de 96 à la livre, comme le denier de Néron. Cette pièce nouvelle, sous le nom d'*argenteus*, fut frappée en 292. Elle pesait 3 gr. 410.

De 296 à 301 il réforma la monnaie d'appoint, contenant 80 0/0 de cuivre. Il y eut des pièces nouvelles, la *pecunia majorina* de 10 grammes et le *nummus communis* du 1/4 de la précédente.

Le bronze et l'argenteus furent dès lors dans le rapport de 1 à 120.

Tels sont les renseignements les plus précis qui nous sont parvenus sur la réforme de Dioclétien. Le mal était trop profond pour pouvoir être guéri même par des tentatives répétées et hardies comme celles d'Aurélien, de Dioclétien et de Constantin. C'était une théorie qui était répandue depuis des siècles dans les esprits et qu'il n'était pas facile d'extirper. « Hostilité permanente des nations, conflits commerciaux, altération des espèces, ban-

(1) Fragment découvert par F. Lenormant à Mégare.

queroutes déguisées, assignats, haine du capital, plans chimériques de rénovation financière, telle est », dit M. Wolowski, « la triste prospérité d'une idée fausse au sujet de la monnaie ».

L'Etat, dès ses premières émissions de cuivre, d'argent et d'or, avait réduit ces espèces. Il se considérait comme seul maître d'en fixer la valeur. Il défendait, sous des peines sévères, de refuser la monnaie à l'effigie du prince, *quel qu'en fût le titre* (1).

Quand la violence emprunte le masque de la loi, il n'est pas de réforme assez radicale pour rétablir l'ordre. Les désastres se succèdent sans trève et aboutissent à la décadence et à la ruine complète. Nous allons voir que les efforts de Constantin ont été également impuissants.

§ 6. — **Réformes de Constantin et de ses successeurs.**

La funeste doctrine qui autorise les États à fixer la valeur de la monnaie qu'ils émettent au gré de leur cupidité s'était définitivement enracinée dans la législation et dans la doctrine. Les tentatives loyales de quelques souverains, rappelés à la justice et à la raison par le spectacle des ravages qu'entraînait la crise monétaire permanente dans l'Empire romain, ces tentatives ne pouvaient rien contre une erreur implantée depuis des siècles dans tous les esprits. La réforme de Dioclétien eut des conséquences éphémères. On n'acceptait plus les monnaies qu'au poids et après essai (2). Autrement dit, l'effigie de l'État n'était

(1) Dig., V, XXV, 1.
(2) Lenormant, *Essai*, p. 159.

plus une garantie, c'était plutôt une marque de défiance. On pratiquait le troc de préférence à l'échange (1) et les contrats qui prévoyaient le payement de sommes d'argent, indiquaient le métal et le poids de fin qu'ils stipulaient.

1. — *Réforme de Constantin (312)*.

Constantin se vit donc obligé de réformer dès les premières années de son règne (312) le système établi par Dioclétien dans les dernières années du sien (292 à 301). Il inaugura sa réforme par l'or.

L'aureus, dont Dioclétien avait accepté la diminution comme un fait, fut remplacé par le *solidus* d'or de 72 à la livre (2). C'est-à-dire qu'il pesait 4 gr. 550. Le *triens* et le *semis*, d'1/3 et d'1/2 du solidus furent ses deux sous-multiples et pesèrent le poids normal correspondant (3). Le seul multiple fut de 1/2, mais les successeurs de Constantin frappèrent des pièces de 38, 40, 48 et même 90 solidi (4).

Les monétaires ne purent se résigner à observer exactement ces prescriptions légales. Aussi les poids des monnaies d'or émises sous ce règne ne sont-ils pas encore réguliers (5).

Quant au titre, les pénalités anciennes furent renouve-

---

(1) Voir une inscription dans l'*Eph. Ep.*, rapportée par M. Girard, *Textes*, p. 144, V, 667.

(2) Code Théod., XII. 6, 13 (V. p. 39, note 2).

(3) Mommsen, p. 779.

(4) Eckhel, *Doctr. nummor.*, VIII, 153.— Vasquez Queypo, *Syst. monét.*, *tabl.*

(5) Lenormant, *Essai*, p. 160.

lées (1). L'Etat prit des mesures contre les faussaires en créant des essayeurs publics (2) et déclarant qu'il refuserait es monnaies altérées frauduleusement (3).

L'*argenteus* de Dioclétien continua à être frappé jusqu'à l'époque de Gallus. Mais le solidus valant 18.14/27 argentei, Constantin fit frapper en argent une pièce exactement du même poids que le solidus, 4 gr. 550, le *miliarense*. Ce nom venait de ce que, au cours actuel de 1/13 8/9, le miliarense valait exactement le millième de la livre d'or (4).

Quant à la monnaie de *bronze* de Dioclétien, elle fut maintenue mais réduite (5). La *pecunia majorina* de 10 grammes s'abaissa à 8 puis à 3 et à 2 pour remonter sous Gallus à 9. Vers 320 elle prit le nom de *follis* (6), bourse.

La réforme de Constantin mérite les plus grands éloges (7). Ce prince fit un noble effort pour rétablir les finances de l'Etat en restaurant les monnaies. Il chercha à donner aux pièces frappées sous son règne un poids régulier et un métal pur. Il donna au solidus et au miliarense le même poids, ce qui permettait d'établir facilement la valeur réelle relative des deux métaux. Mais les habitudes prises par les officiers monétaires, particulièrement dans les provinces (8), de réduire et d'altérer frauduleusement les pièces, ainsi que les agissements des faussaires, enfin

---

(1) *Dig.*, XLVIII, 13, 1. *Basilic.*, LX, 45, 2.
(2) Cod. Théod., XII, 6, 2; 7, 1 et 2. Cod. Justin., X, 71, 1 et 2.
(3) Mommsen, p. 781, n° 131.
(4) Epiphane (*De pond*.... 2).
(5) Mommsen, p. 802.
(6) Cod. Théod., VI, 4, 5; VII, 20, 3; IX, 23, 1; XIV, 4, 3.
(7) Lenormant, *Essai*, p. 188.
(8) Lenormant, *Essai*, p. 161, l. 14.

et surtout les théories en cours sur l'essence de la monnaie et l'origine de sa valeur mirent obstacle au succès de la réforme. Le cours forcé étant maintenu, le rapport légal de l'or et de l'argent fut bientôt faussé. L'argent ne joua auprès de l'or que le rôle subsidiaire d'une monnaie d'appoint (1) que l'Etat imposait sans garantir le cours qu'il lui attribuait et sans prendre l'engagement de le rembourser à ce taux.

2. — *Monnayage des successeurs de Constantin.*

Aussi le solidus seul resta-t-il, jusqu'à la chute de l'Empire, dans la circulation. Théodose, en réduisant la livre de 327 gr. 453 à 325 gr. 400, réduisit aussi le solidus de 4 gr. 550 à 4 gr. 560 (2).

Quant à l'argenteus, il disparut en 360, ainsi que le miliarense et ces pièces furent remplacées par la *siliqua* de 2 gr. 275 (3). Le solidus valait 24 des nouvelles pièces.

Enfin le bronze ne fut guère frappé jusqu'à Zénon et à partir de ce règne on en trouve des tailles très variées à Rome, à Constantinople, à Carthage, à Alexandrie (4).

Le sou d'or fut la seule monnaie véritable du Bas-Empire. On s'efforça de conserver intacts son titre et son poids. L'argent et le bronze se déprécièrent de jour en jour. Aussi, à la fin du IVe siècle, le solidus, qui correspondait au denier comme le talent à la drachme, et valait par suite 6.000 as ou deniers de Constantin, était-il passé au

---

(1) Marquardt, *Manuel*, t. X, p. 30.

(2) Hultsch, *Métrologie*, p. 116-246.

(3) Mommsen, p. 787-791.

(4) Sabatier, *Monnaies byzantines*, t. I, p. 70 et s.

taux de 6.800 deniers. En 445, Valentinien III fixait son cours maximum à 7.200 as et au début du VIe siècle, les changeurs en demandaient jusqu'à 8.750 as. Justinien fut obligé de le taxer à 7.500 (1). Le solidus était donc la monnaie la plus courante, la plus appréciée de l'Empire byzantin. Malgré cela la défiance était telle que l'on spécifiait dans les contrats, même quand il s'agissait de solidi, la pièce stipulée par le vendeur. Dans un acte de vente, daté de 359, le prix est stipulé en sous de l'empereur régnant, pesant 4 grammes, à l'effigie des deux Romes (2).

§ 7. — Conclusion.

Nous avons étudié l'intervention des pouvoirs publics dans la circulation monétaire des principaux peuples civilisés de l'antiquité et particulièrement de Rome. Il faut conclure. Or nos conclusions seront tout naturellement dominées par cette idée que l'Etat, en intervenant dans l'administration monétaire, a fait en général beaucoup plus de mal que de bien. Les Ptolémées d'Egypte, les Perses Achéménides, Denys de Syracuse, ont transmis à la République Romaine et surtout à l'Empire, une théorie monétaire et des pratiques malheureuses qui ont amené les désordres et les crises les plus graves. Il faut le reconnaître, l'Etat, à Rome, surtout, en intervenant en matière monétaire, a rendu le plus souvent au commerce les plus mauvais services.

Faut-il en conclure que l'Etat doit se démettre de ce rôle

---

(1) Bouché-Leclercq, p. 584.

(2) Hermes, XIX, p. 419, 1887. — Bouché-Leclercq, p. 584, n° 1.

et laisser au commerce le soin d'organiser et d'appliquer à sa guise, sans aide et sans soutien, le système monétaire qui lui convient ? — Assurément nous avons vu les peuples de l'antiquité se passer longtemps de l'intervention de l'Etat, mais nous avons reconnu d'autre part à maintes reprises que le commerce avait profité volontiers de la garantie de l'Etat pour faciliter ses échanges. D'ailleurs, quand il ne s'agirait que de son propre intérêt, l'Etat, comme commerçant, comme créancier et comme débiteur, a le droit et même le devoir de choisir pour son usage le meilleur instrument d'échange et de lui donner toutes les qualités qui lui permettent de circuler librement. C'est même à ce seul point de vue qu'il semble devoir se placer, car; s'il organise une monnaie pour son propre usage, le public reste libre de l'adopter. Cette liberté est la meilleure garantie de la sincérité de l'Etat et de la confiance des particuliers. Elle est incompatible et en opposition directe avec le système du cours forcé.

A cette condition, c'est-à-dire si l'État n'impose pas sa monnaie, mais se contente de l'offrir en fixant simplement le *cours officiel* auquel il compte l'accepter et la payer, à cette condition, il peut profiter de son crédit pour réduire les pièces et leur donner un poids moins considérable que le poids théorique et une taille plus commode. Il devra nécessairement, pour que sa monnaie soit acceptée, se considérer comme essentiellement obligé à la rembourser en monnaie à pleine valeur. La monnaie réduite se trouvera être simplement *représentative* de la monnaie à valeur pleine. Celle-ci deviendra le gage et le terme ou unité d'évaluation, c'est-à-dire *l'étalon* de la monnaie représentative.

Toute cette théorie, qui résulte de l'étude historique que

nous avons faite, est la condamnation du *cours forcé* dont le *bimétallisme* n'est qu'une application.

Le bimétallisme et le cours forcé ont pu trouver une légère excuse dans les troubles mêmes au milieu desquels les Etats anciens y ont eu recours. Il fallait échapper à la ruine imminente, trouver des ressources immédiates pour sauver la patrie. Dans de pareilles circonstances la fin justifie les moyens. C'est ainsi que les promoteurs de la réforme Flaminienne, en 217, les auteurs de la loi Plautia-Papiria, en 89, tout en organisant la banqueroute, en dérobant leur bien aux créanciers de l'Etat, émettant une fausse monnaie et pillant le trésor public, peuvent être considérés comme ayant bien mérité de la République, car la panique était à son comble, en 217 lorsque Annibal était aux portes de Rome et en 89, lorsqu'à la suite de la guerre sociale l'Italie entière soulevée contre la Ville Eternelle menaçait sa suprématie. Les deux réformes qui intervinrent alors ramenèrent le calme et rendirent son ancien éclat à l'étoile romaine.

Mais après le danger, le cours forcé aurait dû disparaître. Tout au plus aurait-il pu laisser à sa place une institution que nous désignons aujourd'hui sous le nom de *cours légal* et qui est la dernière trace du cours forcé dans les systèmes monétaires qui y ont été soumis. Cette dernière institution, bien comprise et bien pratiquée, est recommandable et utile. Elle évite de nombreuses contestations et facilite l'usage de la monnaie dans le commerce national. Nous en ferons ailleurs la théorie.

Les abus qui résultent du cours forcé, même sous la forme mitigée du bimétallisme, sont les écueils semés sur la route de l'Etat et qui l'entravent dans sa marche progressive. Il doit les reconnaître et les éviter. Il doit, pour cela, se contenter d'une intervention modeste que l'histoire nous indique nettement. Son devoir peut se formuler en cette matière dans quelques propositions simples qui ne font en somme que résumer le *système de l'étalon unique* :

I. — Adopter la monnaie que le commerce a choisie comme la meilleure et la plus commode. Fixer le *cours officiel* auquel les caisses publiques accepteront ou payeront cette monnaie.

II. — Emettre une *monnaie représentative ou fiduciaire* également tarifée par rapport à l'étalon du système. Cette monnaie ne pourra circuler que si l'État s'engage à la rembourser en monnaie à pleine valeur, en monnaie étalon.

III. — *Bannir le cours forcé* et par conséquent *le bimétallisme*. L'histoire de tous les peuples dépose contre un pareil régime.

A Rome, l'État n'a guère connu que le régime du cours forcé, à l'aide duquel il fixait arbitrairement la valeur des monnaies. C'est donc un pas en arrière qu'il aurait dû faire. Il aurait dû reconnaître, au milieu des crises qu'amenait son intervention despotique et devant les protestations universelles, qu'il avait dépassé le but et qu'il fallait revenir sur ses pas, rendre au commerce sa liberté et lui permettre l'usage des monnaies de son choix.

Aujourd'hui les dangers du cours forcé sont reconnus par tous, à l'exception de quelques dissidents qui voient dans ce régime une protection industrielle déguisée. Mais les partisans de cette théorie sont rares et l'on s'accorde en principe à condamner ce régime.

C'est du *cours légal* qu'on abuse de nos jours et cet abus n'est pas moins dangereux, car il tend à ramener le cours forcé dont il est lui-même issu. Ce que devrait faire l'État moderne à l'égard du cours légal, c'est ce qu'auraient dû faire les États anciens, à l'égard du cours forcé, c'est-à-dire un *pas en arrière*. Comme à Rome et dans la plupart des civilisations antiques, sauf en Grèce, l'État, de nos jours, se trouve *trop engagé*.

Sous le fallacieux prétexte de rendre service à tous, l'État a abusé autrefois du cours forcé, il abuse actuellement du cours légal.

ÉCONOMIE POLITIQUE

DU
ROLE DE L'ÉTAT EN MATIÈRE MONÉTAIRE

INTRODUCTION

§ 1. — Du rôle de l'État dans l'ordre économique.

1. — *Cette question a été mise au concours par l'Académie des sciences morales et politiques en* 1882. — *Prix Rossi.* — *Rapport de M. Levasseur.* — *Les lauréats ont trouvé la solution du problème.*

L'*Académie des Sciences morales et politiques* avait mis au concours pour 1882, la question suivante, sur le rapport fait au nom de la Section d'Économie politique par M. Frédéric Passy : « *Du rôle de l'État dans l'ordre économique* ». Le problème était d'une importance capitale. Les concurrents dont les mémoires ont été couronnés, remarquent « qu'elle ne s'est jamais posée avec tant d'à propos qu'aujourd'hui où nous sommes plus menacés que jamais par les progrès du socialisme ». Ce qui était vrai en 1882, l'est encore bien plus en 1895, et l'on peut dire que jamais question ne fut plus pressante. Or M. Levasseur constate en rendant compte de ce concours à l'Académie, que les auteurs des mémoires n° 4 et n° 5 ont trouvé *la vraie solution* de ce grave problème. Ces deux mémoires ont partagé en conséquence le *Prix Rossi*, décerné alors pour la première fois. Les lauréats étaient M. Alfred Jourdan (1), doyen de la Faculté de Droit d'Aix, et M. Villey (2), professeur à la Faculté de Caen. Nous ne tarderons pas à faire connaître la solution qu'ils ont proposée. « Ils s'accordent à déclarer », dit M. Levasseur dans son rapport, « que la liberté individuelle a gagné du terrain à mesure que la civilisation s'est développée et qu'en même temps la civilisation impose à l'État de nouveaux devoirs. Ils ont raison et ils ont trouvé la vraie solution du problème. Oui, le rôle de l'individu et le rôle de l'État peuvent grandir et ont grandi tous deux. L'expérience de l'histoire dépose en faveur de cette thèse » (3).

Nous nous rangeons très volontiers à cette manière de voir. Assurément l'histoire économique des peuples montre la liberté individuelle grandissant d'âge en âge et passant successivement par des régimes de moins en moins oppressifs, depuis celui des castes, de l'esclavage, du servage, jusqu'aux corps de métiers, à la réglementation de la grande industrie et enfin à la liberté du travail pleine et entière. Assurément aussi, à l'émancipation économique correspond l'émancipation politique : après le régime patriarcal, qui a

---

(1) *Rôle de l'État dans l'ordre économique*, 1882.

(2) *Rôle de l'État dans l'ordre économique*, 1882.

(3) Levasseur, *Rapport*, Séance du 11 février 1882. Mém. de l'Acad. des Sc. Mor. et Pol.

présidé à la naissance des sociétés, sont venus le régime de la famille, de la cité et de l'Etat. Ce dernier même devient de jour en jour moins despotique et renonce à la plupart des droits qu'il s'était attribués dans le domaine du travail industriel, agricole et commercial. — Mais en revanche l'importance de son rôle, à d'autres points de vue, augmente chaque jour, car les services communs que l'humanité réclame sont de jour en jour plus nombreux, les perfectionnements matériels et les raffinements moraux de la société moderne exigent de nouveaux efforts auxquels l'Etat ne peut pas rester étranger. Il doit intervenir dans ces divers cas, mais il doit le faire avec prudence et modestie dans le seul but d'apporter aux forces de chacun l'appoint précieux des forces de tous, sans anéantir l'action individuelle qui est de beaucoup la plus féconde. En un mot le rôle de l'Etat consiste à *pourvoir aux services communs dans la mesure où l'action, même combinée, des individus, serait impuissante et de se retirer graduellement dès que cette action individuelle semble pouvoir intervenir utilement seule et sans assistance*. C'est un juste milieu entre le socialisme d'Etat absolu et l'individualisme radical (1).

L'abbé Galiani raconte, paraît-il, qu'un Napolitain, apprenant un matin au sortir de chez lui la mort du préfet de la ville, celle du cardinal-archevêque, celle du vice-roi et d'autres grands personnages, s'écria : « Ah ! mon Dieu, tout est perdu », et s'empressa de rentrer et de barricader sa maison dans l'attente d'un cataclysme social. La journée se passa dans le calme et notre homme de dire le soir : « Je n'y comprends rien ; le monde va donc tout seul ! » — Le monde assurément ne va pas tout seul, mais la libre

(1) Cf. Levasseur, *loc. cit.*

initiative des individus suffit parfois pour que la vie économique des peuples se poursuive d'une manière spontanée (1). — Est-ce à dire pour cela que l'État n'a pas un grand rôle à jouer et qu'il doit, suivant une expression de M. Jules Simon, « travailler à se rendre inutile et préparer sa démission ? » Ce serait assurément une exagération en sens contraire. Et c'est pourquoi M. Levasseur a raison de déclarer que les deux principaux lauréats du concours ouvert par l'Académie ont trouvé la solution véritable du problème.

2. — *Le côté pratique de la question a été seulement effleuré par les concurrents à cause des développements considérables qu'il aurait exigés.*

Mais ce qu'on peut reprocher à cette solution c'est d'être vague. Il serait difficile pour un homme d'État, qui voudrait se soumettre aux enseignements de la science moderne, de passer d'une solution aussi philosophique à son application pratique, et d'en déduire quels sont les cas où l'État doit intervenir dans l'ordre économique et les limites qu'il ne doit pas franchir. C'est pourtant sur ce terrain que la question mise au concours appelait les concurrents. La section d'économie politique, dans son rapport, la développait en effet de la manière suivante :

« Rechercher et montrer quels sont dans l'ordre économique les *besoins* dont la satisfaction requiert le concours de l'État et quelles *règles* doivent présider à ce concours. — On aura à constater ce qu'a été ce concours aux divers âges du *passé*, — quelle a été et quelle est, en ce qui con-

(1) Cf. Levasseur, *l. c.*

cerne ce concours, l'*influence successive de la civilisation*, — et quelles *limites* lui assigne l'intérêt public chez les nations qui aujourd'hui ont réalisé les plus grands progrès ».

Il nous semble que le problème avait une portée essentiellement pratique. Les auteurs l'ont traité de haut, exposant des vues d'ensemble sur un sujet qui prêtait d'ailleurs à la généralisation, mais quand ils ont abordé les détails, ils se sont heurtés aux difficultés inhérentes à une matière aussi vaste et ils ont dû se contenter d'effleurer les divers cas d'intervention de l'État, l'historique de cette intervention, ses rapports avec les progrès généraux de la civilisation et les limites qui dans chaque matière particulière devaient s'imposer à l'État.

3. — *Nous reprenons la même question au point de vue pratique sur l'exemple particulier de la circulation monétaire.*

Il nous a donc semblé intéressant de reprendre à notre tour, à la suite de nos maîtres, et dans des proportions modestes, la question qu'ils ont magistralement et peut-être définitivement résolue. Considérant comme acquis les résultats de leur travail, nous ne les avons pas soumis à une nouvelle discussion, qui n'aurait pu que suivre une voie déjà tracée et nous avons borné notre étude au *Rôle de l'État en matière monétaire*. Mais nous tenons à constater que le problème est le même et que nous voulons indiquer sur un exemple, celui de la circulation monétaire, comment l'État d'une manière générale doit intervenir dans la vie économique des peuples. Traitant d'ailleurs le problème à un point de vue purement économique, c'est-à-dire pratique, nous avons mis délibérément de côté toutes les questions qui sont du domaine plus élevé, mais en revanche plus périlleux, de la sociologie. Nous ne chercherons pas à définir l'État, à en décrire les organes et les fonctions, nous ne poserons pas même en principe le progrès ni la liberté. Nous étudierons, suivant la méthode féconde que le génie d'Auguste Comte a définitivement établie dans la science, simplement *ce qui est* pour tâcher de deviner *ce qui doit être*. « Voir pour prévoir » (1), telle est la devise de la méthode positive à laquelle nous nous efforcerons de rester toujours fidèle.

§ 2. — **Du rôle de l'Etat en matière monétaire.**

1. — *Rôle élémentaire de l'Etat. — Attribution du cours officiel aux meilleures monnaies du commerce. — Système de l'étalon unique.*

Quoi qu'on pense de l'Etat et de l'organisation sociale, il y a une chose certaine entre toutes, c'est que les hommes ont une tendance à se réunir entre eux, à former des sociétés et à confier la direction de ces sociétés à des pouvoirs publics qui prennent le nom d'*Etats*.

Parmi les fonctions qui incombent généralement aux Etats, il en est une dont ils se sont chargés de tout temps et qui consiste dans l'*organisation de la circulation monétaire*.

Quel est le rôle de l'Etat en cette matière, quelles sont les limites, quels sont les caractères d'une intervention

(1) Aug. Comte, *Cours de philo. posit.*, t. VI, p. 618.

utile et sage ? — Telles sont les questions que nous nous proposons.

C'est à l'origine des sociétés, quand l'intervention de l'Etat n'est pas compliquée par les exigences multiples d'une civilisation exubérante, que l'on peut le mieux découvrir le caractère élémentaire du rôle qui incombe aux pouvoirs publics en cette matière. Et si l'on s'y reporte, on constate que l'Etat, aux premiers jours de l'histoire monétaire, n'est intervenu que comme un simple particulier, frappant certaines pièces pour son usage, fixant le cours auquel il les acceptait et ne s'occupant en aucune façon des rapports des particuliers entre eux. Ce n'est pas le cours légal, mais simplement le *cours officiel*, c'est-à-dire l'admission aux caisses publiques, qui caractérisait alors la monnaie officielle.

Un poids fixe de métal servait de monnaie principale, d'unité, d'après laquelle on taillait quelques rares multiples et sous-multiples ; tout le système monétaire était là. L'*unité* était l'*étalon.*

Plus tard on admit des unités nouvelles, dérivées de la première, et l'on créa sur ces unités des séries nouvelles. Dès lors l'étalon fut l'*unité principale*, originaire du système.

Plus tard encore l'Etat réduisit, altéra ses monnaies par rapport à la valeur de l'unité principale ; on les accepta en les considérant comme la promesse de payer une certaine quantité de la monnaie véritable, non réduite. L'étalon devint le *gage de remboursement de la monnaie représentative* et resta l'unité principale de tout le système.

Enfin on eut l'idée, pour éviter certaines contestations, de donner *cours légal* à une monnaie, c'est-à-dire de décider quelle monnaie serait présumée légalement avoir été stipulée et promise dans les contrats qui n'auraient pas prévu un mode de payement spécial. On choisit naturellement pour ce rôle la monnaie étalon.

L'*étalon monétaire* est donc en dernier lieu l'*unité principale*, *gage de la monnaie représentative* et munie du *cours légal.*

Ainsi s'est trouvé constitué, par le progrès lent des siècles, à la suite de tentatives variées et de vicissitudes nombreuses, le système logique et simple de l'*étalon unique*, qui est le système naturel de l'humanité civilisée.

2. — *Position du problème monétaire.*

On ne conteste pas en général à l'Etat le droit et le devoir d'organiser un pareil système. Mais il faut reconnaître que ce système est encore incomplet et qu'il exige un degré de complication de plus. C'est dans l'étude des *crises monétaires* que l'on voit apparaître de la manière la plus éclatante le *problème* qui se pose entre divers Etats qui pratiquent tous ce même système de l'étalon unique. Le problème résulte de ce que tous ces Etats n'ont pas le *même étalon* ; il résulte, en d'autres termes, de la *diversité des systèmes monétaires.*

A. — Exemple de Rome.

A l'origine de leur histoire, les Romains ne se servaient dans leurs échanges que du cuivre en lingots, qu'ils pesaient au moment même du payement. A l'époque des Décemvirs, l'Etat intervint, donnant cours aux lingots pour le payement des amendes dues à l'Etat et les marquant d'une empreinte qui permît de constater une fois pour toutes leur poids. Ce système demeura dans sa simplicité jusqu'au jour où Rome entra en relations commerciales avec les cités de la Grande-Grèce à la suite de la guerre de Tarente. Comme ces cités employaient la monnaie grecque d'argent, la nécessité se fit sentir de l'introduction de cette monnaie à Rome. Dès lors le problème monétaire se posa. Les Romains le résolurent en admettant dans les caisses publiques l'argent à un cours officiel fixé par rapport à la monnaie nationale de cuivre. Ce n'est que plus tard que l'Etat s'avisa de frapper lui-même une monnaie d'argent à un cours fixe, immuable, par rapport au cuivre, c'est-à-dire qu'il versa dans l'ornière du bimétallisme qui a traversé les siècles.

B. — Exemple de l'Angleterre.

Le problème qui se posait à Rome il y a 22 siècles entre le cuivre et l'argent, se pose aujourd'hui devant nous entre l'or et l'argent avec une gravité exceptionnelle, vu l'importance que le commerce et par suite la monnaie ont prise de nos jours, les désastres et les crises auxquels une circulation monétaire défectueuse peut nous exposer. L'Angleterre par exemple a depuis près d'un siècle (1816) un système monétaire basé sur l'emploi de l'or comme monnaie principale, comme étalon. C'est d'après la valeur de l'or que la valeur de tous les autres instruments d'échange est fixée; ces instruments, monnaie d'or, d'argent, de papier, représentent dans la circulation une certaine quantité d'or contre laquelle l'Etat promet de les rembourser aux porteurs et qu'il tient à cet effet à leur disposition. C'est au moins ce à quoi il s'engage! Or l'Angleterre est en relations commerciales avec beaucoup de pays, tels que l'Inde, la Chine, qui n'emploient pas l'or dans leur circulation intérieure, qui emploient l'argent, comme Tarente et les autres cités de la Grande-Grèce lors de la conquête romaine. Il faut donc, pour régler des échanges qui sont considérables, que l'Angleterre achète de l'argent avec son or, que l'Inde, que la Chine achètent de l'or avec leur argent.

Depuis le commencement de ce siècle, l'Angleterre trouvait à sa disposition sur les marchés voisins l'or ou l'argent dont elle avait besoin. De nombreux États s'étaient engagés en effet à prendre ou à donner indifféremment de l'or ou de l'argent dans un rapport fixe, déterminé, en général de 1 à 15 1/2, en échange d'argent ou d'or. Comme ces deux métaux sont seuls en usage dans le monde monétaire, c'était s'engager à vendre à qui voudrait en acheter de l'or ou de l'argent à un prix fixe, quelles que fussent les variations de valeurs de ces métaux. C'était, autrement dit, un marché de dupes ! L'Angleterre en a longtemps profité, tantôt pour se procurer l'argent qu'elle devait livrer à l'Inde ou à la Chine, tantôt pour transformer en or l'argent qu'elle recevait de ces États.

Mais l'argent, depuis 1873, pour des causes assez obscures que nous étudierons, a beaucoup perdu de sa valeur et s'est précipité dans un gouffre, d'où il ne semble pas vouloir sortir. L'Angleterre, craignant de voir disparaître la source où elle avait, pendant un siècle, si fréquemment puisé, allait conseillant à tous les États du voisinage, dans des Conférences Internationales, de conserver ou d'adopter le système bimétallique, se gardant bien, et pour cause de prêcher d'exemple.

L'Allemagne évita de suivre un conseil si perfide, mais elle le fit sans malice et sans aucun soupçon du danger, puisque M. de Bismarck avouait qu'il ne voyait pas clair dans la question monétaire. Inspirée simplement par la faveur dont jouissait l'or parmi les économistes, faveur qui s'était affirmée surtout aux Congrès de 1867, l'Allemagne, en 1871, jeta son dévolu sur le système de l'étalon d'or et le déposa, comme don de joyeux avènement, dans le berceau de son Empire nouveau-né. Dès lors l'argent, poursuivi, traqué de toutes parts, tomba de chute en chute sous les coups redoublés de ses anciens admirateurs. En 1872 les États scandinaves adoptent à leur tour l'étalon d'or, en 1873 ce sont les États-Unis, en 1874 l'Union Latine, dans laquelle tout l'argent allait se déverser éperdu, limitait la frappe, pour la suspendre en 1876 et la supprimer complètement en 1878. En 1875 la Hollande, en 1877 la Finlande avaient suivi l'exemple et adopté l'étalon d'or. C'était un véritable affolement et l'Allemagne, tout épouvantée elle-même du mal qu'elle avait très innocemment et très naïvement causé, pour mériter, disait M. de Bismarck, la reconnaissance de l'univers, après en avoir reçu toutes les imprécations, l'Allemagne suspendait en 1879 ses ventes d'argent, pendant que les États-Unis, qui avaient suivi sans trop s'en rendre compte le mouvement général en 1873, consternés de la baisse de valeur de l'argent dont ils sont de beaucoup les principaux producteurs, puisqu'ils fournissent près de la moitié de la production totale, rétablissaient le système du double étalon avec l'obligation pour l'État d'acheter 2 millions et demi de dollars d'argent par mois. Cette réaction a duré jusqu'en 1890. A partir de cette époque le mouvement en faveur de l'or a repris de plus belle, l'argent baisse de plus en plus et beaucoup d'économistes et d'hommes versés dans la pratique des affaires attribuent à cette double cause la *crise* pénible qui pèse sur le monde dans cette triste fin de siècle.

Que conclure de ces revirements, de ces hésitations et de ces maladresses, sinon à une ignorance des questions monétaires avouée en désespoir de cause par les hommes les plus considérables et résultant d'ailleurs surabondamment de l'incohérence de leur politique? Devant un si dramatique problème, quel est le rôle de l'État.

3. — *Choix de l'étalon.*

La plus grave de toutes les questions que l'Etat doit résoudre est le *choix du métal ou des métaux* qu'il adoptera.

A. — L'étalon d'or.

Le métal choisi sera-t-il l'*or*?

Notons tout de suite que le système de l'étalon unique d'or ne résoudrait pas le problème monétaire. Ce problème résulte de la différence des systèmes monétaires pratiqués par les divers Etats qui se trouvent en relations commerciales. Deux Etats qui ne se servent pas de la même monnaie en sont réduits à se passer de cet instrument des échanges, c'est-à-dire qu'ils sont condamnés au *troc* des époques de barbarie. Ainsi l'Angleterre, dans son commerce avec l'Inde, ne se sert pas de monnaie, parce que ces deux Etats n'ont pas de monnaie commune. L'Angleterre est réduite à accepter en échange de ses produits, les céréales, le coton, l'argent de l'Inde, à des prix dérisoires et de les revendre à perte sur le continent contre de l'or, d'inonder de cet argent, de ces céréales, de ce coton, tous les marchés européens, qui éprouvent ainsi le contre-coup de la crise anglo-indienne.

Pour que l'adoption de l'étalon d'or résolve le problème monétaire, il faudrait que ce système fût pratiqué par l'univers entier. Mais c'est là une chimère ; c'est tout au moins un rêve dont la réalisation est aujourd'hui très problématique.

Admettons que l'or existant, dont la production semble d'ailleurs augmenter, soit suffisant pour garnir les caisses de toutes les grandes banques. Il n'en est pas moins vrai que sa valeur par rapport à l'argent et à la plupart des marchandises est devenue considérable. Cette valeur augmentera encore par suite de l'augmentation de la demande, quand tout l'univers aura adopté l'étalon d'or. L'or ne pourra donc plus servir aux échanges journaliers, il faudra le remplacer dans la circulation courante par de la monnaie représentative, c'est-à-dire par de la fausse monnaie et par de la monnaie *qui n'est pas exportable*. Et les gros payements continueront à se faire en billets, en monnaie fiduciaire, qui est à plus forte raison une fausse monnaie inexportable. Ce sera la généralisation du système de l'étalon d'or sans circulation d'or, qui prête à toutes les critiques parce qu'il facilite toutes les fraudes.

Nous admettons encore que l'on accepte une pareille situation et que le commerce n'en souffre pas. Mais ce qu'on ne peut pas négliger ce sont les intérêts de la moitié de l'univers, qui tient à l'argent. Ce sont d'abord les Etats producteurs, les Etats-Unis, le Mexique, ce sont les Etats qui possèdent des quantités considérables d'argent et qui ont l'habitude de s'en servir depuis des siècles, comme les Etats de l'Union latine, l'Espagne, l'Inde, la Chine et bien d'autres, ce sont les pays dont les ressources sont insuffisantes, qui ne peuvent se procurer l'or, dont le prix est trop élevé, et qui, entre l'or, qui est trop cher, et l'argent, qui est déprécié, se trouvent irrémédiablement condamnés au cours forcé.

Ces intérêts sont graves et légitimes, on ne peut les négliger. La moitié de l'humanité civilisée a intérêt à conserver l'usage de l'argent plutôt que de subir le régime désastreux du cours forcé ou de s'exposer aux crises auxquelles les condamnerait l'abandon du métal blanc.

Enfin les qualités monétaires de l'argent sont, à beaucoup d'égards, comparables à celles de l'or. On ne voit pas pourquoi on négligerait cet instrument d'échange, pour le remplacer par l'or, qui ne peut servir qu'à un nombre très restreint de payements, ou par la monnaie représentative ou fiduciaire qui est une fausse monnaie.

B. — L'étalon d'argent.

Le métal choisi sera-t-il l'*argent* ?

Au point de vue du problème monétaire, les difficultés seraient les mêmes, et de plus, s'il est une vérité actuellement incontestée, c'est que l'or a les préférences du monde commercial et que personne ne serait disposé à l'abandonner pour l'argent. Entre l'étalon universel d'or et l'étalon universel d'argent, il n'y a pas de controverse possible. Tout le monde est favorable à l'or.

C. — Association des deux métaux.

Reste une dernière solution, c'est l'adoption simultanée des deux métaux dans la circulation. Actuellement, en présence de la diversité des systèmes monétaires, qui est un fait indéniable, c'est ainsi que se pose le problème monétaire. Il consiste à trouver le moyen pratique d'organiser cette association.

Bimétallisme. — Le système qu'on rêve en général consiste à donner *cours légal* à des monnaies d'or en même temps qu'à des monnaies d'argent. On aboutit ainsi fatalement au *bimétallisme,* c'est-à-dire à la détermination d'un *rapport fixe* entre les deux genres de monnaies. En effet, le cours légal a pour but d'autoriser un débiteur à payer sa dette en une monnaie déterminée, quand le créancier n'a pas stipulé un mode de payement spécial. Si le cours légal était donné à deux monnaies, la loi organiserait elle-même la contestation au lieu de la résoudre, à moins qu'un rapport fixe ne vînt rattacher les deux métaux.

Or le bimétallisme à rapport fixe est une erreur contre la logique et un système de révolte contre les lois de la nature. Ce rapport ne peut se maintenir dans la réalité, il varie au gré de l'offre et de la demande, l'un des métaux se trouve bientôt déprécié par la loi et devient une monnaie représentative, c'est-à-dire que le système devient celui de l'étalon unique avec liberté de frappe d'une fausse monnaie. La spéculation ne manque pas d'en profiter et d'écraser l'Etat sous le poids de cette fausse monnaie, qu'il reste engagé à rembourser à sa valeur nominale. Ainsi le bimétallisme est un système de dupes. L'histoire prouve que tous les Etats ont souffert gravement de ses pernicieuses conséquences.

Autres systèmes. — Un *autre système d'association* consisterait dans l'adoption de l'étalon d'or ou de l'étalon d'argent, suivant l'intérêt de l'Etat, avec *cours* simplement *officiel* de l'autre métal, représenté par une monnaie nationale ou simplement par des monnaies étrangères, servant d'étalon dans d'autres Etats. Nous croyons que c'est dans cette voie que l'on doit chercher la solution du problème.

4. — *Avenir de la question monétaire. — L'unification des systèmes.*

Un jour viendra peut-être où un même système sera

étendu à tout l'univers, mais nous croyons que ce ne sera pas par le moyen d'un *traité* qu'on atteindra ce but. Les *unions monétaires* ont toujours mis les Etats florissants sous la dépendance des Etats ruinés ou en passe de l'être.

De plus, si l'on réussissait à obtenir l'accord de tous les Etats pour l'adoption d'un système monétaire, nous croyons que ce système ne serait pas le bimétallisme, car chaque Etat, reconnaissant qu'il aurait grand avantage à pratiquer le monométallisme en présence d'une Union bimétallique puissante, s'empresserait de se retirer de l'Union. Le meilleur argument qu'on aurait à lui donner pour l'engager à rester dans l'Union, serait précisément celui qui le persuaderait le plus fortement d'en sortir : le tort qu'il ferait à ses alliés et l'avantage excessif qu'il y trouverait lui-même.

5. — *Conclusion.*

En conséquence, nous croyons que si l'Union monétaire universelle se fait, elle se fera sans traité et sur la base de l'étalon d'or, avec cours officiel d'une monnaie d'argent. C'est la force des choses et l'intérêt particulier des divers Etats de l'univers qui nous mène nécessairement à cette conclusion.

CHAPITRE PREMIER

DÉVELOPPEMENT HISTORIQUE DU ROLE DE L'ÉTAT EN MATIÈRE MONÉTAIRE.

§ 1. — **Première intervention. Émission par l'État de la monnaie déjà adoptée par le commerce. Cours officiel.**

1. — *Formation et évolution du système monétaire commercial.*

L'idée qu'on se fait assez généralement de nos jours du rôle originaire de l'État en matière monétaire est en contradiction avec les enseignements de l'histoire. On croit en effet que la première intervention de l'autorité dans la circulation monétaire a eu sa raison d'être dans l'*intérêt du commerce* et que c'est pour *faciliter les échanges* que l'Etat, même dans la plus haute antiquité, a revêtu les lingots métalliques de son empreinte. Les simples blocs de métal dont se sont servi tous les peuples avant l'introduction dans leurs usages commerciaux de la monnaie officielle, étaient pesés à chaque payement et c'est, dit-on, pour éviter ces continuels mesurages que l'État s'est avisé de prêter au commerce le concours de son autorité et de son crédit, en garantissant, par l'empreinte dont il revêtait certaines pièces, la sincérité de leur titre et l'exactitude de leur poids.

L'histoire nous apprend qu'il en fut tout autrement ; que

le commerce, dans les nations les plus civilisées de l'antiquité, se passa fort bien pendant des siècles d'une monnaie garantie par l'État; que les peuples qui virent pratiquer l'usage de la monnaie chez leurs voisins et même chez eux, résistèrent à son introduction dans le commerce national et ne l'adoptèrent qu'à contre-cœur.

Au début, nous voyons les premiers peuples dont la civilisation nous est connue, choisir comme instruments d'échange et d'évaluation des valeurs, le *bétail* ou d'autres *objets utiles* et faciles à échanger. — Les qualités monétaires des *métaux* les imposent rapidement au commerce et le bronze, en Égypte, à Rome, peut-être même dans les temps préhistoriques en Asie (1), est le premier métal adopté comme monnaie marchande. Plus tard l'*argent*, puis l'*or*, viendront le supplanter. — Pour se procurer les objets utiles à la vie, au lieu du *troc* direct des marchandises, on pratique l'*échange* à l'aide d'une quantité déterminée de cuivre, d'argent ou d'or que l'on désigne tout naturellement par son *poids*. — L'*unité de poids* devient l'unité monétaire ; on prend pour monnaie principale, en Égypte, un bloc de cuivre pesant un *outen*, qui est l'unité de poids, en Assyrie, c'est le *sicle* d'or ou d'argent qui est choisi comme unité monétaire, en Grèce la *drachme*, à Rome la *livre*, etc.... Les *divisions* ordinaires et les *multiples* de l'unité pondérale passent naturellement dans le système monétaire et permettent des échanges et des évaluations, de valeurs supérieures ou inférieures à celle de l'unité monétaire. — Pour reconnaître, lors du payement, l'unité monétaire et ses multiples, on *pèse* les lingots à l'aide de la *balance*. Mais la

(1) Michel Soutzo, *Introduct. à l'étude des monnaies de l'Italie antique*, 1887-1889.

difficulté de rogner les pièces, de les diviser en lingots correspondant exactement aux valeurs à échanger, fait adopter rapidement des *tailles précises*, déterminées, *fixes*, qui rendent inutile la division des lingots au moment du payement et font correspondre les pièces aux multiples et aux sous-multiples de l'unité pondérale. Le système monétaire est représenté dès lors par des lingots de poids régulier et fixe qui correspondent exactement aux divisions du système pondéral. La balance n'a plus qu'un rôle secondaire, elle sert à *vérifier* l'exactitude du poids et à distinguer les pièces les unes des autres.

2. — *Le caractère essentiel de la monnaie commerciale est la réalité.*

Il importe de remarquer que la monnaie, à cette époque primitive, est échangée à sa *valeur réelle*. Il serait impossible dans un pareil système de concevoir un lingot dont la valeur nominale différerait de la valeur marchande, intrinsèque. La valeur des monnaies résultait de leur poids, qu'on pouvait à chaque payement vérifier à l'aide de la balance. Cela n'était pas beaucoup plus pénible alors que la nécessité où sont les commerçants encore aujourd'hui de peser la marchandise qu'ils livrent en échange de la monnaie. On était habitué à peser la monnaie, comme on pèse aujourd'hui le sel ou le sucre qu'on achète. Les habitudes ont changé. Nous trouverions très gênant aujourd'hui de peser notre monnaie et nous trouvons très ridicules les Chinois qui le font. Mais combien nos anciens et les Chinois d'aujourd'hui ne trouveraient-ils pas plus gênant de recevoir pour la valeur d'un bloc d'or déterminé un bloc d'argent qui n'en vaut pas même la moitié, comme nous le faisons tous les jours dans les pays de l'Union Latine !

La confiance réciproque de deux commerçants rendait autrefois inutile dans bien des cas, et rend inutile aujourd'hui en Chine, l'emploi de la balance. Le créancier s'en rapportait au débiteur quand celui-ci connaissait les espèces qu'il lui remettait en payement. — S'il s'était trouvé une autorité capable d'inspirer au commerce une confiance absolue, une empreinte marquée par ce pouvoir sur les lingots pour en garantir la sincérité aurait évité bien des embarras et dispensé les commerçants de peser les pièces. Aussi croit-on généralement que ce rôle fut joué par l'Etat dès les premiers âges et que les particuliers en profitèrent avec joie.

C'est ce que l'histoire nie formellement.

3. — *Résistance du commerce à accepter l'intervention de l'Etat.*

Le commerce résista énergiquement à l'intervention des pouvoirs publics et la raison de cette résistance est assurément dans ce fait que les Etats ne jouissent pas en général de la confiance qu'exigerait le rôle auquel l'émission de la monnaie les appelle et que le public, pour en arriver à se passer de l'usage de la balance, devrait renoncer à la sincérité des monnaies, à leur réalité. Et si, par hasard, quelques peuples antiques ont accordé cette confiance à leurs souverains, l'histoire nous dit qu'ils ont eu tort, parce que ceux-ci en ont profité pour exploiter les peuples, pour les ruiner et pour les perdre.

L'Egypte, où la civilisation semble avoir pris naissance, n'a jamais accordé à ses princes la confiance qu'exige la création d'une monnaie officielle. Les envahisseurs lui en ont pourtant à maintes reprises apporté l'exemple, les satrapes perses en ont frappé sous ses yeux, les Lagides l'en ont encombrée. Elle a souffert de cette triste situation monétaire jusqu'au jour où elle est tombée sous la domination romaine. Les Perses ont vu circuler auprès d'eux les monnaies d'or et d'argent des rois et des satrapes ; ils n'en ont pas voulu et s'en sont tenus à l'usage de la balance que leur avaient légué leurs prédécesseurs sur le sol assyrien. Les Phéniciens ont fait usage de métaux en lingots pour leur commerce qui s'étendait au monde entier. Ils ont vu pratiquer tout autour d'eux en Grèce, en Lydie, en Perse, en Egypte, l'usage d'une monnaie officielle. Ils se sont trouvés en relation avec des peuples qui s'en servaient. Et, malgré leurs qualités industrielles et commerciales, ils sont restés indifférents devant cette innovation périlleuse et ne l'ont jamais introduite chez eux. Les Romains ont vécu 300 ans sans monnaie officielle et l'on ne peut admettre qu'ils en aient ignoré si longtemps les avantages. Si même on adopte l'opinion qui fait remonter à Servius Tullius la frappe des premières monnaies romaines, il faut bien avouer que ces monnaies ont eu beaucoup de peine à prendre rang dans la pratique commerciale des Romains, puisque ce n'est qu'à l'époque des Décemvirs que le payement des amendes cessa définitivement de se faire en bœufs et en moutons pour se faire en espèces et qu'il fallut trois lois, dont la dernière fut impérative, pour aboutir à ce résultat.

Motifs de cette résistance. — Comment expliquer une résistance si générale dans le monde ancien et si opiniâtre ? Nous l'avons dit, l'Etat ne jouissait pas de la confiance que suppose et qu'exige le rôle qu'il voulait jouer. Les peuples voyaient trop que renoncer à la balance, c'est-à-dire au droit de s'en servir lorsqu'on avait quelque soupçon sur la sincérité des pièces, c'était risquer de porter atteinte à ce caractère essentiel et primordial de la monnaie qui consiste à équivaloir à la marchandise achetée ou vendue, à représenter nominalement la valeur exacte du poids de métal réellement contenu dans la pièce. On se rendait compte qu'accepter l'intervention de l'Etat, c'était abdiquer soi-même, et qu'il serait trop tard de revenir sur cette abdication quand l'Etat aurait abusé de sa situation privilégiée.

4. — *L'Etat intervient dans son propre intérêt et non dans celui du commerce.*

Aussi n'est-ce pas dans l'intérêt du commerce et pour jouer un rôle humanitaire que l'Etat est intervenu dans la circulation monétaire. Il y est intervenu dans *son propre intérêt*, pour se dispenser lui-même ou pour dispenser ses agents de mesurages perpétuels et de pesées embarrassantes.

On n'a pas de donnée précise sur les circonstances des premiers monnayages, qui se firent en Lydie ou en Grèce, mais, dans cette dernière contrée, lorsque Solon réforma le monnayage athénien, on sait qu'il le fit dans le but de faciliter le payement à l'Etat des amendes précédemment fixées et payées en bétail. Comme tout commerçant qui, remettant des lingots à ses clients, les aurait revêtus d'une empreinte spéciale, et les aurait reçus en payement de ses débiteurs pour le poids dont cette empreinte garantissait la sincérité, le gouvernement d'Athènes marqua des pièces qu'il remit au commerce et qu'il reçut de lui sans les peser pour le poids que leur empreinte certifiait. Lorsque Darius, après la conquête de la Lydie, eut pillé les trésors de Crésus, il imita les pièces d'or que ses nouveaux sujets connaissaient déjà, et, comme il enrôlait des mercenaires lydiens dans ses armées, il frappa pour leur usage des pièces d'or, que ceux-ci étaient libres assurément de peser et de refuser, mais que le grand Roi se dispensait lui-même de peser lorsqu'il les leur remettait, les ayant fait fabriquer spécialement pour cet usage et revêtir d'une empreinte déterminée. Mais se trouvant d'autre part en relation avec les Grecs qui ne connaissaient que la monnaie d'argent, Darius fabriqua pour leur usage des monnaies de ce métal particulièrement pour la solde de la flotte. C'était donc pour les étrangers, dont les relations commerciales devaient importer assez peu au roi de Perse, que ce souverain émettait sa monnaie, et les Perses la virent bien circuler sous leurs yeux, mais ne se soucièrent pas de marquer au Grand Roi leur confiance dans son effigie en l'acceptant pour eux-mêmes. — En Egypte, les satrapes des rois Achéménides, en particulier le fameux Aryandès, que Darius, au dire d'Hérodote, fit mettre à mort pour avoir émis des monnaies trop belles et trop pures, les satrapes n'eurent aucun souci des Egyptiens qu'ils administraient, ou des Perses qu'ils représentaient, et c'est pour régler leurs relations avec les commerçants grecs, phéniciens, ioniens de Naucratis, de Memphis, et des autres villes où le commerce étranger avait ses principaux comptoirs, qu'ils fabriquèrent leurs monnaies. — Enfin à Rome même, quand apparaît la première monnaie, ce n'est pas dans l'intérêt des commerçants et pour faciliter les échanges qu'elle est frappée, mais bien pour faciliter à l'Etat lui-même ses recouvrements. Nous voyons en effet que, fatigué d'assembler dans les caisses de l'Etat qui ne pouvaient être alors que des étables, les bœufs et les moutons, qui servaient au payement des amendes, l'Etat invita les particuliers à solder ce genre de dettes en espèces sonnantes, c'est-à-dire en cuivre, dont on fixa l'équivalence avec le bétail. Les lois Aternia Tarpeïa et Menenia Sestia, qui intervinrent à cette occasion, ne furent pas suivies d'un résultat satisfaisant, il faut le croire, car elles datent de 454 et 452 avant Jésus-Christ et dès 430 une loi nouvelle, la loi Julia Papiria, exigea que les amendes fussent payées en monnaies.

C'est donc dans son propre intérêt que l'État émit les premières monnaies, pour faciliter ses propres relations avec le public, comme aurait pu le faire tout particulier, tout commerçant avec ses clients..

5. — *Le commerce ne s'en rapporte pas à la garantie de l'État.*

Ce point de vue n'est pas sans importance. Il diffère absolument de celui auquel on se place de nos jours, quand on déclare que le rôle de l'État est de fournir au commerce une bonne monnaie, d'en régler la circulation, et même parfois d'en fixer la valeur. L'expérience de l'antiquité, où l'on peut saisir dans leur pureté les caractères d'une bonne monnaie et le rôle véritable que l'État doit jouer dans la circulation monétaire, cette expérience proteste hautement contre la manière de voir que nous venons d'indiquer. Elle montre que le caractère essentiel de la monnaie parfaite est la *réalité*, c'est-à-dire l'identité de sa valeur intrinsèque et de sa valeur nominale, et par suite l'exactitude de son poids ; que le rôle de l'État n'est autre à l'origine que celui d'un commerçant important sur le marché, qu'il doit accepter pour son usage les pièces que le commerce a choisies et réglées librement, suivant ses besoins, mais qu'il peut, s'il y trouve avantage, comme le pourrait tout commerçant, marquer d'une empreinte spéciale certaines monnaies pour les livrer et les recevoir sans avoir à les peser à chaque payement et sans s'imposer lors de la livraison des espèces d'autre peine que celle de reconnaître cette empreinte. Mais cela n'implique aucune intervention de l'État dans les relations privées des commerçants entre eux. Ceux-ci restent libres de peser toutes les pièces, même celles de l'État, et de les refuser si elles n'ont pas le *poids réel* qu'elles représentent.

6. — *Fixation d'un cours officiel.*

L'Etat a pu aller encore plus loin, dès l'origine du monnayage officiel dans l'antiquité, et, lorsqu'il fixait en cuivre le taux des amendes, à l'époque de Solon en Grèce ou à celle des décemvirs à Rome, il a pu déclarer dans une loi qu'au lieu de bœufs ou de moutons, unités d'évaluation des amendes admises jusque là, il exigerait en payement un poids déterminé de cuivre dont l'équivalence, le *cours officiel* par rapport aux diverses espèces de bétail était réglé. C'était son droit. Chacun peut exiger dans son contrat le mode de payement qui lui convient. Pour organiser la sécurité publique dans Rome, l'Etat pouvait librement convenir avec les citoyens que, dans le cas de désobéissance aux consuls par exemple, le délinquant deviendrait débiteur envers l'Etat d'un poids de cuivre déterminé équivalent à un bœuf ou à 10 moutons. Ce mode d'intervention était parfaitement légitime, il se justifie par les principes généraux, les plus indiscutables, du droit. Tout particulier aurait pu régler ainsi ses conventions, stipuler de son débiteur un payement en métal au lieu d'un payement en bétail et fixer un taux déterminé pour ce payement.

7. — *Résumé.*

Retenons de ces diverses observations les points suivants qui sont essentiels :

1° A l'origine la monnaie circulait à sa *valeur réelle*, représentée par son poids.

2° L'Etat n'intervint dans la circulation que *comme aurait pu le faire un particulier*, adoptant la monnaie créée et réglée dans ses moindres détails par le commerce.

3° L'Etat marqua ses premières monnaies d'une empreinte spéciale *dans son propre intérêt* et non dans celui du commerce. Il eut pour but de se dispenser lui-même de peser la monnaie en la livrant ou lorsqu'on lui en remettait qui portait son empreinte.

4° L'Etat *spécifia* dans certains cas *la monnaie* qu'il exigerait de ses débiteurs et le *taux de valeur*, le *cours officiel*, auquel il l'accepterait. C'était son droit.

5° Ces diverses mesures n'impliquaient aucune intervention de l'Etat dans les *rapports des particuliers entre eux*. Ceux-ci restaient libres de peser les monnaies, même celles de l'Etat.

Conclusion. — On remarquera que ces observations s'enchaînent et se commandent. C'est parce que le commerce tenait essentiellement à la *réalité des monnaies* qu'il s'est opposé à l'empiètement de l'Etat et qu'il a préféré longtemps les embarras qu'entraîne l'usage de la balance. C'est parce qu'*on se refusait à accepter les services de l'État que celui-ci s'en est tenu au rôle d'un commerçant*, d'un simple particulier. Et c'est en vertu de ce principe qu'il n'a agi que dans *son propre intérêt*, *marquant* certaines pièces, leur donnant un *cours officiel*, comme nous disons aujourd'hui, *sans s'immiscer dans les rapports des particuliers* qui en *restèrent à l'usage* de la balance.

§ 2. — **Deuxième mode d'intervention de l'Etat. — Il réduit les monnaies et crée la monnaie représentative.**

1. — *Généralité du procédé de réduction des monnaies.*

Non seulement le fait, qu'après l'introduction du monnayage officiel, les particuliers conservèrent longtemps l'usage de la monnaie au poids, est constaté dans toutes les civilisations antiques, mais, en ce qui concerne Rome au moins, des auteurs considérables s'accordent à rapporter que l'on pesait la monnaie de l'État, l'as libral, aux premiers temps du monnayage officiel romain. Nos idées modernes sont si différentes de cette manière d'envisager les choses, que nous ne comprenons pas que cela ait pu se faire et que l'on ne se soit pas précipité à l'envi sur la monnaie officielle dès qu'elle naquit. Marquardt demande à quoi aurait servi l'empreinte officielle si l'as libral avait été pesé. Et les témoignages de Gaius et de Pline ne lui semblent pas suffisants pour le convaincre d'un fait qu'il déclare inexplicable et qu'en conséquence il nie.

Il faut reconnaître que, si l'on admet le principe de la réalité de la monnaie, ce qui serait à vrai dire inexplicable à Rome, serait que le commerce ait accepté sans la peser et sans protester, la monnaie que l'État lui livrait sous le nom d'as libral. L'essentiel pour un commerçant est de recevoir de son client au moins une valeur équivalente à celle qu'il lui livre. Le commerçant romain eut été bien naïf en vérité, si pour une marchandise de la valeur de 12 onces de cuivre il se fût contenté de 10 onces en monnaie de l'État.

Or, il est établi que, dès les premiers monnayages, à Rome, l'as libral, qui n'était autre que la livre de cuivre, depuis 300 ans en usage dans le commerce, ne fut frappé par l'État qu'au poids de 11, 10 ou 9 onces et que peu à peu à partir de cette époque les lingots garantis par l'État pour une livre pesant de cuivre sous le nom d'as libral, ne pesèrent que des poids de plus en plus faibles qui allèrent en décroissant jusqu'au quart et au sixième de la livre originaire. La défiance du commerce était donc justifiée et l'on conçoit qu'il ait résisté à une intervention plus intime de l'État dans la circulation, et qu'il ait tenu à la véritable garantie à laquelle il était habitué et qui consistait dans le pesage à l'aide de la balance.

Les réductions dont il s'agit ne furent pas spéciales à la monnaie romaine, on les retrouve partout à l'origine du monnayage officiel et les premiers peuples dont nous connaissons la législation monétaire ont tous cédé à la tentation d'altérer le poids de leurs espèces métalliques. Les rois Achéménides inaugurèrent peut-être cette pratique et c'est peut-être aussi par là que s'explique la jalousie de Darius, qui réduisait ses monnaies, à l'égard de son satrape Aryandès, qui ne les réduisit pas. Les rois de la famille de Ptolémée se firent une spécialité de ces altérations et les Grecs eux-mêmes semblent s'être laissé tenter par le profit qui venait de ce genre de fraudes. — Rome d'ailleurs ne fut pas en Italie la première ni la seule cité qui se rendît coupable de pareils délits. Les Étrusques lui en donnèrent, semble-t-il, le premier exemple. Les monnaies de cette série sont remarquables par leur diversité frauduleuse. Les séries campaniennes ne le sont pas moins. Quant aux monnaies des colonies grecques du sud de l'Italie et à celles de la Sicile, en particulier celles de Syracuse, elles ont acquis dans ce genre une véritable célébrité.

Y a-t-il lieu de s'étonner devant un si grand nombre d'altérations monétaires commises par les premiers Etats qui émirent des espèces métalliques à leur effigie, que la confiance publique se soit montrée hésitante et que les peuples se soient dérobés devant la charité trop bien entendue de leurs gouvernements?

2. — *Motifs de ces réductions.*

Cette unanimité dans la fraude est si étrange qu'on a tenté de justifier au moins quelques États et d'attribuer des raisons généreuses ou de bonnes intentions à leurs mauvaises actions.

Mommsen, par exemple, a dit, pour les réductions de Rome, qu'elles avaient pour but de mettre l'unité de cuivre employée comme monnaie en rapport avec la valeur de l'unité de la monnaie d'argent, ce métal se dépréciant rapidement à Rome précisément à l'époque où les réductions du cuivre furent opérées. Ce motif a eu sans contredit son influence sur ces réductions, mais il est loin de les expliquer toutes et surtout de justifier le procédé.

F. Lenormant remarque que les premières réductions romaines, antérieures à celle qui créa l'as sextantaire, ne furent pas à proprement parler des fraudes en ce qui concernait les relations des particuliers entre eux, car c'était déjà l'argent qui servait d'étalon à cette époque dans le commerce; l'opération de l'État ne fraudait donc que ses propres créanciers. Or nous croyons, et nous avons établi ailleurs, que le cuivre était bien l'étalon à cette époque primitive et qu'il le fut même longtemps après.

D'autres prétendent que l'imperfection du coulage des métaux explique qu'à ce moment on se soit écarté du poids droit et que pour éviter des pertes à l'État on se soit tenu quelque peu en deça de ce poids. Cette remarque est d'une naïveté qui la condamne. Elle expliquerait à la rigueur une tolérance excessive, mais non les multiples réductions dont les monnaies ont été l'objet surtout dans les époques critiques où l'État était aux abois et où il fallait à tout prix relever les finances.

Il faut donc le reconnaître, les réductions que les États primitifs ont fait subir à leurs monnaies ont été frauduleuses. Mais ce qu'on peut soutenir c'est qu'à l'origine la fraude n'a pas été très nuisible aux particuliers, et cela précisément parce que l'on continuait à peser la monnaie, même revêtue de l'empreinte officielle, dans les opérations privées.

L'État, payait et recevait pour des as libraux les as réduits qu'il émettait. La fraude consistait donc pour lui à économiser le métal de ses monnaies, mais elle était compensée par ce fait qu'il recevait de ses débiteurs les mêmes monnaies pour la valeur pour laquelle il les avait émises. Autrement dit, la réduction de la monnaie de l'État ne portait préjudice qu'à ses créanciers et ses débiteurs en profitaient. Mais elle n'avait rien à voir avec les rapports des particuliers entre eux, qui, comme nous l'avons dit, se réglaient à l'aide de la balance. La monnaie officielle n'aurait même pas porté préjudice aux créanciers de l'État, si elle avait continué à représenter l'as libral et qu'un jour elle eut été remboursée en as libraux ; si, en un mot, elle avait été reconnue comme une véritable *monnaie représen-*

tative de l'as libral. Le préjudice causé aux créanciers n'a été consommé que lorsque l'étalon libral, vers 241, a été réduit en étalon sextantaire sans que les porteurs des as de réduction eussent été remboursés en monnaie librale, c'est-à-dire dans la monnaie représentée. Nous nous retrouvons ainsi, par une voie différente, en accord avec M. F. Lenormant, dont nous avons cité plus haut les conclusions.

Si nous avons insisté sur le caractère des altérations subies par les monnaies des premiers États, c'est que nous y trouvons la trace d'un pas en avant de l'immixtion de l'État en matière monétaire.

3. — *Création de la monnaie représentative.*

Nous voulons parler de la création de la *monnaie représentative*. Ce genre de monnaie existe de nos jours. Son émission est considérée comme légitime parce que son caractère représentatif a été consacré. A Rome l'émission de cette monnaie n'était pas légitime, parce que l'État ne reconnaissait pas son caractère représentatif et qu'il ne s'engageait pas à la rembourser aux porteurs en monnaie représentée.

La création de cette monnaie est encore et surtout importante en ce qu'elle ajoute à l'étalon monétaire un caractère qu'il n'avait pas à l'origine et qu'il a conservé jusqu'à l'époque présente.

4. — *Définition de l'étalon monétaire.*

1° L'*étalon monétaire* était au début l'*unité du système*. Il se confondait nécessairement, par suite des exigences du commerce, avec l'unité de poids du métal étalon et avec l'étalon des valeurs. L'outen en Égypte, le sicle en Assyrie, la darique en Perse, la drachme en Grèce, la livre à Rome, la litra à Syracuse, étaient en même temps l'unité de poids, l'unité d'évaluation des valeurs, l'unité monétaire primordiale. Les multiples et sous-multiples de cette unité ou de cet étalon complétaient le système monétaire et l'on pouvait dire à cette époque que l'étalon monétaire était toujours l'unité monétaire du système.

2° Plus tard, en Grèce, par exemple, on vit un des multiples ou des sous-multiples de l'étalon se détacher, pour ainsi dire, et former une unité nouvelle avec ses multiples et sous-multiples propres. Cette nouvelle série était formée suivant les mêmes règles que la première, mais elle lui était subordonnée, elle s'y rattachait comme la branche se rattache au tronc. De nouvelles séries vinrent peu à peu se greffer sur l'une des précédentes, si bien que l'on retrouve aujourd'hui dans le système hellénique jusqu'à six séries différentes que l'on appelle séries de la drachme éginétique, de la drachme attique, de la drachme assyrienne, phénicienne, asiatique et babylonienne. L'une de ces unités, la première en date, était seule l'étalon monétaire, c'était peut-être la drachme éginétique. Il importe peu de l'établir, puisque toutes ces drachmes étaient d'argent. Mais ce qui est certain, c'est que l'une de ces unités servait de base, d'étalon, les autres étaient des unités subordonnées. L'étalon n'était plus simplement l'unité du système, c'était l'*unité primordiale*, *principale* à laquelle les autres se rattachaient par un rapport simple et qui servait à indiquer la valeur de ces dernières.

3° Lorsque des réductions successives firent tomber progressivement la monnaie originaire à 1/4 ou 1/6 de ce qu'il était, sans lui ravir la qualité d'unité principale du système, la monnaie ainsi créée n'eut plus sa valeur réelle, elle eut une valeur d'emprunt, représentative, la valeur de l'unité qui lui avait donné naissance, c'est-à-dire de l'étalon. En remettant à son créancier un as triental, par exemple, l'État romain était censé remettre la valeur d'un as libral dont le triens était la représentation. L'État aurait dû par suite se considérer comme débiteur d'un as libral envers tout porteur d'un as triental. L'étalon ajoutait donc à ses deux caractères d'unité du système et d'unité principale, celui de *monnaie représentée* ou de *gage* et de *terme d'évaluation* de la monnaie représentative. C'est ainsi qu'aujourd'hui en Angleterre, la livre d'or, qui est l'étalon monétaire, est non seulement l'unité d'évaluation des diverses monnaies réelles du système, mais aussi le gage et le terme d'évaluation de la monnaie d'argent représentative.

Ainsi, à cette période de l'histoire, la monnaie de l'Etat a un caractère qui la distingue de la monnaie du commerce, elle comprend d'une part la monnaie réelle, à pleine valeur, celle qui fournit l'étalon ; et d'autre part la monnaie réduite ou représentative. L'étalon du système officiel n'est plus seulement l'unité principale du système, comme antérieurement à l'intervention de l'Etat, c'est en outre une monnaie réelle qui sert de gage et de terme d'évaluation à une monnaie représentative.

Nous verrons ces notions se compliquer encore par suite des progrès de l'intervention de l'Etat.

§ 3. — Troisième mode d'intervention de l'Etat : cours forcé.

1. — *Le cours forcé est un système de détresse rarement efficace.*

De réduction en réduction la valeur de la monnaie de

l'Etat tombe fatalement à un taux dérisoire par rapport à celle qu'elle représente, c'est-à-dire par rapport à l'étalon. La défiance du public se manifeste de plus en plus nettement. L'étalon reste le même ; c'est, à Rome, l'as libral originaire. Mais on commence à craindre que l'Etat ne viole l'engagement *tacite* qu'il a pris de rembourser la monnaie représentative en monnaie étalon. Dès lors, la panique est proche. A la moindre alerte, au moindre échec politique ou économique de l'État, tout le crédit que celui-ci inspirait s'écroule. A la confiance disparue, l'État substitue aussitôt la force, l'autorité, l'ordre impérieux de la loi. Cette monnaie que le commerce ne veut plus accepter librement, l'État l'impose. C'est ce qu'on appelle le *cours forcé*. Et comme le cours forcé se présente au milieu d'une situation critique où l'État a perdu ses dernières ressources et où l'on prévoit qu'il va faillir à ses engagements, il sert non seulement à dissimuler une banqueroute latente, mais à imposer à tous des sacrifices nouveaux à l'aide desquels l'État compte se relever. Le résultat est chanceux. Parfois, après la banqueroute, l'État se relève en effet, comme il le fit à Rome en l'année 217 avant notre ère. Mais le plus souvent il épuise, en même temps que son crédit, les ressources de la nation. Il provoque une crise qui se répand à toutes les branches de l'activité économique. La ruine et même la perte de la liberté en sont les suites ordinaires. Ainsi périrent au milieu de désordres monétaires le royaume des Perses, l'Égypte des Lagides, Syracuse, ainsi de nos jours tant de nations autrefois florissantes, aujourd'hui réduites au cours forcé, se voient menacées dans leur prospérité, dans leur bien-être, dans leur indépendance. Ce n'est donc que par exception que le cours forcé a permis des liquidations brusques et radicales, dans des moments de détresse, après lesquelles l'État s'est relevé, a pansé ses blessures et a repris peu à peu les forces nécessaires pour la guérison.

Effets du cours forcé. — Le cours forcé, qui apparaît comme un expédient dans les jours de désespoir, est un mode d'intervention de l'État qui ne saurait par aucun moyen se justifier. Il donne libre carrière à l'immixtion la plus désordonnée, la plus abusive. Tantôt l'État change l'étalon du système existant, c'est-à-dire qu'il diminue la valeur de tous les engagements contractés et par conséquent qu'il frustre ses créanciers qui comptaient légitimement sur une valeur supérieure. — Tantôt l'État attribue une valeur arrêtée arbitrairement à une monnaie réduite et assimile cette monnaie à la monnaie réelle qu'elle était censée représenter. — Enfin ce système fait intervenir l'État dans les rapports des particuliers entre eux en autorisant tout débiteur à imposer à son créancier la monnaie émise par l'État, même réduite, pour la valeur fixée arbitrairement par la loi.

En un mot, c'est l'organisation du désordre. C'est la force primant le droit.

2. — *Le cours forcé dans les législations modernes.*

Nous avons vu le cours forcé apparaître dans les législations des peuples anciens aux heures les plus critiques de leur histoire. Nous avons reconnu que cet expédient n'a eu que par hasard des résultats heureux, à Rome, par exemple, en 217 avant notre ère.

Les législations modernes nous offrent des exemples analogues. La méthode d'application a seule changé. Dans les temps anciens on réduisait le poids des pièces ; à l'époque impériale, Rome inaugura le système des altérations de titre et l'on dut à maintes reprises établir des bureaux d'essai pour garantir le public contre ces altérations. Au moyen-âge les pièces furent souvent altérées ou réduites, mais en général l'Etat se contenta de faire varier dans la loi la valeur attribuée aux monnaies en circulation. Enfin de nos jours l'Etat émet directement ou par l'intermédiaire d'une banque, qui lui est dévouée, des *billets à cours forcé*. Le public n'accorde à ces billets qu'une valeur relative qui dépend de la confiance qu'il a dans la solvabilité, dans les bonnes intentions de l'Etat, dans la possibilité d'un remboursement en espèces plus ou moins prochain.

Le billet inconvertible est toujours déprécié. Cette dépréciation se manifeste par une prime sur l'or. En vertu d'une loi inexorable, la loi de Gresham, la dépréciation augmente par suite de l'exportation des espèces qu'elle provoque elle-même.

Le cours forcé se présente encore et s'est présenté de tout temps sous une autre forme, qui est connue sous le nom de *système bimétallique*. Dans ce système l'État attribue à une monnaie une valeur fixe, immuable, par rapport à la valeur d'une monnaie faite d'un autre métal. Le rapport ainsi établi par la loi est en général celui qui existe réellement entre les deux métaux dans le commerce, à l'époque de l'établissement du système ; mais le rapport commercial varie fatalement, suivant les caprices de l'offre et de la demande. Le rapport légal restant immuable devient faux et l'une des monnaies se trouve *appréciée*, surestimée, par la loi ; c'est une fausse monnaie, et, suivant la loi de Gresham, elle provoque l'exportation ou la fonte de l'autre monnaie. Le bimétallisme a donc les mêmes conséquences que le cours forcé ; il chasse la meilleure monnaie et accumule la mauvaise dans les caisses de l'État.

Ceux qui ont un intérêt à voir, par exemple, l'argent surestimé, sont partisans aujourd'hui du système bimétallique. Ils demandent ainsi indirectement une mesure protectionniste. Cela se conçoit facilement pour les partisans de l'argent, qui sont les producteurs de ce métal, les banquiers qui en détiennent ou qui comptent spéculer sur la hausse de ce métal,....

Pour le cours forcé, la question est plus délicate. On s'étonne qu'il puisse avoir des partisans. On se rend facilement compte en effet que ceux qui le pratiquent seraient fort heureux d'y renoncer. Quel est donc le mirage qui le rend aimable pour quelques-uns ?

1° On remarque que les exportations des pays à cours forcé augmentent et que leurs *importations diminuent*, et l'on en conclut qu'ils s'enrichissent.

2° On constate que les pays à cours forcé mettent une *activité* toute particulière à développer leur agriculture, leur industrie, leur commerce ; on les félicite de leurs progrès économiques et l'on va même jusqu'à les envier.

Mais ce sont là les conséquences naturelles de la misère que le cours forcé constate et réglemente ; ce sont les effets ordinaires de l'effort suprême qu'on tente quand on a perdu tout espoir ; c'est l'application du mot de Virgile : *Una salus victis nullam sperare salutem.*

Pour les Etats comme pour les individus, la misère a du bon. Elle stimule l'activité, elle rend industrieux et d'autre part elle oblige à la sobriété. Ce ne sont pas des raisons suffisantes pour jeter ses ressources par dessus bord, quand on en a. La misère peut avoir quelques bons effets, elle ne vaut pas l'aisance et la richesse.

La diminution des importations, c'est la sobriété forcée.

L'essor de l'activité industrielle ou agricole, c'est le suprême effort du désespoir. Ce ne seront jamais que de minces consolations d'un triste sort (1).

France.

En *France*, le cours forcé a fonctionné à deux reprises au XIXe siècle en 1848-1850 et en 1870-1877.

C'est la Révolution, en 1848 ; en 1870, c'est la guerre qui explique qu'on ait eu recours à cet expédient. En 1848, à la suite d'une crise commerciale et de la Révolution, la Banque fut assiégée. Le gouvernement lui accorda le cours forcé. Le billet de Banque fut fortement déprécié, mais la dépréciation ne dura pas. La prime de l'or fut de 70 0/0 en mars 1848, en août elle retomba à 8 et le cours forcé fut aboli en 1850. La modération de l'émission et la confiance que l'on avait dans la solidité de la banque expliquent un résultat si favorable d'un expédient si dangereux. D'ailleurs la circulation avait été limitée à 525 millions.

En 1870 le cours forcé fut imposé aux billets de la banque de France pour permettre à la Banque de faire des avances au trésor. L'émission fut limitée à 1.800 millions, le 12 août 1870, puis à 2.400 deux jours après, à 2.800 en 1871, 3.200 en 1872. A mesure que la limite reculait ainsi, la Banque faisait à l'État de nouveaux prêts. Dès 1875 on annonça que les payements en espèces seraient repris quand la dette du Trésor envers la Banque serait réduite à 300 millions. Ce chiffre fut atteint en 1877. Le cours forcé disparut légalement le 1er janvier 1878. La

(1) Voir Allard, *Le change fossoyeur du libre-échange*. R. G. Lévy. *Mélanges*.

Banque, en fait, avait repris ses payements dès 1873. — Pendant cette période la dépréciation du papier ne fut pas considérable. La prime de l'or s'éleva à la fin de 1871 et en 1872-1873 à 20 ou 25 0/0, par suite des achats de change faits pour le payement de l'indemnité de guerre (1). Mais cette prime ne marque pas une dépréciation du papier ; celui-ci resta presque toujours au pair. A certains moments le papier fit même prime sur l'or (2). — Les causes de ce succès furent : 1° L'activité des affaires qui reprirent brusquement après la guerre ; 2° Le fait que l'État s'était engagé à rembourser 200 millions par an à la Banque ; 3° Les relations intimes de l'État et de la Banque, qui faisaient du billet un billet d'État assis sur le crédit de la France ; 4° Enfin la limite d'émission de 3.200 millions que la Banque observa scrupuleusement (3).

Angleterre.

En *Angleterre*, le cours forcé est né presque en même temps que la Banque d'Angleterre. Pour lutter contre la France, en 1694, l'Angleterre avait besoin d'argent. William Patterson réunit des capitalistes qui apportèrent 30 millions et offrirent de les prêter à l'État. La Banque fut bientôt amenée à signer des billets, elle fit faillite et l'État qui détenait son capital dut lui accorder le cours forcé. Elle augmenta ses réserves. En 1708 elle obtint un monopole d'émission incomplet.

En 1797 la Banque avait prêté 200 millions à l'État.

---

(1) Rapport, L. Say.

(2) *Journal officiel*, 21 juin 1870.

(3) Cf. M. Alglave, à son cours.

Elle se trouva de nouveau à bout de ressources. Le Parlement lui accorda le cours forcé pour 52 jours, mais, de renouvellement en renouvellement, il dura 24 ans et 2 mois. La dépréciation du billet atteignit 30 0/0.

L'act de 1844 de Robert Peel rendit impossible le rétablissement du cours forcé. Cet act décide que la Banque doit posséder un capital immobilier de 14 millions £ (1) prêtés à l'État et qu'au delà de cette somme la Banque ne peut émettre de billets que si elle dépose dans sa caisse l'or correspondant. En conséquence la Banque a été divisée en deux départements, celui des opérations de Banque, qui encaisse l'or, celui de l'émission, qui ne délivre de billets au delà de 360 millions de francs que contre l'or que lui remet le département des opérations de Banque. Ce dernier peut donc être contraint dans les moments de crise de fermer brusquement ses guichets. Il faut alors que le gouvernement intervienne pour suspendre l'act de 1844. (2) L'avantage de ce système est qu'il fait éclater la crise au lieu de lui permettre de prendre des forces et de s'aggraver lentement. Et l'explosion se produit quand la Banque a encore une grande quantité d'or tandis qu'en France elle n'éclate que lorsque les caisses de la Banque sont presque vides.

Etats-Unis.

Aux *Etats-Unis* le cours forcé naquit pendant la guerre de Sécession. On avait essayé d'un emprunt. Son rendement fut insuffisant. Il fallut émettre les *greenbacks*, billets de l'État à cours forcé. C'était en 1861. La prime de

(1) Aujourd'hui 16.800.000 £.

(2) C'est ce qu'il a fait en 1847, 1857, 1866, 1890.

l'or se manifesta rapidement. En 1862, elle monta à 20 0/0, en 1863 à 72, en 1864 à 185. C'est le maximum ; dès lors elle s'abaisse à 134 en 1865, puis les années suivantes elle atteint 50 en 66, 33 en 67, 20 en 68, 9 1/2 en 70. Elle oscille ensuite jusqu'en 78 où elle atteint le pair à la veille de la reprise des payements en espèces (1).

Les variations, dans cette période de cours forcé, qui s'étend de 1861 à 1879, furent nombreuses et brusques. Ce régime, malgré les troubles dont il fut cause, donna cependant naissance à une théorie qui lui était favorable. Les *inflationists* soutinrent cette thèse que l'on pourrait créer une circulation intérieure de papier-monnaie et réserver les métaux pour les transactions avec l'étranger. — Mais les troubles qu'amène le cours forcé, les oscillations dommageables des prix qu'il entraîne, la prime sur l'or qu'il fait naître, le condamnent. Les contrats à terme deviennent impossibles avec une circulation mixte de papier et de métal où le papier est déprécié et où le métal fait prime, sans qu'on puisse prévoir jamais le montant de cette dépréciation ou de cette prime.

Le retrait des greenbacks qui s'opéra sans difficulté fut interrompu en 1878 et les billets encore existants à cette époque furent laissés en circulation ; mais leur remboursement en or et à vue fut garanti par une réserve de 100 millions de dollars.

Italie.

La formation de l'unité italienne, la constitution du nouveau royaume, entraînèrent des dépenses qui grevèrent fortement les budgets. La Banque Nationale d'Italie fut

(1) Leroy-Beaulieu, *Science des Finances*, II, 667.

créée en 1866 pour remplacer la Banque des Etats Sardes, celles de Parme, de Bologne et de Venise. La Banque avança au Trésor en 1866, 250 millions ; en 1875 l'avance de la Banque était de 940 millions. Dès 1866 le cours forcé avait été décrété. En 1875 un syndicat de banques, le Consorzio, fut organisé pour prêter à la Banque Nationale son appui. Il comprenait entre autres la Banque de Toscane, la Banque Romaine, la Banque de Naples, la Banque de Sicile. Le syndicat dut retirer les billets à cours forcé de la Banque Nationale et émettre en échange des billets de Consorzio qui reçurent également cours forcé. Chaque banque devait en émettre proportionnellement à son capital. En outre les diverses banques conservaient le droit d'émettre leurs billets comme auparavant dans leur province respective et la Banque Nationale dans tout le Royaume (1).

Les oscillations de l'*agio* eurent une grande amplitude. La prime fut en 1866 de 20 1/2 0/0 maximum, en 1876 de 13 1/2, en 1868, 1872-1874 et 1877 elle atteint 15, 16 et 17 0/0, en 1879 elle est de 15 0/0 maximum (2).

L'abolition du cours forcé fut votée en 1881, le syndicat fut dissous et ses billets remplacés par des billets d'Etat convertibles. La reprise effective des payements eut lieu en 1883. Le cours forcé avait duré 17 ans. A partir de 1875 les excédents budgétaires apparurent après une série de déficits décroissants. Mais les excédents disparurent en 1888 à la suite de dépenses de travaux publics exagérées, du doublement des dépenses militaires, de la rupture des

(1) Cf. Ott. Haupt, *Arbitrages et Parités*, p. 712.

(2) Botta, Rome, 1881. *Mesures contre le cours forcé.*

(3) Cf. Di Rudini. *Bull. de stat. du Min. des Fin.*, novembre 1891.

relations commerciales avec la France. Le change devint défavorable, de 2 1/2 0/0 en 1888, il passa à 12 et 13 0/0. Il est aujourd'hui de 18. L'or s'exporta, puis les écus de 5 francs, puis la monnaie divisionnaire.

En 1893 l'Etat émit des bons de caisse à cours légal de 1 livre, contre dépôt de monnaie divisionnaire ; on émit 2 millions de livres en monnaie de bronze ; on ordonna le payement des droits de douane en or et argent ; les limites d'émission des Banques furent étendus ; on racheta à l'Union Latine les monnaies divisionnaires italiennes ; en 1894 l'émi ssion de bons de caisse de 2 livres et de monnaie de nickel fut autorisée ; la limite d'émission des billets d'Etat fut portée à 600 millions, avec dispense pour l'Etat de les rembourser en espèces. Le cours forcé existe donc de nouveau en Italie.

§ 4. — Quatrième mode d'intervention : Cours légal.

1. — *Définition. Utilité.*

On confond assez généralement les expressions de cours forcé et de cours légal. Ces termes correspondent cependant à des idées très distinctes et à des modes d'intervention de l'Etat qu'il nous faudra apprécier de façons très différentes.

Le *cours forcé* nous est apparu comme un expédient employé dans des moments de détresse pour sortir, par une liquidation brusque, par un coup de force, d'une situation désespérée. C'est l'obligation imposée aux particuliers d'accepter des pièces à valeur réduite, pour la valeur des pièces réelles qu'elles sont censées représenter, l'Etat déclarant qu'il ne compte pas les rembourser aux porteurs en monnaie-étalon.

Le bimétallisme n'est qu'une application de ce système.

Quant au *cours légal* il consiste dans l'injonction faite par l'Etat à tout créancier qui n'a pas stipulé un mode de payement spécial d'avoir à accepter de son débiteur la monnaie de l'Etat pour sa valeur nominale. Pour reconnaître la légitimité de ce mode d'intervention de l'Etat, il faut distinguer entre le cours légal donné à la monnaie réduite et le cours légal de la monnaie à valeur réelle.

1° En ce qui concerne la monnaie réduite il suffit de dire que cette monnaie est assimilable à la monnaie réelle qu'elle représente à la condition que l'État se considère comme engagé à la rembourser à première réquisition en cette monnaie. Sinon il serait aussi inique de l'imposer aux créanciers des particuliers, qu'il l'était de l'imposer aux créanciers de l'Etat sous le régime du cours forcé. Nous supposerons donc que l'État reconnaît l'obligation qui lui incombe de rembourser la monnaie représentative en monnaie à pleine valeur ou libératoire ; à ce compte, si le cours légal se justifie pour la monnaie à valeur pleine, il se justifiera aussi bien pour la monnaie réduite.

Cependant l'État ne donne en général à la monnaie représentative qu'un *cours légal limité* : il ne l'impose au créancier que jusqu'à concurrence d'une certaine somme par payement. Cette limitation est purement arbitraire. Elle n'a d'autre raison d'être que le désir qu'éprouve l'État de ménager son crédit, de dégager le plus possible sa responsabilité. En effet, ce procédé aboutit à limiter la circulation de la monnaie représentative et par suite la charge que l'Etat s'imposerait à lui-même si le commerce le forçait à en émettre une trop grande quantité.

Mais les principes ne s'opposent pas à ce qu'une monnaie représentative ait cours légal plein. C'est pour cela qu'on peut dire que les thalers allemands, les écus de l'Union latine, les florins d'Autriche, etc... sont aujourd'hui de la monnaie représentative.

2° Passons au cours légal de la monnaie à valeur pleine. Dans ce cas, avons-nous dit, le cours légal fixe les espèces monétaires à l'aide desquelles un payement devra être fait lorsque les parties n'auront pas pris soin de prévoir dans leur contrat un mode spécial de payement. Chaque fois que la convention ne désignera pas les espèces stipulées ou promises, le créancier devra accepter celles auxquelles la loi donne cours et le débiteur ne pourra pas en imposer d'autres. Les parties sont présumées légalement s'en être rapportées sur ce point à la désignation faite par la loi.

Les conventions des parties sont libres ; celles-ci peuvent stipuler ou promettre des marchandises, des services ou des espèces quelconques, mais si elles ne l'ont pas fait, elles sont présumées s'en référer tacitement à la circulation choisie par la loi, aux espèces ayant cours légal.

Il en est ainsi de toutes les présomptions légales. En matière matrimoniale, par exemple, les époux sont libres de régler à leur gré leurs conventions (1), mais, s'ils ont négligé de le faire, s'ils se sont mariés *sans contrat* (2), la loi présume qu'ils ont entendu s'en référer tacitement à un système qu'elle a trouvé bon, dont elle a réglé soigneusement les clauses et qu'elle a nommé, pour en marquer la principale utilité : système de communauté *légale*. C'est, si l'on veut, en matière de conventions matrimoniales, le système ayant *cours légal*.

(1) C. civ., art. 1387.
(2) C. civ., art. 1400.

De même en ce qui concerne le taux des intérêts, la loi du 3 septembre 1807, modifiée par la loi du 12 janvier 1886, fixe un maximum de 5 0/0 en matière civile à l'intérêt conventionnel, les conventions étant libres sur ce point depuis 1886 en matière commerciale. On peut donc stipuler dans un contrat un taux d'intérêt quelconque en matière commerciale et un taux, en matière civile, qui ne peut dépasser 5 0/0. Mais si les parties ont négligé de régler le taux d'intérêts dans leur contrat, la loi, pour éviter toute contestation ultérieure, fixe à 5 0/0 en matière civile et 6 0/0 en matière commerciale le taux qui sera présumé légalement, comme si les parties l'avaient expressément choisi (1) ; c'est ce qu'on appelle l'*intérêt légal.*

M. Frédéric Passy (2) cite l'exemple des tarifs légaux qui n'excluent pas les conventions des parties, tels que les tarifs des voitures. Chacun est libre de discuter et de fixer le prix du transport par convention avec le cocher, mais en l'absence de convention c'est le tarif qui est appliqué ; c'est un *tarif légal.*

Cette utilité du cours légal qui est incontestable, n'est pas seulement l'utilité principale de cette disposition législative, c'est la seule. Or, quelque précieuse que soit une mesure législative qui aboutit à éviter un grand nombre de contestations, ce mérite ne suffit pas à expliquer l'importance qu'on lui attribue aujourd'hui. Cette importance vient de la confusion qu'on fait en général entre les monnaies à cours légal et l'*étalon monétaire.*

Michel Chevalier fait à ce propos une remarque qui mériterait d'être relue aujourd'hui et méditée par bien des

(1) Loi 3 sept. 1807, art. 2.
(2) *Société d'Éc. Polit.* (5 juillet 1894).

économistes. « Il n'est pas rare », dit-il, « de rencontrer des personnes qui appliquent la qualité et le nom d'étalon monétaire à un métal du moment que les pièces qui en sont faites ne peuvent être refusées en payement. Cette interprétation n'est pas correcte. Sans doute, quand un métal est l'étalon, les pièces qu'on en a frappées ne peuvent être refusées en payement, elles sont de la monnaie légale. Mais la réciproque n'est pas vraie..... Ce serait si bien une erreur de confondre les deux attributs de monnaie légale et d'étalon, qu'il est possible d'organiser un système monétaire dans lequel les pièces d'un métal qui n'est pas l'étalon sont cependant de la monnaie légale ». Ce système, très répandu aujourd'hui, est connu sous le nom d'*étalon boiteux*. Il existe, par exemple, en Allemagne, où les anciens thalers d'argent ont gardé leur qualité de monnaie légale dans le système de l'étalon d'or unique. Non seulement cette confusion est scientifiquement regrettable, mais elle aboutit à rendre le problème de l'association de deux métaux dans une même circulation monétaire impossible et contradictoire. Elle plonge dans les ténèbres toute la théorie monétaire, car elle aboutit à en faire un véritable chaos où l'on a peine à ne pas prendre l'une pour l'autre des notions aussi dissemblables que celles d'étalon monétaire, d'unité monétaire, de monnaie à cours légal, à force libératoire, à cours forcé, à cours officiel, etc.....

2. — *Caractère nouveau de l'étalon monétaire. Résumé.*

Ainsi, comme nous l'avons montré, cette notion nouvelle du cours légal, qui s'est introduite à la suite du cours forcé dans la science monétaire, est venue compliquer et le rôle de l'Etat et la définition de l'*étalon monétaire*. L'Etat s'est cru appelé à mettre un terme aux contestations qui pouvaient naître fréquemment entre particuliers de l'omission d'une clause spécifiant les espèces stipulées en payement. Il était naturel qu'il choisît, pour lui donner cours légal, la monnaie que les particuliers pouvaient être présumés le plus naturellement avoir eue en vue lors du contrat, c'est-à-dire la monnaie principale et la meilleure du système courant, autrement dit la monnaie étalon. L'Etat avait déjà choisi cette monnaie pour son propre usage en lui donnant cours officiel et en la prenant pour terme d'évaluation de la monnaie représentative. C'est pourquoi l'on ne peut guère définir aujourd'hui l'*étalon* d'un système monétaire qu'en disant que c'est une *monnaie réelle* qui sert d'*unité principale* du système, de *gage* et d'unité d'évaluation *de la monnaie représentative* et à laquelle la loi donne *cours légal*. Ce qui ne veut pas dire que dans le même système d'autres espèces ne peuvent pas être libératoires, c'est-à-dire porter en elles-mêmes leur valeur nominale entière, qu'il ne peut pas y avoir d'autres unités ou d'autres monnaies à cours légal.

Cette complication que l'intervention de l'État a apportée à la notion primitive et simple de l'étalon monétaire se dissipe d'ailleurs dès qu'on l'approfondit. Il faut pour cela remarquer que si dans la plupart des législations l'étalon monétaire a tous les caractères que nous venons d'énumérer, il peut se faire : non seulement que d'autres monnaies aient ces caractères, mais aussi qu'une monnaie soit l'étalon d'un système monétaire très rationnellement organisé sans les réunir tous.

a) Ainsi en Egypte, avant l'intervention de l'Etat, le commerce avait un système monétaire basé sur l'outen de cuivre comme unité, l'outen était l'unité et l'étalon du système, il n'avait aucun des autres caractères. Il en est de même dans presque tous les Etats avant que la monnaie officielle ne s'y introduise ou aux premiers jours de son introduction, avant qu'on n'ait imaginé de la réduire. Ainsi à Rome à l'époque antérieure à la législation décemvirale et peut-être aux premiers jours du système libral. Dans cette période primitive l'étalon est simplement l'*unité* du système.

b) Mais si l'on passe au système grec, on y trouve plusieurs séries et plusieurs unités monétaires. L'étalon est alors la *principale* de ces unités, la drachme originaire.

c) Quand l'État s'avise de réduire ses monnaies, l'ancien étalon reste l'unité qui sert de base aux contrats de l'Etat. En même temps cette unité sert à fixer la valeur des monnaies réduites. A Rome, par exemple, à l'époque des réductions monétaires, l'unité, l'étalon est l'as libral, jusqu'à l'époque des guerres puniques. Mais cet étalon a un caractère nouveau. L'as triental, monnaie de réduction, représente l'as libral dans les payements entre l'Etat et les particuliers. L'as triental est en valeur intrinsèque le tiers de l'as libral, en valeur nominale, il correspond à l'as libral. Ce dernier qui reste l'étalon prend donc un caractère nouveau, il devient l'*unité d'évaluation* et le *gage* que représente la monnaie réduite. L'as triental, l'as de 10, de 9, de 8 onces 1/2, qui abondent dans le monnayage romain, sont des monnaies représentatives de l'étalon qui reste essentiellement une monnaie à pleine valeur. Ce caractère est peut-être celui qui a de nos jours dans la notion de l'étalon l'importance capitale.

d) Enfin, lorsque le cours forcé, dans des moments de détresse, a faussé tout le système, si l'Etat se relève et rétablit sa circulation monétaire, il garde à l'étalon, qui reprend ses anciens caractères, un caractère nouveau qui est un débri du cours forcé : c'est le *cours légal*. La *monnaie étalon*, *unité principale* du système, *monnaie réelle* par excellence, est le *gage* et l'*unité à laquelle on rapporte la monnaie réduite*, enfin elle a *cours légal*.

Telle est la définition dernière de l'étalon monétaire qui résulte du progrès historique des théories monétaires. Notons que parmi ces caractères de l'étalon les derniers résultent uniquement de l'intervention de la loi positive, c'est-à-dire de l'Etat. Quant aux premiers, ils résultent des lois naturelles et s'imposent par suite de telle manière qu'un étalon ne saurait s'en passer. Un étalon monétaire est de toute nécessité l'unité et l'unité principale du système de monnaies réelles établies primitivement par le commerce, adoptées ensuite par l'Etat. Et ces caractères impliquent que l'étalon monétaire est la monnaie la plus commode pour les échanges, puisque le commerce l'a choisie, que c'est une monnaie réelle, et qu'elle sert d'étalon des valeurs. Tels sont les *caractères naturels* et *essentiels* de l'étalon monétaire. Les deux autres sont des *caractères légaux*, c'est-à-dire que non seulement, comme nous venons de le voir, les étalons des divers systèmes monétaires ne les ont pas toujours possédés, mais que, comme nous l'avons également indiqué, ces caractères peuvent être donnés par la loi à des monnaies qui ne servent pas d'étalon.

La théorie de l'étalon monétaire résume, pour ainsi dire, la théorie des monnaies. Nous en avons recherché l'évolution historique, nous avons constaté la complication de ses caractères actuels. Ce n'est pas à dire qu'elle ne se compliquera pas encore par la suite.

§ 5. — **Résumé général.**

L'histoire du rôle que l'État a joué dans la circulation monétaire depuis la plus haute antiquité nous a permis d'établir la théorie de la monnaie à laquelle il a abouti et nous l'avons résumée dans la définitition de l'étalon monétaire.

Nous pouvons en terminant ce chapitre dire en deux mots quel a été ce rôle de l'État et quel il doit être aujourd'hui.

1° L'État a d'abord adopté une monnaie qui existait avant son intervention. Il l'a prise *telle qu'elle était*, telle que le commerce l'avait faite en vue de ses besoins. L'État n'y a rien changé d'essentiel ;

2° Il l'a adoptée, comme tout commerçant aurait pu le faire, pour son usage particulier en la marquant d'une *empreinte spéciale* qui lui permît de la reconnaître et de constater qu'il l'avait déjà pesée et que son poids était régulier ;

3° Voyant que sa monnaie pouvait servir dans bien des payements ou des recouvrements faits antérieurement en nature, il l'exigea de ses clients et convint avec eux qu'ils l'accepteraient à un *cours officiel* fixe, déterminé, par exemple pour le payement des amendes, pour la solde des troupes ;

4° Comme elle ne servait que dans les rapports de l'État avec les particuliers et que ceux-ci, dans leurs échanges, ne s'en servaient qu'en la pesant, l'État n'hésita pas à fabriquer des pièces d'un poids de plus en plus faible. Ainsi naquit la *monnaie réduite* qui continua à représenter la monnaie à valeur pleine ;

5° Dans des moments de détresse, l'État imposa cette monnaie réduite par le *cours forcé*, en reniant son obligation de la considérer comme une simple monnaie représentative de l'unité originaire, — ou bien en réduisant l'unité que la monnaie représentative était censée représenter, c'est-à-dire en changeant d'étalon, — ou bien en imposant une monnaie nouvelle à une valeur supérieure à sa valeur réelle, — ou bien en établissant entre deux monnaies un rapport légal qui ne correspondait pas au rapport réel de leurs valeurs.

6° Lorsqu'une fortune plus souriante et la fin de la crise qui avait provoqué l'établissement du cours forcé permit de le supprimer, il en resta en général un lambeau : le *cours légal.* qui ne fut appliqué que comme un moyen d'éviter toute contestation à la suite d'un contrat dans lequel les parties n'avaient pas prévu les espèces à payer.

Conclusion.

Système de l'étalon unique. — Ce qui ressort le plus nettement de cette étude historique, dans laquelle nous n'avons cherché à établir que les phases principales qu'a suivies l'évolution de l'intervention officielle dans le monnayage, c'est que cette intervention cesse d'être légitime et qu'elle engendre des embarras, des crises, des révoltes et souvent des catastrophes économiques, dès qu'elle peut se ranger sous la rubrique du *cours forcé.*

Ce mot lui-même dit nettement que l'Etat intervient alors contre le gré du commerce et contre les volontés inéluctables de la nature. Les enseignements de l'histoire viennent ainsi confirmer la théorie que nous avons indiquée au début de notre introduction, en parlant du rôle de l'Etat dans l'ordre économique. L'Etat, avons-nous dit, doit pourvoir aux services communs dans la mesure où l'action, même combinée, des individus serait impuissante. Il doit se retirer graduellement dès que cette action individuelle semble pouvoir intervenir utilement seule et sans assistance (1).

Il semble que l'État remplirait pleinement ce rôle en suivant exactement les conclusions auxquelles nous avons abouti, c'est-à-dire en donnant à la *monnaie que le commerce national a choisie* une *empreinte spéciale* et un *cours officiel déterminé*, en adoptant une *monnaie réduite*, s'il y trouve son avantage, à la condition de la considérer comme *représentative* et de s'engager formellement à la rembourser en monnaie à pleine valeur, enfin en donnant à la meilleure de toutes ses monnaies la qualité de *monnaie légale*.

C'est en effet le système qui, sous le nom de *système de l'étalon unique*, semble devoir être adopté chez tous les peuples, et qui, à la suite de vicissitudes diverses, tend toujours à revenir en honneur, considéré par les plus sages comme le système rationnel, pratique et naturel sous les lois duquel devrait vivre l'humanité civilisée.

2. — *Transition. Pourquoi ce système ne triomphe pas définitivement. Le problème monétaire.*

Comment se fait-il, néanmoins, que le système de l'étalon unique, qui est pour ainsi dire imposé par la nature, ne triomphe pas complètement et que périodiquement une lutte acharnée renaisse contre lui, réussisse à le renverser

---

(1) Levasseur, *Rapport à l'Acad. des sciences mor.*, 11 fév. 1882.

et à le remplacer par quelque autre système, tel que le bimétallisme ?

Ce n'est pas d'hier qu'on a découvert que le bimétallisme est une erreur qui va contre la logique et contre les lois de la nature. Ce système est, de l'aveu même de ses partisans, un *système de révolte contre la loi de l'offre et de la demande*, qu'il a pour but de réduire à l'impuissance. Et cependant, quoique l'on prétende que la nature est la plus forte et que ses lois finissent toujours par triompher, le système de l'étalon unique ne triomphe pas définitivement. Il se relève souvent dans la bataille, mais c'est pour retomber. Voilà 3.000 ans que le monométallisme et le bimétallisme se passent et se repassent la main, sans qu'aucun d'eux ne gagne la partie.

Comment se fait-il donc qu'un système, que l'histoire condamne depuis 30 siècles, que l'on a reconnu faux et dangereux, renaisse sans cesse de ses cendres et l'emporte souvent sur un système juste, logique, dont la science et l'histoire proclament hautement les vertus ?

Quand une erreur survit pendant des siècles à la réfutation qu'on en donne, on est tenté de croire que c'est la logique qui a tort et que dans cette erreur, il y a peut-être une parcelle de vérité.

Il est évident, dit-on, qu'un système qui prend pour commune mesure des valeurs deux métaux, c'est-à-dire deux marchandises de valeurs *essentiellement variables*, et qui rattache ces deux valeurs par un rapport légal *essentiellement fixe*, est un système dangereux et faux, parce qu'il jure avec la raison et avec les lois de la nature.

Il faut prendre garde à l'évidence ; elle n'est pas toujours très claire. M. de Bismarck qui avait trouvé le système de l'étalon d'or *évidemment* bon, puisqu'il l'introduisait en Allemagne en 1873, déclarait en 1879, en arrêtant les ventes d'argent, qu'il ne voyait pas clair dans le problème monétaire.

C'est dans ces ténèbres que nous nous engageons. Ce sont les causes de cette obscurité que nous voudrions démêler et les raisons pour lesquelles la discussion s'éternise.

CHAPITRE II

LE PROBLÈME MONÉTAIRE.

§ 1. — Position du problème.

Le *problème monétaire* consiste actuellement dans la recherche d'un moyen rationnel et pratique d'*associer plusieurs métaux dans la circulation monétaire d'un même État*.

Le problème, en 1895, se pose identiquement comme il se posait à Rome, il y a 23 siècles, ou à Babylone, il y a 3.000 ans. Il n'est pas moins nuageux dans un siècle où l'Économie politique a la toute-puissance, qu'il ne l'était à l'époque lointaine de Sardanapale et de Balthazar.

Avant tout, hâtons-nous de justifier notre définition.

Les recherches de tous les économistes, de tous les hommes d'État, sont commandées, dans la question qui nous occupe, par le désir de mettre fin aux crises monétaires. Or, nous essayerons de démontrer par la suite que ces crises ont une cause profonde capitale : la *diversité des étalons* ou *des systèmes monétaires*.

Il y a deux manières de mettre fin à cette diversité : l'unification des systèmes dans tout l'univers civilisé ou l'association des deux métaux monétaires principaux, l'or et l'argent, dans un même système applicable aux divers États.

Nous examinerons, en terminant cette étude, la question

de l'unification. Ce n'est là qu'un rêve, dont la réalisation est problématique.

Pour l'instant, nous ne nous plaçons pas dans le domaine des rêves, mais bien dans la réalité. Le fait brutal, incontestable, regrettable, si l'on veut, mais certain, c'est que la diversité des systèmes monétaires existe, que les uns, parmi les Etats modernes, tiennent pour l'argent, les autres pour l'or. Chacun tire de son côté la fameuse couverture, que M. de Bismarck a illustrée en la déclarant trop étroite. Des crises monétaires résultent de cette situation et la dernière pèse sur le monde depuis 1873, c'est-à-dire depuis 22 ans. Quel est le moyen d'y échapper ? C'est, dit-on, d'associer dans la circulation de chaque Etat les deux métaux.

Cette association est-elle véritablement utile ? Quels sont les moyens proposés pour organiser cette alliance ? Telles sont les deux questions que nous aborderons.

1° Nous expliquerons d'abord que cette association, mettant un terme à la diversité des systèmes monétaires admis par les différents Etats, annihilerait la principale cause des crises monétaires. C'est en effet la diversité des monnaies qui provoque tous les grands troubles de la circulation. La théorie le fait prévoir, l'histoire le prouve, l'accord des écrivains, des hommes politiques, le confirme, et l'étude des crises monétaires vient dissiper les derniers doutes sur ce point.

2° Nous essayerons ensuite de choisir parmi les divers modes d'association proposés.

Remarque.

Mais il faut dès maintenant nous mettre en garde contre une fausse apparence qui pourrait nous faire croire que cette recherche est inutile, l'alliance des deux métaux existant déjà dans la plupart des États modernes.

On aurait quelque peine en effet à découvrir aujourd'hui un seul État qui ne se serve dans sa circulation de plusieurs monnaies. L'or, l'argent, sont en général associés au bronze, au papier, au nickel, voire même au verre, dans les divers États civilisés. Aussi n'est-ce pas de ce genre d'association qu'il s'agit.

Les monométallistes ont beau se défendre et trouver inexact le nom qu'on leur applique. Il est malheureusement vrai qu'ils n'admettent qu'un métal dans la circulation et cela, en vertu d'un principe qu'ils sont les premiers à défendre et qui consiste à dire que la seule monnaie véritable est la monnaie *à valeur réelle*. L'argent, par exemple, circule en Angleterre. Mais il n'y circule pas comme monnaie d'argent, il représente de l'or, comme le bronze et les billets. C'est de l'or que l'on échange sous l'apparence de l'argent, du cuivre ou du papier. Aussi la valeur du shilling n'a-t-elle qu'un rapport très lointain avec celle de l'argent-métal, de même que la valeur du billet de banque n'a qu'un rapport très lointain avec la valeur du papier dont il est fait.

Or, le problème monétaire a pour but d'associer dans un Etat, en Angleterre, si l'on veut, l'or et l'argent de telle manière que l'or circule comme or, et l'argent comme argent. Si ce système était réalisé, l'argent anglais serait *exportable* et aurait, aux Indes par exemple, une valeur voisine de celle qu'il a en Angleterre. Aujourd'hui, au contraire, l'argent anglais n'est pas exportable, car, pour réaliser la valeur qu'il représente, il faudrait l'échanger d'abord contre de l'or à Londres. L'or seul sert donc de monnaie en Angleterre et il est juste de dire que les Anglais sont monométallistes.

En un mot, l'association que nous chercherons à établir est celle de deux monnaies véritables, à valeur réelle. Nous nous gardons bien de dire de deux étalons ou même de deux monnaies légales. Nous montrerons par la suite que cette recherche serait contradictoire et que le problème ainsi posé serait radicalement insoluble.

Nous pouvons maintenant entrer dans le cœur du problème, en montrant que la diversité des systèmes monétaires est la cause des crises monétaires et qu'il est urgent de mettre fin à cette diversité.

§ 2. — Utilité de l'Association de plusieurs métaux dans la circulation.

A. — Argument théorique.

Supposons deux commerçants en présence : l'un vend du coton et n'a et ne veut avoir comme monnaie, que de l'argent, parce que l'argent seul a cours dans son pays ; l'autre vend des tissus et n'a, comme monnaie, et ne veut avoir, que de l'or.

L'utilité première de la monnaie est de permettre l'*échange* au lieu de condamner les commerçants au *troc* direct, et dans l'exemple que nous avons choisi, de faciliter le commerce du coton et des tissus en servant de marchandise intermédiaire dans l'opération. Or, pour atteindre ce but, il faut qu'une même monnaie ait les caractères monétaires à l'égard des deux commerçants, sinon l'échange sera impossible et ils en seront réduits au vulgaire troc des époques de barbarie. Si le vendeur de coton accepte l'or de son client, métal qui n'a pas cours monétaire dans le pays du vendeur, l'opération sera un troc du coton contre la marchandise-or et le vendeur pour terminer son échange devra faire un second troc de cet or contre de l'argent. Il en sera de même du vendeur de tissus. On pourra dire que ces deux commerçants trafiquent comme des sauvages et qu'ils ne connaissent pas l'utilité de la monnaie, ou qu'ils en ont perdu la notion.

Exemple de l'Inde et de l'Angleterre.

Nous avons choisi cet exemple théorique avec intention ; il n'est que trop réel : le vendeur de coton, c'est l'Inde, et le vendeur de tissus, l'Angleterre. L'Inde depuis 1835 a l'étalon d'argent, l'Angleterre a l'étalon d'or depuis 1816. La première a introduit à plusieurs reprises l'or dans sa circulation sous la forme de mohurs nationaux ou de livres sterling à un cours officiel fixe. Mais l'Angleterre n'a jamais eu dans sa circulation que l'or. On y voit bien circuler de l'argent, du bronze et du papier, mais, comme nous l'avons dit, tous ces instruments ne sont pas de véritables monnaies, ce sont des médailles ou des signes représentatifs d'une certaine quantité d'or que leur nom indique. Ces diverses monnaies ne sont pas exportables parce que hors d'Angleterre elles ne valent rien ou pas grand'chose, surtout en comparaison de ce qu'elles valent dans le pays et la monnaie étrangère d'argent ne circule pas dans la Grande-Bretagne parce que l'État, qui est le principal commerçant, ne la reconnaît pas et n'en veut pas. Ainsi l'on peut dire que l'Inde n'a eu jusqu'en 1893 que de la monnaie d'argent, au moins en général, et que l'Angleterre n'a jamais eu que de la monnaie d'or. D'autre part, non seulement l'Angleterre vend des tissus à l'Inde, mais elle lui a prêté autrefois des quantités énormes de capitaux, elle lui a construit des chemins de fer, elle lui envoie des troupes, des fonctionnaires, des marchandises de toute sorte, qui exigent de la part de l'Inde des remises annuelles considérables. L'Inde vend à l'Angleterre, du coton, des céréales, du thé et beaucoup d'autres produits ; à certaines époques c'est l'Inde qui se trouve débitrice de la Grande-Bretagne, à d'autres époques, c'est l'inverse, et, pour se libérer, il faut, par exemple quand c'est l'Inde qui est débitrice, qu'elle envoie à la mère-patrie ses produits à vil prix et en quantités inouïes, qui viennent inonder les marchés européens, sans enrichir l'Inde elle-même, et de plus il faut que la colonie achète très cher avec son argent, pour payer un solde que ses produits n'ont pas pu acquitter, l'or que l'Angleterre considère comme la seule monnaie libératoire.

B. — Arguments historiques.

Je ne sais si cet exemple est suffisamment concluant, mais il est facile d'en citer mille autres que l'on trouve sans peine dans l'histoire économique des peuples depuis la plus haute antiquité jusqu'à nos jours. C'est la nécessité de recevoir le payement des dettes de l'étranger ou de payer leurs propres dettes au dehors qui a fait adopter par tous les pays la monnaie étrangère dans la circulation nationale, ou qui les a poussés à fabriquer eux-mêmes une monnaie analogue à celle de leurs clients.

Ainsi l'on voit Darius frappant des monnaies d'or pour payer les mercenaires lydiens à son service, parce que la monnaie lydienne était d'or, et ce même Darius, monnayant l'argent pour payer sa flotte, composée de vaisseaux grecs, dont les propriétaires ne connaissaient que la monnaie d'argent, tandis que l'Empire perse pour son commerce intérieur ne faisait pas encore usage de monnaie. — Ainsi le satrape Aryandès, frappait à Memphis et à Naucratis des pièces d'or et d'argent, qui n'avaient pas cours en Egypte, pour l'unique usage des commerçants asiatiques, ioniens et grecs qui se pressaient en foule autour des Pyramides. — De même encore les Grecs, plus sages peut-être que les Anglais de nos jours, ouvraient une série monétaire dans leur circulation nationale aux monnaies des étrangers avec lesquels ils se trouvaient en rapports commerciaux. C'est ce qu'ils firent en particulier avec Syracuse dont la monnaie devint une dépendance du didrachme attique, pendant que la monnaie grecque s'introduisait de son côté à Syracuse sous forme de noummoi d'argent, subdivision décimale du didrachme qui équivalait d'autre part aux anciennes *litræ* de cuivre syracusaines. — Rome suivit les mêmes errements lorsqu'elle se trouva subitement en rapports avec les colonies de la Grande-Grèce qui ne pratiquaient pas le système de l'as romain et Rome, conquérante et fière, introduisit l'argent dans sa circulation pour faciliter ses échanges avec sa nouvelle conquête.

Pour en revenir au premier exemple que nous avons choisi, qu'est-il résulté pour l'Inde de sa situation équivoque en présence de la Grande-Bretagne ? Son exportation a augmenté et l'on s'en étonne. Pouvait-elle se soustraire à la nécessité de payer ses dettes le plus possible en nature avant d'acheter pour se libérer cet or dont le marché de Londres lui demande un si grand prix en argent ? Pouvait-il résulter de cette exportation exagérée autre chose qu'un avilissement inouï des produits similaires sur les marchés étrangers ? Son importation d'autre part a diminué et pour les mêmes raisons. La nécessité de trouver de l'or à tout prix, malgré son appréciation, malgré la demande inouïe dont il était l'objet dans les pays qui subissaient la même destinée que l'Inde, cette nécessité a élevé progressivement le change jusqu'à un taux qui a provoqué les crises les plus graves et rendu une réforme inévitable. Et cette réforme incomplète n'a été qu'une transaction entre les deux systèmes qui étaient le plus naturellement imposés par les choses : 1° introduction de la livre sterling dans la circulation, système qui ne pouvait suffire si l'Angleterre de son côté n'acceptait pas la roupie, et qui avait déjà été tenté plus d'une fois aux Indes depuis 1835 ; 2° adoption pure et simple du système anglais, c'est-à-dire de l'étalon d'or, ce qui aurait coûté bien cher à la colonie.

Ainsi deux pays, qui n'ont pas le même système monétaire, sont comme deux commerçants qui n'ont pas d'instrument d'échange également utile à l'un et à l'autre. En un mot, ils n'ont pas de monnaie, ils ne peuvent pratiquer l'échange, ils sont réduits au troc. A certains moments leur marchandise leur restera pour compte, leur client ne trouvant pas une utilité immédiate à l'acheter, ou bien leurs créances resteront en souffrance, faute de pouvoir accepter les marchandises de leur coéchangiste auxquelles ils ne trouvent pas actuellement d'utilité.

Discussion d'une objection.

Mais, dira-t-on, c'est là un fait exceptionnel. L'Inde, par exemple, et l'Angleterre, l'une ayant l'étalon d'argent et l'autre l'étalon d'or, ont vécu longtemps dans cette situation en apparence contradictoire, sans souffrir de ses conséquences. — Je réponds que si l'on admet que l'or et l'argent sont des marchandises de valeur variable, l'inconvénient que nous signalons de la diversité des systèmes monétaires est permanent. C'est tantôt l'or, tantôt l'argent, qui renchérit et si l'on est obligé à chaque transaction d'acheter de l'or ou d'acheter de l'argent, l'un des coéchangistes subit toujours une perte, tandis que, si les deux commerçants avaient une monnaie commune, ils se la passeraient et se la repasseraient à chaque transaction sans se préoccuper des variations de sa valeur.

Ce qui est extraordinaire dans les rapports de l'Inde et de l'Angleterre, c'est précisément que ces deux pays n'aient pas souffert de la nécessité d'acheter sans cesse de l'or ou de l'argent. Mais cette anomalie s'explique par ce fait que divers Etats, jouant en cela un rôle de dupes, ont longtemps pris pour eux toutes les pertes dont il s'agit en s'engageant follement à fournir à tout acheteur de l'or ou de l'argent à un *prix fixe*. C'est ce fait qui est véritablement incompréhensible et extraordinaire. C'est aussi ce fait qui explique pourquoi depuis de longues années la perfide Albion va conseillant à tous les grands peuples d'adopter ou de conserver le bimétallisme à rapport fixe, se gardant bien pour sa part de donner l'exemple d'une pareille imprudence ! Le jour où, reconnaissant les funestes conséquences de leur faute, tous les peuples qui pratiquaient le dangereux système bimétallique ont rendu la liberté à l'argent, ce métal, longtemps retenu en cage (suivant l'expression de M. Cernuschi), s'est envolé ; longtemps amarré à l'aide d'un câble comme un ballon captif (suivant la juste comparaison du même auteur, si chaud défenseur pourtant de cette cage et de ce câble), il s'est enfui, ivre de liberté, et s'est précipité dans un profond abîme. L'Inde a perdu ce jour-là le bénéfice d'une situation privilégiée. Elle paye cher aujourd'hui les avantages qu'elle en avait tirés. L'Angleterre a subi le contre-coup des misères de l'Inde et la crise qui en est résultée s'est étendue à l'univers entier.

Résumé. — Ainsi l'on voit que, théoriquement, la diversité des systèmes monétaires équivaut à l'absence de monnaie internationale et condamne les Etats au troc. Historiquement, nous avons vu le problème monétaire se poser dans l'antiquité chaque fois que des relations commerciales sont nées entre peuples faisant usage de monnaies différentes et nous verrons ce problème se poser de même au XIXe siècle dans les mêmes circonstances et engendrer les crises les plus redoutables.

C. — Arguments de doctrine.

Ces considérations ont rendu hésitants les monométallistes les plus convaincus. Beaucoup d'entre eux ont eu la franchise et le courage d'avouer leurs inquiétudes et de reconnaître leurs erreurs. Quelques-uns ont même été plus loin et, versant dans une autre ornière, ont adopté sans hésiter les principes bimétalliques.

Nous essayerons de garder une juste mesure et de nous tenir à égale distance du bimétallisme, qui est dangereux et illogique, et du monométallisme, qui est, pour le moment du moins, un système incomplet et insuffisant.

Parmi les auteurs qui reconnaissent qu'il est nécessaire et pressant de modifier le système monométallique pour lui permettre d'associer deux monnaies à valeur réelle dans la même circulation, nous citerons M. R.-G. Lévy, qui, dans une étude récente de la *Revue des Deux-Mondes*, expose en quelques pages du plus grand intérêt les troubles de sa conscience de monométalliste. « Pourquoi l'or seul », dit-il, « et non plus l'argent ?... S'il est incontestable qu'on ne peut pas assigner un rapport légal à deux marchandises, doit-on nécessairement pour cela exclure de la fonction monétaire l'un des deux métaux? ... — Il ne faut pas négliger », ajoute-t-il, « les deux tiers du monde, moins riches et moins civilisés que le tiers vivant sous l'étalon d'or, mais dont l'importance croît de jour en jour et avec lesquels il est de notre plus haut intérêt d'avoir une monnaie commune (1) ».

Ces préoccupations sont d'autant plus vives et ce genre de concessions des monométallistes est d'autant plus fréquent depuis quelques années qu'on attribue avec raison au problème monétaire la plus grande part de responsabilité dans la lourde crise qui sévit sur le monde depuis plus de 20 ans. Ce sont les ravages causés par cette crise qui ont provoqué en Angleterre le regain de faveur du bimétallisme et qui ont inspiré une *Commission d'enquête*, composée des hommes les plus éminents en ces matières dans le Royaume-Uni, qui après de longues discussions s'est divisée sur la question de la solution à adopter, mais a reconnu la gravité du problème monétaire et la nécessité de le résoudre promptement.

En 1878, M. Henry Gibbs, gouverneur de la Banque d'Angleterre, défendait à la Conférence de Paris, comme représentant de son gouvernement, la théorie de l'étalon unique et trois ans plus tard, convaincu de l'insuffisance de ce système, à la suite des discussions de cette conférence, il publiait un ouvrage pour défendre le bimétallisme et se mettait à la tête du mouvement bimétallique.

M. de Laveleye, l'éminent économiste belge dont la science déplore aujourd'hui la perte, monométalliste convaincu lors de la naissance de l'Union latine, a brisé des

(1) *Mélanges fin.*, p. 93.

lances pendant les trente dernières années de sa vie en faveur du bimétallisme.

Ce système, qui semble aujourd'hui, à beaucoup de ceux qu'inquiète le problème monétaire, la solution la moins mauvaise, a fait également des progrès en Allemagne où les agrariens le considèrent comme la planche de salut.

En France, le groupe agricole de la Chambre vient de déposer une proposition de résolution ayant en vue la réunion d'une Conférence internationale pour l'établissement du bimétallisme universel.

Les Etats-Unis, particulièrement intéressés, en leur qualité de producteurs, au relèvement du métal-argent, ont provoqué la réunion de plusieurs conférences dans le but de résoudre le problème de l'association de l'or et de l'argent dans les divers systèmes monétaires du monde. Celles de 1878 et de 1881 n'ont pas été plus fécondes que la dernière qui s'est tenue à Bruxelles en 1892 et qui n'a donné aucun résultat utile.

De tous ces faits, le plus significatif, le plus grave, est le mouvement qui s'est organisé en Angleterre. Il est dirigé par une association d'hommes éminents, qui, sous le nom de Ligue bimétallique, essayent d'imiter le noble exemple de la Ligue pour l'abolition des lois céréales qui a immortalisé le nom de Cobden. Mais ces deux ligues diffèrent par leur but. Celle de Cobden avait en vue un système de liberté, inspiré par le souci d'obéir aux lois de la nature. La ligue bimétallique ne se propose que l'établissement d'un système d'oppression en lutte ouverte avec les lois naturelles.

Parmi les hommes d'État et les publicistes, il en est qui, sans admettre nettement la solution bimétallique ou la repoussant catégoriquement, reconnaissent la nécessité d'associer l'or et l'argent dans la circulation. M. de Bismarck, après avoir fait voter et organiser en Allemagne l'étalon d'or, arrêtait brusquement les ventes d'argent en 1879 en déclarant que le monde entier exigeait cette mesure et en serait reconnaissant à l'Allemagne. Le Marquis de Salisbury, en 1889, recevant les membres de la Ligue bimétallique délégués à la Conférence de Paris, disait qu'il ne voulait pas préjuger la question monétaire, mais qu'il souhaitait ardemment qu'elle fût discutée, sans préjugés insulaires, et que du débat, engagé avec le monde politique tout entier, jaillît la lumière.

M. Goschen, chancelier de l'Echiquier, déclarait en 1889, que les monométallistes devaient cesser de compter sur l'évidence de leur *credo*, et, en mars 1893, répondant à M. Gladstone à la Chambre des communes, il réfutait les arguments nettement monométallistes de ce dernier, mais il se reprenait aussitôt, pour ne pas se laisser compter dans le camp bimétalliste, et se montrait simplement inquiet des souffrances du Lancashire, de l'Inde, et du monde entier, qu'il attribuait en grande partie à la situation qui était faite à l'argent dans l'univers. — La proposition dont il s'agissait à la Chambre des communes, au mois de mars 1893, et qui avait mis en présence MM. Gladstone et Goschen, était une motion de sir Thompson invitant le gouvernement à provoquer une nouvelle réunion de la Conférence monétaire de Bruxelles qui en 1892 s'était ajournée au 6 juin 1893. Cette motion ne fut repoussée que par 229 voix sur 377, ce qui représente une minorité de 128 voix (1). Ces 128 voix n'étaient pas seulement, comme l'a fait remarquer M. Goschen, des voix bimétallistes, c'étaient celles

(1) *Bull. de stat. du Min. des Fin.*, mars 1893, p. 300.

des membres le plus fermement décidés à poursuivre la solution du problème monétaire.

A la Conférence de Bruxelles d'ailleurs on avait pu constater déjà la tendance des monométallistes les plus convaincus à reconnaître l'existence du problème monétaire, c'est-à-dire de l'association de l'or et de l'argent.

Parmi les projets les plus pratiques en même temps que les plus rationnels, c'est-à-dire parmi ceux qui rompent nettement avec la thèse bimétalliste, nous citerons ici celui de M. de Foville, qui, reconnaissant l'utilité de faire pénétrer par une voie quelconque l'argent dans la circulation internationale en même temps que l'or, a proposé de favoriser la pratique de dépôts de lingots d'argent, dans les banques ou dans les Hôtels des Monnaies, en émettant des certificats ou warrants négociables en échange de ces dépôts, sans leur donner cours légal et sans que les États garantissent leur valeur. Ce n'est assurément qu'un palliatif et non un remède digne d'une situation aussi critique. Nous ne le citons d'ailleurs que pour montrer chez M. de Foville, partisan convaincu du système de l'étalon unique, la tendance à faire un pas vers une solution du problème.

M. Raffalovich s'était rallié à la théorie de M. de Foville et avait même suggéré un système de virement ingénieux qui aurait donné un caractère international à ces certificats en permettant au porteur de retirer l'argent dans toutes les institutions qui auraient adhéré à ce système.

Cependant M. Raffalovich lui-même reconnaît l'insuffisance de cet expédient et après avoir rapporté en détail les travaux de la Conférence, à laquelle il a pris une part des plus actives, il aboutit à une conclusion pessimiste, qui n'est faite pour rassurer personne. Il déclare que, tout bien examiné, le *problème monétaire*, tel qu'il se présente aujourd'hui, ne comporte *pas de solution radicale* (1).

D. — Arguments pratiques.

L'étude que nous avons faite dans ce chapitre nous a montré théoriquement, historiquement et par l'aveu même de la plupart des hommes d'Etat et publicistes monométallistes, que la diversité des systèmes monétaires est un danger et qu'il serait utile et pressant d'y porter remède. L'étude des crises monétaires complètera cette démonstration.

Avant de l'aborder, nous nous demanderons :

1° Si cette diversité est aussi générale et aussi solidement établie que nous l'avons supposé ;

2° Comment les préférences pour l'or ou pour l'argent se distribuent dans l'univers ;

3° Si ces préferences sont de vains caprices négligeables ou des raisons sérieuses qu'il faut de toute nécessité prendre en considération ?

1° *La diversité des systèmes monétaires est un fait indéniable.* — Aujourd'hui la diversité des systèmes monétaires entre peuples qui ont des relations commerciales perpétuelles semble être devenue la loi commune. Et pourtant, il est bien étrange que les difficultés qui en résultent soient inconnues, tant elles sont graves et infaillibles. Le monde est émaillé de monnaies de tout genre, que les uns acceptent et recherchent avidement, que les autres rejettent comme inutiles et sans valeur. Il semble que ce

---

(1) *La Conférence de Bruxelles*, p. 28.

fait doive suffire à expliquer les crises monétaires et il l'explique en effet.

Les préférences du monde monétaire se partagent entre l'or et l'argent. Les uns ne veulent que de l'or, les autres n'acceptent que de l'argent. D'autres enfin acceptent l'un et l'autre, mais ne possèdent ni l'un ni l'autre. Ils n'ont comme monnaie que des feuilles de papier qui sont censées représenter de l'or ou de l'argent. Le papier est déprécié, les métaux font prime et le papier ne circule que parce que son *cours* est *forcé*.

Examinons rapidement ces trois catégories d'Etats.

I. *Etats à monnaie d'or*. — La majorité appartient aujourd'hui aux partisans de l'étalon d'or. La plupart des Etats de l'univers ont adopté ce régime ou bien se trouvent dans une période de transition qui les mène vers ce régime.

L'Angleterre a l'*étalon d'or* depuis 1816, l'Union Scandinave depuis 1873-1875, la Finlande depuis 1877, l'Egypte depuis 1885, la Roumanie depuis 1890, la Tunisie depuis 1891.

Les Etats qui sont dans une période de transition sont régis pour la plupart par le système de l'*étalon boiteux*, dans lequel la loi attribue à l'or le rôle d'étalon unique au moins implicitement, mais donne à l'argent le cours légal plein en suspendant sa frappe.

Ce sont les Etats de l'Union latine depuis 1878, date de la suspension de la frappe, l'Allemagne depuis 1871-1873 et définitivement depuis 1879, date à laquelle la démonétisation des thalers a été interrompue, les Pays-Bas depuis 1875, l'Autriche-Hongrie depuis 1892, les Etats-Unis et l'Inde depuis 1893.

Le Portugal a l'étalon d'or depuis 1854, mais il s'est vu

contraint de suspendre les payements en espèces en 1891. Il est donc aujourd'hui sous le régime du cours forcé.

La Russie est également soumise au cours forcé, mais il résulte de sa politique monétaire la plus récente qu'elle tend vers l'étalon d'or. Elle se préoccupe d'en préparer l'adoption.

L'Italie que nous avons comptée dans l'Union latine est également depuis peu au régime du cours forcé. Son étalon d'or n'est que nominal.

II. *États à monnaie d'argent.* — La seconde catégorie d'Etats est la moins riche, c'est celle de l'*étalon d'argent.* La mauvaise fortune de ce métal l'a fait abandonner depuis 25 ans par ses nombreux amis. Le Mexique est le seul pays qui soit encore nettement régi par le système de l'étalon unique d'argent. Mais d'autres Etats ne font guère usage que de ce métal dans leurs transactions. Ceux qui ne sont pas au cours forcé et qui donnent dans leur circulation nationale une place d'honneur à l'argent, sont la Chine, le Japon, l'Inde ; en Europe : l'Espagne, la Turquie ; les États-Unis ont beaucoup d'argent et les Etats qui pratiquent l'étalon boiteux en détiennent bon gré mal gré, d'énormes quantités.

III. *États au régime du cours forcé.* — La troisième catégorie est la moins intéressante, c'est la classe des États qui se sont efforcés d'organiser de leur mieux la misère. Ceux-là sont également partisans de l'or et de l'argent, ils leur accordent des primes fantastiques qui varient de 1 à 300 0/0.

La prime sur l'or est actuellement :

En Italie de.	18	environ	0/0
En Espagne.	20	—	—
Aux Indes.	25	—	—
Au Portugal.	25	—	—
En Russie.	48	—	—
En Grèce. . . . , ...	67	—	—
Au Brésil.	185	—	—
A la République Argentine.	240	—	—
Au Chili.	280	—	—

2° *Le domaine de l'or et celui de l'argent divisent l'humanité en deux parties égales. — Le 43e degré L. N.* — Il est à remarquer que le 43e degré de latitude Nord distribue à peu près également les partisans des deux métaux. Au Nord c'est le domaine de l'or, au Sud de cette ligne l'empire de l'argent ou du cours forcé. On ne trouve que de rares exceptions à cette règle. En Europe, la Russie est à cheval sur le 43e degré, elle se rapproche de l'étalon d'or et la Finlande l'a déjà adopté en 1877, mais les États Scandinaves, l'Angleterre, la Hollande, l'Allemagne, la Belgique, la France, la Suisse, l'Autriche, la Roumanie, sont dignes de leur situation et l'on peut remarquer aussi que le progrès de l'or a suivi nettement la direction Nord-Sud. Au Sud de cette ligne on ne trouve que le cours forcé ou les partisans de l'argent en Espagne, en Italie, en Serbie, en Turquie.

En Afrique, l'Egypte, le Cap, qui sont des colonies anglaises, l'Algérie, la Tunisie, qui sont des colonies françaises, suivent la loi de leur métropole. Le reste de l'Afrique ne compte pas au point de vue monétaire.

L'Asie et l'Océanie sont au sud du 43e degré et leurs colonies européennes seules sont ou vont être régies par l'étalon d'or. L'Inde tient nettement à l'argent. L'Australie, colonie anglaise, se sert de l'or.

Enfin en Amérique, le Canada, les États-Unis sont partisans de l'or ; mais ce dernier État qui est traversé par le 43ᵉ degré penche fortement vers l'argent. Quant au Mexique et aux États du Sud, ils ne connaissent que l'argent et le cours forcé.

Eh ! bien, le 43ᵉ degré de latitude N. partage le monde habité en deux portions presque égales, 750 millions d'habitants au Nord et autant au Sud.

Peut-on sacrifier les goûts, les tendances d'une moitié de l'humanité pour l'autre ?

On dira, et avec raison, que le Nord est tout entier pour l'or, que les progrès de l'or vont vers le Sud et que ce métal n'aura pas de peine à conquérir quelques hésitants ; que d'ailleurs le sud est moins exclusif dans sa passion ; que, s'il aime l'argent, il semble aimer autant le cours forcé ; enfin que sa misère seule explique son dédain apparent pour le métal jaune.

Nous croyons au triomphe définitif de l'étalon d'or, mais nous croyons aussi que ce serait lui rendre un mauvais service que de négliger un de ses ennemis les plus redoutables. Il faut faire à cet ennemi, pour le soumettre, les concessions qu'il est en droit d'exiger et pour cela il faut rechercher si ses prétentions sont fondées ou si ses vertus sont de pacotille. Nous croyons qu'elles sont sérieuses.

3. *Les préférences des peuples pour chaque métal sont sérieuses et rendent la diversité des systèmes monétaires fatale.*—Les Etats qui montrent pour l'argent la plus grande faiblesse, sont ceux qui en produisent. C'est un penchant

naturel. Peut-on les condamner à la stérilité ou exiger d'eux qu'ils ne mettent au monde qu'un genre de métal, le métal jaune, à l'exclusion du métal blanc ? Ce serait folie ! Or les Etats-Unis produisent exactement le tiers de la production totale du monde : 1.600 tonnes pour 4.800. Le Mexique vient au second rang avec 1.300 tonnes par an, puis l'Australie, la Bolivie, l'Allemagne.

D'autres Etats ont une habitude séculaire de l'usage de l'argent. Tels sont l'Inde, la Chine, la Turquie, l'Espagne, qui s'habitueront assurément sans peine au maniement des billets de banque, mais qui préféreront longtemps l'argent dont la valeur intrinsèque leur semble une garantie plus solide.

Enfin beaucoup d'Etats, des plus favorables à l'or, possèdent un stock considérable d'argent dont ils ne peuvent se débarrasser sans faire baisser encore la valeur de l'argent et sans éprouver, même dans l'Etat actuel, des pertes énormes. C'est ainsi que les pays qui forment l'Union Latine, que l'Allemagne, l'Autriche, et tous les Etats qui pratiquent aujourd'hui le système de l'étalon boiteux ne pourront, avant de longues années, expulser l'argent de leurs caisses.

Tous ces États, pour des raisons variées, seraient donc intéressés à donner ou à rendre à l'argent une place dans le monde des monnaies à valeur réelle. Ils y gagneraient de pouvoir donner libre cours à une sympathie naturelle pour un métal qui n'a d'autre tort réel que de faire concurrence à l'or. L'argent, par sa moindre valeur, est bien meilleur pour beaucoup de payements, il a des qualités monétaires reconnues et appréciées de tout temps, enfin il permettrait au commerce de disposer pour les menus payements d'une monnaie excellente à valeur réelle, au lieu d'une monnaie représentative d'or, qui n'est à tout prendre et quoi qu'on fasse, qu'une fausse monnaie.

4° Cette diversité provoque les crises monétaires. — Ainsi la diversité des systèmes monétaires est un fait indéniable. Cette diversité est basée sur des raisons sérieuses, légitimes, qui la rendent durable et ne permettent pas d'en entrevoir la fin prochaine. Elle a existé de tout temps et chaque fois qu'elle est apparue entre deux États elle a fait naître entre eux des crises funestes. Il n'en est pas autrement aujourd'hui. L'exemple récent des rapports de l'Angleterre et de l'Inde en est une preuve entre mille. Nous en trouverons d'autres en étudiant le fonctionnement des crises.

CHAPITRE III

LES CRISES MONÉTAIRES ET LA RESPONSABILITÉ DE L'ÉTAT.

§ 1. — Théorie de la périodicité des crises.

1. — *Si les crises monétaires étaient périodiques, notre étude n'aurait pas d'objet.*

Dès qu'on aborde l'étude des crises monétaires on se heurte à une théorie, qui s'accrédite de plus en plus aujourd'hui en France et en Angleterre, et qui tend à considérer les crises, et particulièrement les crises monétaires, comme *périodiques*.

S'il en était ainsi, cette étude n'aurait pas d'objet. La banalité du problème monétaire est devenue proverbiale parmi les économistes et, si ceux qui l'étudient encore ont le courage de le faire, c'est que les souffrances du monde entier en cette triste fin de siècle sont pour la plupart des crises monétaires et qu'on espère en découvrir les causes et les remèdes.

Si ces crises étaient périodiques, elles seraient *fatales* ; il serait inutile d'en rechercher les causes ; elles ne seraient pas accessibles à des remèdes. La théorie de la périodicité s'impose donc à notre examen, elle se dresse devant nous dès le départ et nous barre la route. « A quoi bon, semble-t-on dire, étudier le problème monétaire ? Si votre peine devait aboutir à la découverte de quelque moyen propre à éviter les crises ou à les adoucir ce serait assurément un travail fort utile. Mais les crises sont périodiques, elles reviennent régulièrement comme le jour et la nuit. Vous ne prétendez pas arrêter le monde dans sa marche ! »

Assurément la prétention serait grande, aussi la théorie vaut-elle qu'on l'examine.

2. — *Importance et progrès de cette théorie.*

D'ailleurs elle n'est pas de celles qu'on met de côté d'un mot. C'est une théorie heureuse. On conspire de toute part en sa faveur. Les faits paraissent la confirmer. Ses défenseurs sont des plus éminents.

De l'autre côté de la Manche elle est soutenue par M. Stanley Jevons qui considère les crises non seulement comme des catastrophes fréquentes et régulières, mais comme des phénomènes purement physiques, provoqués par d'autres phénomènes naturels, et en relation directe avec les lois astronomiques.

Les taches du soleil, dont l'intensité suit une marche régulière, alternativement croissante et décroissante, les aurores boréales, dont le retour est sensiblement périodique, les fluctuations du magnétisme terrestre et les grandes crises, formeraient un ensemble soumis aux mêmes causes et aux mêmes lois.

En France, c'est M. Clément Juglar qui est le maître toujours écouté, rarement contredit, en ces matières. Et lorsque la Société d'Economie politique, dans sa première séance de 1893 (1), discutait la question que nous exami-

(1) *Journal des Economistes*, 15 janvier 1893.

nons en ce moment, elle recherchait simplement si la périodicité des crises est une loi ou un accident, mais le fait même de la périodicité ne semblait nullement contesté.

Enfin, non seulement ceux qui défendent ce système sont des combattants des plus redoutables, mais les sceptiques eux-mêmes, qui réservent leur opinion, tels que M. de Foville (1), déclarent que la question est fort intéressante et que, si la relation des crises monétaires avec les taches du soleil n'est pas encore prouvée, le fait même de la périodicité est un point facile à établir et que tous les esprits observateurs en ont été frappés. C'est ce que nous examinerons bientôt en faisant l'historique de cette théorie.

Disons toute de suite que nous ne partageons en aucune façon la manière de voir des savants économistes que nous venons de citer. Nous croyons que les crises monétaires ont des causes accidentelles sans lesquelles elles ne se produiraient pas et que ces causes sont souvent des fautes commises par les hommes ou par les gouvernements. Nous croyons qu'on peut apporter des remèdes à ces maux ou tout au moins des palliatifs et que l'étude peut en être utile.

La baisse actuelle de l'argent qui est universelle, la dépréciation du change, les krachs, les faillites, les effondrements financiers et commerciaux de toute sorte, qui ont sévi particulièrement dans le monde depuis une vingtaine d'années, ne sont pas des phénomènes naturels causés par le développement régulier de la richesse des nations, ni par le mouvement séculaire des astres dans leur orbite. Ce sont des phénomènes provoqués par des causes particu-

---

(1) *Economiste Français*, 15 février 1879.

lières, qu'on aurait pu le plus souvent éviter et dont on peut encore atténuer les ravages.

Peut-être exagère-t-on l'influence de la rareté du numéraire ou de l'abondance du crédit dans ces grandes pertubations économiques qui nous étonnent. On s'est peut-être trop habitué à rendre les lois et l'organisatlon sociale responsables de tout. Un agriculteur ne vend-il pas ses grains, un commerçant ne place-t-il pas ses marchandises, un État ne paye-t-il pas ses dettes, on s'en prend volontiers à la législation monétaire ou à l'organisation des Banques et on parle de les réformer. Il y a là assurément de l'exagération. Il faut reconnaître que dans les crises succombent souvent aussi bien des maladroits et des malchanceux et que tout le mal ne vient pas de la loi. Mais il y a loin de cette concession à une théorie qui met tous les torts au compte de la nature, du hasard et de la fatalité et qui absout d'un mot les hommes et les Etats.

Je le répète, nous ne prétendons pas arrêter le monde dans sa marche, mais s'il s'agissait ici de phénomènes purement physiques, nous nous contenterions de chercher à les prévoir et à les annoncer, comme on prévoit les tempêtes ou les grandes marées, ce qui permet aux voyageurs de s'abriter, aux marins de larguer ou de carguer les voiles. Nous nous contenterions de quelque expédient propre à rendre le monde économique moins sensible aux souffrances que les crises traînent à leur suite, à éclairer un peu la route au milieu de l'ouragan. Tandis que, ne considérant pas les crises comme des phénomènes purement naturels, nos prétentions sont plus élevées. Nous ne cherchons pas de vains expédients qui nous permettent de nous diriger plus ou moins péniblement à travers les ténèbres, nous voulons la grande lumière et nous espérons la trouver. Attaquons-nous donc sans hésiter à ce fatalisme ottoman qui a inspiré la théorie de la périodicité.

3. — *Historique de la théorie de la périodicité* (1).

Dès 1838, Carey remarquait une certaine régularité dans le retour des grandes crises économiques.

En 1840, James Wilson de l' « Economiste » publiait un mémoire intitulé : *Des fluctuations monétaires, commerciales et industrielles.*

En 1847, le Dr Hyde Clarke, dans le *Railway Register*, indiquait les crises de 1796, 1806, 1817, 1827, 1837, 1847 et ajoutait : « rien n'est plus ordinaire que de voir une période de marasme et de misère après une période de spéculation fiévreuse ». L'auteur se demandait même s'il n'y avait pas une relation entre cette périodicité et quelque cycle astronomique ou météorologique.

En 1848, M. J. T. Danson, à la *Société de statistique de Londres*, remarquait la périodicité des variations des prix des denrées de première nécessité.

La même année, en France, Ch. Coquelin, dans le Crédit et les Banques, insiste sur la périodicité des crises. Il y revient plus nettement encore dans le *Dictionnaire d'Économie politique.*

En 1857, M. Langton, banquier de Manchester, constate que les crises reviennent tous les dix ans. Dans l'enquête de 1858 (2), M. Neave, gouverneur de la Banque d'Angleterre, dit qu'il est impossible d'empêcher les secousses périodiques du commerce. Il pense qu'il y a là une loi de l'humanité.

---

(1) Cf. De Foville, *Economiste français*, 15 février, 1er mars 1879.
(2) Clément Juglar, *Les crises commerciales ou monétaires.*

M. James Loyd trouve même des avantages à ces ébranlements réguliers.

Enfin M. Clément Juglar, qui, dès 1856 avait noté le phénomène dans l'*Annuaire de l'Économie politique* et dans le *Journal des Économistes*, établit nettement la théorie dans un mémoire couronné en 1860 par l'Académie des sciences morales et politiques, qui avait mis le sujet au concours. Ce mémoire fut publié en 1862 et en 1877 l'auteur compléta ses travaux par la publication de graphiques représentant d'une manière saisissante les variations qu'éprouvent les divers articles des bilans des grandes banques qui sont pour M. Juglar les principaux symptômes de ces crises. Les vagues régulières que l'on voit onduler dans ces courbes frappent le regard et valent les meilleurs raisonnements.

En dernier lieu, M. Stanley Jevons a publié deux diagrammes qui donnent : l'un les variations des bilans de la banque d'Angleterre et du taux de l'escompte à Londres depuis 1844 ; l'autre : 1° les cours des consolidés, 2° les prix du blé, 3° les nombres de faillites dans les diverses crises, 4° les taux minimums de l'escompte à Londres. Ces tableaux résument toute l'histoire financière de l'Angleterre depuis un demi-siècle.

Les prédécesseurs de MM. Juglar et Jevons avaient simplement remarqué un fait et signalé une coïncidence singulière. Ces auteurs ont les premiers établi la théorie de la périodicité que nous allons exposer brièvement et discuter.

4. — *Théorie de M. Clément Juglar.*

Division des crises. — Crises commerciales ou monétaires. — M. Clément Juglar a acquis dans la science, par sa théorie de la périodicité des crises, une autorité considérable :

Suivant M. Juglar, il y aurait deux sortes de crises : 1° les *crises particulières* à certaines industries ou à certains pays, telles que les crises agricoles, les crises financières, etc., et 2° des *crises générales et périodiques*, qui ébranlent à époques fixes la situation économique entière, non seulement d'un pays, mais de tout l'univers. Ces dernières ont un effet direct sur les affaires, sur le commerce : ce sont des crises commerciales, et comme elles se compliquent toujours d'embarras monétaires, il les désigne sous le nom de *crises commerciales ou monétaires*. Il n'étudie que ces dernières.

Causes. — On a cru longtemps, dit-il, que ces ébranlements tenaient à quelque accident particulier très variable, déjouant toutes les prévisions, comme une trombe qui passe et dévaste un pays. Les guerres, les révolutions, les disettes de céréales ou des principaux produits nécessaires à l'industrie, l'ouverture de nouveaux marchés ou la fermeture d'anciens débouchés, l'abus d'émission des billets de banque, la surproduction, les changements de tarifs, l'ouverture de nouvelles voies au commerce, les emprunts, etc... sont des accidents qui peuvent entraîner des crises particulières, mais non des crises commerciales.

Ces dernières, qui sont, si l'on veut, des maladies de l'univers, passent successivement par trois périodes : 1° une période d'activité, marquée par la hausse des prix en gros des matières premières, c'est la *période prospère* ; 2° une période aiguë, très courte, qui est la *crise proprement dite*, marquée par l'arrêt dans la hausse des prix et le drainage des espèces métalliques ; 3° une *période de liquidation*, longue et pénible, où les prix baissent jusqu'à la reprise d'une nouvelle prospérité.

La véritable cause de ces crises est dans la prospérité par laquelle elles débutent, dans l'activité qui les précède et qui n'est autre chose que la manifestation de la vie des sociétés. Le capital est abondant, le crédit facile, partout on voit de grandes entreprises, des spéculations de tout genre, la hausse des prix de tous les produits, des terres, des maisons, la demande des ouvriers, la hausse des salaires, la baisse de l'intérêt, la foi, la crédulité du public, qui devant un premier succès ne met plus rien en doute, le goût du jeu, un luxe croissant. La hausse succède à la hausse, on épuise le capital en même temps que le crédit et dès lors la situation change, le capital devient plus rare, le taux de l'escompte se relève, les prix des reports se tendent, les produits ne circulent plus et les acheteurs cherchent à s'en défaire. Alors le premier accident, une guerre, une disette,... fait éclater la crise. Mais cet accident n'a que l'influence relative de la goutte d'eau qui fait déborder la vase. Il précipite l'explosion, parfois il la retarde, mais il n'en est pas la véritable cause et ne peut jamais détourner la tempête. A ce moment on se précipite sur les Banques pour proroger les échéances par des renouvellements, les portefeuilles se gonflent, les caisses se vident, parce qu'à l'extérieur il faut absolument payer, on fait appel au numéraire, qui ne devrait être employé que pour solder les grandes opérations et pour le comptant. Les Banques ont recours à l'élévation du taux de l'escompte, qui oblige la spéculation mal engagée à liquider, à vendre en baisse. Les maisons solides souffrent mais résistent, les autres croûlent. Puis peu à peu le calme se rétablit. On entend encore çà et là quelques coups de tonnerre, échos lointains de la tempête, ce sont des ruines, des faillites, mais l'ouragan s'est apaisé. Le taux de l'escompte s'abaisse, la liquidation s'opère ; c'est une période de stagnation des affaires, d'abondance de capitaux sans emploi. Les craintes provenant du souvenir encore récent de l'orage empêchent les commerçants de s'engager et ce malaise dure ainsi jusqu'à la reprise d'un nouveau cycle.

Caractères. — 1° *Périodicité.* — Telles sont ces crises. Leurs caractères essentiels sont la *périodicité* et l'*universalité*. M. Juglar ne les étudie qu'au XIXe siècle et dans les principaux pays commerciaux, en France, en Angleterre et aux Etats-Unis.

Le tableau qu'il nous en donne suffit à établir ce double caractère.

	France.	*Angleterre.*	*Etats-Unis.*
Crise en	1804	1803	»
—	1810	1810	»
—	1813	1815	1814
—	1818	1818	1818
—	1826	1826	1826
—	1830	1830	»
—	1836	1837	1837
—	1839	1839	1839
—	1847	1847	1848
—	1857	1857	1857
—	1864	1864	»
—	»	1866	»
—	»	1873	1873
—	1882	1882	1884
—	1893	»	»

Symptômes des crises dans les bilans des banques. — Dès 1860, M. Juglar avait posé comme une loi la périodicité des crises qui ébranlent les affaires. Or les affaires, disait-il, c'est la circulation des produits ou ce qui revient au même des effets de commerce qui les représentent. Où en reconnaître le passage d'une manière plus certaine que dans les *bilans des banques* ? C'est en étudiant ces bilans que l'on peut suivre les péripéties des crises, les prévoir et les annoncer. Le développement des escomptes de la Banque de France a permis à M. Juglar d'annoncer la crise de 1857, quand on espérait au contraire, après la guerre de Crimée, une période prospère. Depuis cette époque la périodicité s'est vérifiée par le retour des crises en 1864, 1873, 1882, 1893.

2° *Universalité des crises. — Solidarité des marchés.* — Quant à l'universalité des crises, elle résulte du même tableau, qui nous indique entre les trois marchés, dont il représente la situation depuis un siècle, une *solidarité* frappante. Jusqu'en 1864 les crises éclatent la même année. La crise de 1866 qui ne se rencontre qu'en Angleterre vient de ce que ce pays avait résisté en 1864, la crise se prolongea et l'explosion en 1866 n'en fut que plus grave. En 1873 la France n'a pas de crise pour une raison inverse, elle avait éprouvé en 1870 une liquidation anticipée. En 1882 ce sont les États-Unis qui résistent ; ils succombent fatalement en 1884.

Discussion.

Nous nous sommes appliqué à présenter la théorie de M. Juglar avec la plus complète impartialité, sans mêler à cet exposé la moindre discussion, la moindre prévention. Nous pouvons maintenant plus sûrement en aborder la critique.

Division des crises. — Les crises de M. Juglar sont des crises particulières. — M. Juglar imagine à côté et au-dessus des crises particulières qui affectent isolément un peuple, un commerce, une industrie, des crises plus générales et par suite plus graves, qui n'ont (si nous comprenons bien sa théorie), ni causes, ni remèdes. — Elles n'ont pas de *causes*, puisqu'elles sont périodiques, c'est-à-dire fatales, puisqu'elles proviennent de l'activité naturelle des affaires, qui est la vie des sociétés, puisque les guerres, les révolutions, les famines et tout l'arsenal des misères sociales, que le vulgaire considère naïvement comme les véritables causes des crises, ne sont que des accidents, qui en modifient plus ou moins la marche, qui en accélèrent ou en retardent l'explosion, mais qui ne sauraient, à proprement parler, les provoquer ou les éteindre. — Elles n'ont pas de *remèdes*, et M. Clément Juglar insiste sur ce point : « Nous ne saurions trop le répéter, lorsque la crise s'est déclarée, il n'y a plus qu'à en attendre la liquidation,... elle se termine seule et tous les expédients ne font que l'aggraver ». Et encore : « Ce n'est que par ignorance que dans les périodes de liquidation on peut réclamer des pouvoirs publics des mesures destinées à redonner de la vie aux affaires, et c'est une grande présomption aux hommes de gouvernement de promettre de pareilles mesures ». Et M. Juglar résume sa théorie en disant que « le développement régulier de la richesse des nations n'a pas lieu sans douleur et sans résistance. Dans les crises tout s'arrête pour un temps, le corps social paraît paralysé ; mais ce n'est qu'une torpeur passagère, prélude de plus belles destinées ; en un mot c'est une liquidation générale ».

Ainsi, voilà un fléau qui résulte du développement régulier de la richesse des nations, qui s'attaque à elles périodiquement, fatalement, qui, par suite de ce qu'on appelle la solidarité des marchés, se répand, comme une épidémie contagieuse, de peuple en peuple, à tout l'univers, sans qu'on puisse élever nulle part de barrière assez forte pour en arrêter l'invasion. Il y a là assurément de quoi justifier la mystérieuse épouvante que les crises inspirent. Pieds et poings liés nous sommes livrés en pâture au monstre ! . . .

Cette perspective a fait frissonner des économistes de talent, tels que M. Allard, qui, dans un mémoire présenté en 1889 à l'Académie des Sciences morales et politiques, s'indigne contre une pareille théorie. « L'excès de production amenant les privations, l'excès de travail amenant la misère, est un paradoxe qui tend à faire croire que le travail engendre tous les maux et que l'homme est destiné au malheur. Ce sont les théories philosophiques des Leopardi, Hartmann et Schopenhauer qui ont engendré le socialisme en Allemagne, le nihilisme en Russie, et en France la théorie qui a pour devise : Ni Dieu, ni maître ! Ces idées ne sont pas françaises, disait dans un noble élan, M. Gréard, à une séance annuelle de l'Institut ; comme lui je ne vois dans cette solution que le germe d'un bouleversement social inévitable ! »

M. Juglar a bien senti lui-même que sa théorie mène plutôt au désespoir et à l'inaction qu'à l'activité courageuse et au progrès. Il a voulu mettre un baume sur des plaies qu'il avait faites ; mais ses bonnes paroles se ressentent de cet effort ; elles font frémir. Il ne nous console guère qu'en nous faisant apprécier le bonheur que nous éprouverons, quand la crise sera passée, à n'être plus malades. C'est un genre de soulagement qui n'a jamais suffi à ceux qui souffrent, et la preuve en est que les victimes de la crise actuelle ne s'en sont pas contentés et ont demandé à d'autres des consolations plus efficaces.

En Angleterre particulièrement, où les crises sont les plus graves, la question des causes et des remèdes a été sérieusement étudiée et les dernières *Commissions d'enquête*, nommées sur l'ordre de la Reine, ont déclaré que la *crise actuelle* est une *crise essentiellement monétaire* et que le seul moyen propre à soulager les souffrances qu'elle engendre semble être une réforme dans la circulation des monnaies. La question monétaire intervient donc dans cette crise avec un caractère d'une gravité exceptionnelle que nous essayerons d'indiquer. D'accord avec ces Commissions d'enquête, nous ne croyons pas à l'existence de ce genre de crises dont parle M. Juglar et dont la théorie va à l'encontre de l'idée de progrès et du besoin d'activité nécessaire à l'homme, de ces crises qu'une fatalité aveugle nous envoie tous les dix ans pour aider au triomphe des doctrines les plus décevantes qui germent dans l'esprit humain. Les maux dont il s'agit n'en sont pas moins très réels et très regrettables, mais nous croyons que ce sont des crises comme les autres qui ont des causes précises, accidentelles, et sont susceptibles de guérison. Leurs causes peuvent être naturelles, comme cela arrive souvent dans les crises agricoles, elles peuvent aussi émaner de l'imprudence ou de la maladresse des hommes ou des gouvernements. Et de même qu'elles ont des causes qui peuvent être variées, multiples, mais toujours assez nettes pour être découvertes et analysées, ces crises sont accessibles à des remèdes efficaces, non seulement préventifs, mais répressifs. L'étude des crises prend ainsi un caractère utilitaire qu'elle n'a pas chez M. Clément Juglar, pour qui cette étude, n'aboutissant pas à la recherche du traitement le plus approprié au mal, le plus apte à amener une guérison, se réduit à une sorte de *curiosité vaine*.

Périodicité. — Où prend-on d'ailleurs ce caractère de périodicité, dont on fait si grand cas? On parle même de périodicité décennale. Or remarquons d'abord que la liste des crises d'un pays, même aussi connu que l'Angleterre, est très difficile à établir. « Certains auteurs, » dit M. Cliffe Leslie, dans une lettre adressée à l'*Economist* « comptent des crises en : 1793, 1795, 1797, 1810, 1811, 1816, 1825, 1832, 1836, 1837, 1839, 1840, 1847, 1857, M. Juglar en compte en outre dans les années 1803, (1815), 1818, 1819, (1826), 1829, 1830, 1864, 1866, 1873, 1882. Celles de 1815 et 1826 se confondent si l'on veut avec celles de 1816 et 1825 qu'indiquent, au dire de M. Leslie, les auteurs anglais, mais les autres sont complètement nouvelles. Sir Robert Peel, dans son discours sur le Currency Bill de 1844, disait qu'il y avait eu alors, dans les vingt dernières années quatre grandes crises monétaires, en 1825, 1832, 1837, 1839. M. Tooke a vivement combattu cette énumération effaçant absolument 1832 et 1839 et déclarant qu'en 1837 la crise n'avait pas été sérieuse. Il soutient que depuis 60 ans il n'y a eu que quatre crises sérieuses en 1792, 1793, 1810, 1811, 1825 et 1847. Mais ce qui est certain pour lui, c'est qu'il y a eu deux crises en 1847, très différentes par leurs causes, mais également violentes ». Il en est de même pour la France et pour les autres États. Que d'économistes soutiennent que la crise actuelle dure depuis 1870 tandis que d'autres en comptent en 1870, en 1882, en 1893 ! Dans ces conditions il est assez difficile de dresser un tableau exact des crises et par le choix auquel on s'arrête, on peut donner à ce tableau la signification que l'on veut. Mais prenons celui de M. Juglar tel qu'il est. Que prouve-t-il? La *fréquence* des crises, si l'on veut, mais en aucune façon la périodicité. Les intervalles de ses crises sont en France de 6 ans, puis 3, 5, 8, 4, 6, 3, 8, 10, 7, 6, 12. La périodicité décennale n'est représentée que par un chiffre qui correspond aux années 1847-1857. En Angleterre les intervalles sont de 7 ans, puis 5, 3, 8, 4, 7, 2, 8, 10, 7, 2, 7, 9. Le nombre 10 se trouve encore une seule fois pour la même période 1847-1857. Enfin aux États-Unis les intervalles sont de 4 ans, puis 8, 11, 2, 9, 9, 7, 9, 11. Il faut avouer que pour trouver dans ces chiffres une périodicité quelconque, il faut avoir une dose de bonne volonté au-dessus de la moyenne. Aussi en est-on réduit à un système de coups de pouce (qu'on me passe l'expression) à l'aide duquel on peut faire dire aux chiffres tout ce qu'on veut. On dit par exemple qu'en 1864 l'Angleterre a résisté pendant dix-huit mois contre vents et marées et que c'est cela qui explique cette crise de 1866, l'une des plus graves dont le pays ait eu à souffrir, et qui fait tache dans le tableau parce qu'elle contredit et nargue la théorie. En 1873 c'est la France qui se trouve en défaut parce qu'elle n'a pas eu de crise. Mais la théorie remarque qu'en 1870 elle en a eu une qu'elle ne devait pas avoir et elle explique le tout par le mot de *liquidation anticipée*, comme si c'était la liquidation qui avait tort et non la théorie.

5. — *Théorie de M. Stanley Jevons.*

M. Stanley Jevons (1) renchérit sur les idées de M. Juglar. Il reconnaît comme lui une espèce particulière de crises qu'il appelle *normales* ; non qu'elles aient des causes ou des caractères différents de ceux des crises anormales,

---

(1) Voir : *Essai sur la question de l'or*. — *Périodicité des crises commerciales*, 1878. — De Foville, *Ec. Fr.*, 15 février et 1er mars 1879.

mais tout simplement parce qu'elles viennent se ranger plus docilement que les autres dans le cadre tracé d'avance par la théorie.

M. Jevons déclare ces crises *périodiques* et soutient que cette périodicité est *décennale*. Il calcule même exactement la durée de la période qui sépare normalement deux crises consécutives et la fixe à 10 ans et 46 centièmes. Voici comment il arrive à ce chiffre.

Il part des deux crises de 1847 et 1857, qui ont donné le principal élan à toute la théorie et entre lesquelles l'intervalle est nettement de 10 ans. Puis il remonte dans le cours des âges en calculant les intervalles des crises qui répondent le mieux à une périodicité approximativement décennale. Il trouve ainsi que le nombre de 10 ans 46 centièmes est celui qui permet de rencontrer le plus grand nombre de crises. Il en laisse quelques-unes en route, il en constate qui n'ont pas existé, mais enfin le plus souvent ce chiffre le met d'accord avec la réalité. La théorie expliquera le reste.

La liste des dates ainsi obtenues est la suivante : 1857, 1847, 1836, 1826, 1815, 1805, 1794, 1784, 1773, 1763, 1752, 1742, 1731, 1721 et après 1857 on a 1868, 1878,... Or, aussi loin que M. Jevons pousse son tableau, il trouve toujours une crise *petite ou grande* à la date indiquée, sauf en 1742 et en 1752.

Ainsi le fait de la périodicité paraît nettement constaté. Comment l'expliquer ? M. Jevons l'interprète de la manière suivante (1) :

1° Les vicissitudes commerciales de tous les peuples, et en particulier de l'Angleterre, sont dues à son *commerce*

(1) Journal anglais *Nature*, 14 novembre 1878.

avec les pays tropicaux. L'Inde a surtout influé sur la situation économique du continent au commencement du XVIIIe siècle où le commerce avec cette contrée était particulièrement actif. Les grandes faillites ont frappé des sociétés en relations avec l'Inde ou les autres pays tropicaux : la Société de la mer du Sud, la Société du Mississipi, les Compagnies des Indes en Allemagne, en Angleterre, en France. La Banque de Glasgow en 1878 tomba à la suite des famines de l'Inde et de la Chine.

2° Les chiffres des *exportations de la Compagnie des Indes*, métaux précieux non compris, marquent les variations du commerce de l'Angleterre avec l'un des principaux pays tropicaux. Or, de 1708 à 1734, on y constate des phases qui marquent une périodicité décennale très nette. Les maximums sont atteints en 1710-1711, 1721-1722, 1731-1732 et les minimums en 1715-1716 et 1726-1727.

3° On peut constater d'autre part que les *famines* de l'Inde et des pays tropicaux sont périodiques (1) ; de même les *naufrages* dans la mer des Indes (2), les *pluies*, les *inondations*, tous les cataclysmes naturels, ont été rattachés plus ou moins exactement à des lois de variations périodiques et décennales.

4° Les phénomènes causés aux Indes par des *sécheresses* correspondent avec des phénomènes inverses dans nos régions tempérées : pluies, inondations .., et ces phénomènes peuvent par suite être considérés comme les effets des *variations d'intensité de la chaleur solaire*. Ces variations correspondraient à des variations de l'intensité lumineuse de cet astre que nous constatons dans les chan-

(1) Lockyer, Hunter.
(2) Jeula.

gements de forme et les mouvements des *taches du soleil.*

Ainsi les modifications des taches du soleil proviendraient de variations d'intensité calorifique et lumineuse de cet astre. Ces variations produiraient dans les régions tropicales des phénomènes divers de sécheresse ou d'humidité, qui influeraient sur les récoltes et sur la production, les exportations se ressentiraient de ces influences et porteraient dans le commerce des États en relations avec ces régions les crises ou la prospérité.

Or les taches du soleil, que l'on étudie depuis Galilée, ont été considérées par Herschell et Wilson comme des trous, faits dans l'atmosphère solaire par des éruptions volcaniques et par lesquels nous apercevons le noyau obscur du soleil, d'autres y voient des scories, des nuages flottants, mais la théorie qui paraît la plus vraisemblable considère ces taches comme des irrégularités dans la condensation progressive d'une nébuleuse, qui constituerait le soleil, comme la plupart des astres. Cette condensation se ferait par saccades et la puissance lumineuse et calorifique du soleil subirait des alternatives qui se manifesteraient dans le plus ou moins de netteté des taches.

On a étudié (1) la loi de ces oscillations et l'on a constaté que ces phénomènes devaient être en relation directe avec les aurores boréales (2) et avec les oscillations du magnétisme terrestre (3) dont les déviations diurnes passent aussi par des maximums et des minimums. En rapprochant ces divers phénomènes, on a constaté que leurs variations, qui sont toutes sensiblement périodiques, ont une

(1) Wolf.
(2) Loomis.
(3) Broun et Lamont.

période identique, qui est, sauf quelques écarts, pour les uns comme pour les autres, de 10 ans 46 centièmes, qui est précisément la période constatée directement par M. Jevons pour les crises.

Il y a incontestablement là une coïncidence qui tient du merveilleux !

En ce qui concerne le magnétisme terrestre, la période est nettement établie et il est très probable que ce phénomène est en relation directe avec les changements d'intensité des taches solaires. Pour les aurores boréales le rapprochement paraît très acceptable également. Mais, en ce qui concerne les crises, il n'en est plus ainsi.

Il faut remarquer d'abord que sous le nom de crises normales on ne choisit que celles qui répondent aux exigences d'une théorie préconçue et on laisse de côté des crises graves qu'on n'explique en aucune façon.

Mais en acceptant même le tableau des crises de M. Jevons, on constate que les crises sont tantôt en avance, tantôt en retard, par rapport aux taches du soleil, d'un nombre d'années qui atteint parfois presque la durée de la période. Aussi en arrive-t-on à imaginer entre les divers phénomènes dont il s'agit une relation vague que M. de Foville représente d'une manière ingénieuse en comparant les taches solaires accompagnées dans leurs mouvements réguliers par les crises et par les oscillations du magnétisme terrestre à un promeneur qui tiendrait d'une main un enfant turbulent et de l'autre un chien en laisse, circulant librement près de lui, tantôt en avant et tantôt en arrière. Nous ne pouvons mieux montrer que par une semblable comparaison ce qu'il y a d'enfantin dans une pareille théorie, et nous conclurons en la répudiant.

6. — *Conclusion.*

Ce qui résulte de cette discussion, c'est que si M. Juglar a parfaitement analysé les crises commerciales qui sont en même temps monétaires, indiquant avec une précision merveilleuse les symptômes auxquels on peut les reconnaître dans les bilans des Banques, les suivant dans toutes les péripéties de leur développement et découvrant tous leurs mystères, il a eu le tort de les considérer, ainsi que M. St. Jevons, comme une *espèce particulière de crises*, périodiques, c'est-à-dire fatales, de nier l'*effet des accidents* de la vie des peuples sur la naissance et sur l'évolution de ces phénomènes, de refuser à tout *remède* une efficacité quelconque en ces matières, enfin de confondre les crises commerciales avec les *crises purement monétaires* qui sont souvent la cause ou l'effet des crises commerciales mais qui ne sont pas le même phénomène.

Crises économiques. — Il y a donc des crises commerciales qui ne sont pas monétaires et des crises monétaires qui ne sont pas commerciales. Et si ces deux genres de crises coïncident souvent et se confondent, c'est à cause des rapports intimes qui existent entre le commerce et la monnaie par suite de la nécessité des liquidations internationales. L'une ou l'autre de ces deux sortes de crises peut s'étendre, se développer, sortir de son domaine propre et répandre ses ravages à l'extérieur jusqu'à englober parfois le monde économique tout entier. On parle alors de crise générale, de *crise économique*. L'origine, la cause véritable n'en est pas moins commerciale ou monétaire suivant les cas. On peut rechercher cette cause, la découvrir et, en la supprimant, faire cesser ses effets pernicieux ou tout au moins les affaiblir et les restreindre. La crise, par exemple, qui, depuis 1873, règne sur le monde et dont M. Juglar indique admirablement les ondulations en hausse et en baisse d'après les mouvements des encaisses, des portefeuilles, des comptes-courants, etc., constatés dans les bilans des Banques, cette crise n'a rien de fatal, ni de merveilleux ; elle a des causes très réelles qu'il suffit d'étudier et de préciser. Les enquêtes anglaises y ont cru découvrir, comme beaucoup d'écrivains l'avaient fait avant elles, une cause monétaire. Du domaine monétaire le mal se serait répandu au commerce, à l'industrie, à l'agriculture, aux finances et de peuple en peuple à tout l'univers. Il peut même se faire que d'autres crises soient venues mêler leurs effets à ceux que causait déjà la crise monétaire et former ainsi un *faisceau de crises* plus difficiles par conséquent à suivre et à étudier. Mais si la cause première ou principale est monétaire, c'est dans ce domaine qu'il faudra porter le remède, c'est par ce côté qu'il faudra attaquer le monstre. Plus les difficultés du combat sont grandes, plus il est périlleux de se laisser épouvanter par la vision de je ne sais quelles causes fatales et mystérieuses, ou de croiser témérairement les bras devant le danger.

Définition des crises. — Ainsi, quelles que soient les crises, nous les définissons par leurs causes. Elles sont *commerciales*, *monétaires*, *agricoles*, etc.., suivant que leur cause originaire et principale est commerciale, ou monétaire, ou agricole... Quand une crise se complique de plusieurs autres et s'étend à diverses industries, à divers marchés,... nous les appelons *crises économiques*, parce que leur gravité s'accroît dès lors rapidement et qu'elles englobent vite le monde économique tout entier. Mais ces dernières ont des causes précises comme les autres, elles sont accessibles à des remèdes non seulement préventifs, mais répressifs, elles ne sont ni périodiques, ni fatales. Elles n'ont de particulier que leur complexité et leur gravité, qui font qu'elles ébranlent parfois l'être social entier et qu'on perd de vue leur véritable origine. Les maux dont souffrent les individus obéissent aux mêmes lois : d'un membre blessé la gangrène gagne de proche en proche et envahit le corps entier. Mais, de même que dans les souffrances des individus on ne peut en découvrir une plus générale et plus grave que les autres qui nous attaque sans motif, simplement parce que nous vivons et en vertu d'une sorte de fatalité inéluctable, de même il semble bien dur de prétendre que les sociétés sont en butte à certains maux qui les frappent sans raison et contre lesquels elles sont sans défense. Chaque crise a ses causes spéciales, différentes de celles des crises qui l'ont précédée et des crises qui l'ont suivie ; et si personne ne s'avise de proposer les mêmes remèdes pour les unes et pour les autres, peut-être y a-t-il quelque exagération pessimiste dans le fait de croire qu'on ne doit chercher de remède ni pour les unes, ni pour les autres. Chaque crise a son évolution, son histoire, qui varie suivant les temps et suivant les lieux, c'est-à-dire que la *théorie* en est essentiellement *relative*. C'est ce que l'histoire des crises anglaises va nous permettre d'établir plus sûrement.

§ 2. — Étude historique des crises.

Nous choisissons l'exemple de l'Angleterre, dont le commerce et les relations monétaires dominent le monde, pour établir la théorie des crises. L'Angleterre a été souvent éprouvée. Les ébranlements dont elle a été victime sont des plus intéressants. Ils nous permettront de reconnaître que chaque crise a des *causes accidentelles*. Ces causes se manifestent à nous par quelques-uns de leurs effets, qui, s'ils sont faciles à constater et à mesurer, constituent les *symptômes* des crises. Ces causes sont souvent accessibles à des *remèdes*. L'État est donc intéressé à leur étude.

La *statistique officielle* doit révéler l'existence des crises, car c'est elle qui doit en étudier les symptômes ordinaires. L'organisation de la statistique officielle est donc l'un des premiers devoirs de l'Etat.

De ces symptômes, on remontera facilement aux causes qui les ont provoqués. Ces causes peuvent être des phénomènes naturels, contre lesquels l'État est désarmé. Mais elles peuvent consister dans de mauvaises lois ou de mauvaises pratiques que l'Etat peut et doit corriger ou supprimer.

Nous verrons ainsi se dessiner en même temps la responsabilité de l'Etat et son devoir. Nous passerons de cette étude historique à l'étude théorique et pratique du rôle qui incombe à l'Etat en présence des crises monétaires.

1. *Crise de* 1798. Cette crise est une véritable *crise monétaire*. Sa principale cause est dans la *diversité des systèmes monétaires* de l'Angleterre et du continent (1). Jusqu'en 1798 l'Angleterre avait été régie par le système du double étalon, avec le rapport légal de 1 à 15, 21, mais, comme le rapport était sur le continent et en particulier en France de 1 à 15 1/2 depuis 1785, il en résultait que la monnaie d'or désertait l'Angleterre et était remplacée par celle d'argent. Le Parlement anglais y vit un péril qu'il voulut conjurer, et, en 1798, il édicta l'*interdiction de la frappe de la monnaie d'argent*, loi d'abord provi-

(1) Le Touzé, *Le change*, p. 356-357.

soire, mais bientôt rendue définitive. En même temps il établit le *cours forcé* des billets de la Banque d'Angleterre dont la dépréciation atteignit 26 1/2 0/0 en mai 1815 (1). Le change variait à cette époque de 15 francs à 20 fr. 50; le pair de la livre sterling étant de 25 fr. 20. Tels sont les symptômes qui permettent de découvrir la véritable cause de la crise (variation de valeur des métaux monétaires, — dépréciation du change, — exportation de l'or), tels furent les remèdes qu'on apporta au mal (suspension de la frappe de l'argent, préparant l'adoption de l'étalon d'or, — cours forcé).

A cette cause directement monétaire, il faut en ajouter d'autres, qui mêlent leurs effets à la première et en compliquent l'étude. L'Angleterre, depuis la fin de la guerre d'Amérique, était plongée dans une crise financière que ne firent qu'aggraver une insurrection de l'Irlande en 1796-98 et la première guerre contre la France (1793-1797). Les symptômes qui révèlent ces troubles financiers se trouvent dans le *budget* qui s'élève notablement et dans l'augmentation de la *dette publique* qui depuis le commencement de la guerre d'Amérique avait doublé, passant de 3 à 6 milliards de francs, 240 millions en intérêts au lieu de 111. Enfin les *emprunts* faits par le Trésor *à la Banque* témoignent aussi de ses embarras financiers.

Les remèdes auxquels l'Etat eut recours furent l'augmentation des *impôts*, sous la sage administration de Pitt, le *cours forcé* donné aux billets de la Banque, la création en 1786 d'un *fonds d'amortissement*.

2. La *crise de* 1803 est purement *financière*. Elle est provoquée par la paix d'Amiens suivie d'une brusque rup-

(1) Ott. Haupt, *Arbitrages et parités*, 8e éd., p. 75.

ture (1802-1803). La paix avait fait naître de grandes espérances et activé brusquement les affaires. La rupture amena une gêne générale.

3. La *crise de* 1810 est *financière et agricole*. Les *guerres* contre Napoléon (1793-1815) ont grevé le Trésor. La *dette publique* en 1815 a atteint 21 milliards et 800 millions en intérêts, le *budget* est de 2 milliards. Le remède auquel on a recours est la création de l'*Income-Tax* (1802-1815). Telle est la première cause de la crise, les symptômes et le remède correspondants.

Les autres causes sont agricoles et industrielles. De *mauvaises récoltes* auraient répandu la famine dans toute l'Angleterre en 1809, 1810, 1811, sans des importations extraordinaires de blé, de coton, de laine, de soie, qui inondèrent les marchés de produits coloniaux. Les produits de la métropole y restèrent aussi accumulés. Le *Blocus continental* (1806-1815) leur fermait tout débouché. L'agriculture et l'industrie souffrirent également par l'accumulation des produits et l'avilissement des prix. — Les symptômes sont très nets. On les trouve dans les chiffres du *commerce extérieur*, dans l'avilissement du *prix des denrées* et des *produits manufacturés*.

A la suite d'une enquête, on conclut à la nécessité de *reprendre les payements en espèces* et de *limiter l'émission* des billets à cours forcé. L'État en 1811 fit des *avances* de 6 millions sterlings aux négociants. Pour relever le prix du blé, il décréta en 1815 les fameuses *lois céréales*.

4° La *crise de* 1815 s'explique de même. C'est, comme la précédente, une *crise financière et agricole*.

Les *guerres* qui avaient duré 22 ans, de 1793 à 1815, avaient grevé le Trésor. La dette était de 21 milliards, le budget de 2 milliards dont 800 millions employés au service de la dette. Le traité de Paris ramenant l'espoir et la confiance, le commerce était impatient de reprendre, les affaires s'engagèrent brusquement, faisant appel au crédit depuis longtemps épuisé. La spéculation s'en mêla.

L'Angleterre étouffait de pléthore dans son île. Le Blocus avait appris au continent à se passer des produits anglais ; on remplaçait le sucre de canne par le sucre de betterave, on inventait les métiers à tisser le coton et la soie. L'Angleterre perdait ses principaux débouchés, regorgeait des produits de son industrie. Les colonies espagnoles récemment affranchies (1810) envoyaient en masse leurs produits à Londres. C'était la misère pour l'Angleterre au milieu de l'abondance.

Qu'y a-t-il d'étonnant à ce que dans ces moments de détresse générale les caisses des Banques fussent vides, le crédit épuisé, le change instable et déprécié, le numéraire cher et rare ? Une crise monétaire résulta naturellement de cette situation embarrassée, les Country Banks se développèrent démesurément pour répondre aux demandes de numéraire, il y en eut 600 en 1808, 720 en 1810 qui émirent des billets sans gage réel. Les faillites se succédèrent rapidement, 7000 Banques s'écroulèrent. Il y eut des révolutions dans les principales villes industrielles ; à Manchester en 1817 les *runs* contre les Banques et la Bourse eurent une gravité exceptionnelle. Les Bilans de la Banque d'Angleterre témoignent nettement de ces perturbations. On émettait des billets d'une livre à cours forcé pour répondre aux besoins pressants du commerce. Mais, la Banque n'en possédant pas la contre-partie, ces billets atteignirent une dépréciation plus considérable qu'à aucune époque depuis la suspension des payements en espèces.

L'agriculture et l'industrie souffraient également des

suites du Blocus continental, de l'accumulation des produits et de la baisse des prix. Mais l'agriculture étant aux mains des riches obtint une faveur exceptionnelle en 1815 dans les lois céréales qui fixèrent un minimum arbitraire au prix du blé en modérant la concurrence étrangère. Les propriétaires fonciers trouvèrent leur compte dans cette protection, mais le prix de la vie s'accrut, les cultivateurs et les industriels souffrirent cruellement des corn-laws et ces lois furent la cause principale de la plupart des crises qui suivirent. L'Etat, à la suite de l'enquête agricole de 1815, avait cru rendre un bon service à tous en établissant le système des lois céréales. On peut dire aujourd'hui qu'il avait fait fausse route.

La grande crise de 1815 provoqua une nouvelle enquête que l'Etat fit pour découvrir les causes des divers symptômes de crise que nous avons signalés : baisse des prix de l'industrie, dépréciation du change et des billets à cours forcé. Cette enquête (1810) rédigea un Rapport (*Bullion Report*) qui fixa définitivement les principes et qui a encore aujourd'hui la plus grande importance.

Ce rapport constate (1) que l'émission des billets a été exagérée, qu'on aurait dû la régler d'après le cours du change et la valeur des métaux précieux. L'émission des billets aurait dû avoir pour objectif constant l'équivalence entre ces billets et le métal qu'ils représentaient. A cette condition ils n'auraient pas été dépréciés. On le voit, l'obligation qui résulte pour l'État de l'émission des billets consiste à les considérer comme représentatifs, à en assurer la convertibilité. Ce n'est pas la volonté de l'État qui fixe arbitrairement la valeur de ses billets, c'est la garantie de

(1) Voir Juglar, *Enquêtes anglaises*.

convertibilité qu'il en donne, c'est le caractère nettement représentatif qu'il leur attribue, qui les fait accepter par le public et assure leur circulation au pair.

Le remède de la crise ne devait donc pas être cherché dans le domaine monétaire. C'était la situation politique qu'il fallait améliorer par des remèdes appropriés, le change et la valeur des métaux auraient suivi l'état général et les billets auraient à leur tour repris leur valeur au pair. Mais il fallait pour cela que les billets ne fussent pas surabondants dans la circulation. Leur convertibilité étant assurée, leur valeur aurait été réglée par l'état économique général. Le document concluait à la limitation de l'émission des billets, surtout des petites coupures, de manière à permettre à ces billets de reprendre leur valeur naturelle et quand le pair serait atteint, à la reprise des payements en espèces. En 1817 les payements en espèces furent repris momentanément jusqu'en 1818, mais à cette époque on dut les supprimer de nouveau pour les reprendre en 1821.

Ainsi la crise de 1815 n'a atteint le domaine monétaire qu'indirectement et la seule réforme qu'on a cru devoir apporter à la circulation consista à revenir aux vrais principes en assurant la convertibilité des billets et leur équivalence avec le numéraire qu'ils doivent toujours représenter.

5. *Crise de* 1819. Cette crise est uniquement *agricole.* Elle s'explique par les mauvaises récoltes de 1816, 1817, 1818 et par les corn-laws qui augmentaient la misère des consommateurs en mettant obstacle par un droit protecteur à l'entrée des produits de l'étranger. Les prix s'élevèrent ainsi artificiellement. Le commerce fit appel au crédit pour soutenir ses engagements malgré les hauts prix. Les banques fournirent des moyens de payement dont elles ne

possédaient pas la contre-partie et en 1819, 240 d'entre elles firent faillite.

Une enquête faite en 1820 marqua la naissance d'un mouvement libre-échangiste. On essaya de porter un remède indirect à cette situation en modifiant les lois de navigation et le régime colonial.

6. *Crise de* 1825. C'est une *crise commerciale.* Sa principale cause est l'ouverture de nouveaux débouchés commerciaux par l'émancipation des colonies espagnoles de l'Amérique du Sud et du Mexique.

Le principe de non-intervention, proclamé par Canning au Congrès de Vérone (1822) fut d'abord appliqué par le gouvernement britannique au Mexique, à la Colombie, à la République Argentine et plus tard au Guatemala, au Chili, au Pérou, qui réussirent successivement à établir un gouvernement stable et à asseoir solidement leur indépendance. C'était un débouché énorme qui s'ouvrait subitement au commerce britannique. Les transactions prirent un essor inouï, les capitaux se précipitèrent vers les nouvelles Républiques émancipées. La prospérité qui résulta de cette situation nouvelle fut considérable. La conversion du navy de 5 0/0 en 4 1/2 et de 4 1/2 en 3 en est une preuve : les titres de l'Etat avaient acquis une valeur exceptionnelle. Les payements en espèces avaient été repris en 1821. Le change était au-dessus du pair. Tout concourait à pousser le commerce en avant ; la hausse des prix suivait l'impulsion générale. La spéculation s'en mêla. L'insuffisance du crédit semblait le fléau, l'entrave principale du progrès. En effet, l'appel au crédit avait été énorme, les banques succombèrent sous leurs engagements, une crise éclata, plus grave que toutes celles dont le commerce anglais a gardé la mémoire. La littérature a longtemps conservé la trace de ce prodigieux ébranlement.

Le Gouvernement, sur le conseil d'un comité d'enquête nommé par le Parlement, supprima les billets de moins de 5 livres qui s'étaient trop répandus et n'avaient pu être remboursés. En outre une loi autorisa, pour faciliter le crédit, la formation de Banques à fonds réunis ou *Joint Stock Banks* (1826). Avant 1826 les banques privées ne pouvaient être fondées que par 6 associés au plus. La loi de 1826 autorisa un nombre indéfini d'associés et ce principe permit le développement immédiat du système des banques et du crédit privé. Cette loi, facilitant le crédit sans obliger les banques à fournir des garanties très sérieuses, amena dans la suite les plus grands désordres et provoqua des crises par l'encouragement qu'elle donnait à la spéculation.

7. *Crises de* 1832 *à* 1839. Des enquêtes monétaires ont été faites en 1832, 1836, 1838, 1840 et 1841 sur les banques, sur la circulation monétaire, sur le crédit. Toutes ces enquêtes déplorèrent l'abus que l'on faisait du papier-monnaie et des effets de commerce. Le développement des Joint Stock Banks, qui avaient été étendues à l'Irlande et dont les billets, non garantis par des réserves proportionnelles à leurs émissions, inondaient le territoire de fausse-monnaie, était la cause essentielle de la crise.

En même temps la mauvaise récolte de 1838 provoquait la formation de la ligue contre les lois céréales (1838). Ces lois, dans les moments où la famine était menaçante, amenaient la cherté du blé par le droit protecteur dont elles frappaient les importations de céréales.

Il y eut de 1832 à 1844 une longue crise monétaire dont la cause directe est la loi de 1826 sur les banques. Les troubles provoqués par les lois céréales s'y mêlèrent, mais la loi créant lesJoint Stock Banks a sans contredit la plus grande part de responsabilité. C'est ce que reconnut Robert Peel. Ce ministre fit voter en 1844 le fameux Act qui réforma les banques et organisa en particulier la Banque d'Angleterre. Il eut pour but principal d'assurer, conformément aux principes déjà posés en 1810, la convertibilité des billets en obligeant la banque à tenir à la disposition des porteurs la contre-valeur en or de ses émissions.

Ces crises, qui sévirent de 1826 à 1844 et en particulier dans les années 1832, 36 et 39, furent donc des crises monétaires, mais leur cause est, non dans l'organisation de la circulation métallique, mais dans celle des banques. Elle ne rentre donc pas directement dans notre étude. Nous retiendrons seulement que l'État, par une intervention maladroite, autorisant des banques sans garanties sérieuses, leur donnant la sanction officielle, a rendu au crédit le plus mauvais service et s'est rendu responsable des ravages amenés par ces diverses crises.

8. *Crise de* 1847. Cette crise est purement *agricole*. Les mauvaises récoltes de 1846 et 1847 eurent sous le régime des lois céréales de 1815 les effets désastreux qu'elles avaient eus déjà en 1810, en 1815, en 1819, en 1839. La famine était doublée de la cherté du blé étranger dont l'importation était entravée. Les importations furent néanmoins considérables. Cela permet de mesurer l'étendue de la disette.La ligue de Cobden contre les lois céréales, formée en 1838, obtint le 29 juin 1846 l'abrogation de ces lois pernicieuses. La crise était aiguë. Les maisons engagées dans le commerce des grains firent faillite, ainsi que les plus grandes banques de Liverpool, de Newcastle ; le prix du blé baissa subitement de 150 francs à 75 francs

le quarter. Une seconde crise vint se greffer sur la première. L'une avait été causée par la hausse des prix, l'autre le fut par la baisse subite. En même temps en Irlande sévissait la maladie des pommes de terre qui constituaient le principal aliment du peuple.

Les remèdes auxquels l'État eut recours furent, en dehors de l'abolition des lois céréales, la suspension de l'Act de 1844 qui permit à la Banque de dépasser momentanément ses réserves et d'augmenter ses émissions à découvert. En 1849 l'acte de navigation fut aboli, en 1850 les colonies anglaises firent le premier pas vers l'autonomie : le système représentatif leur fut accordé. C'était le couronnement du mouvement vers la *liberté économique* (1850).

9. *Crise de* 1857. Au triomphe de la liberté commerciale et politique, qui a marqué le milieu de ce siècle, correspond un événement qui a dans les questions monétaires une importance capitale, la découverte des mines d'or d'Australie et de Californie (1848-1850). Une prospérité sans exemple se répandit dans tout l'univers et particulièrement en Amérique à la suite de ces découvertes. Les prix s'élevèrent démesurément, le luxe devint exorbitant, on se mit à construire des chemins de fer, de grands travaux publics, le commerce prit une activité fiévreuse et des bénéfices inouïs furent réalisés en peu de temps, l'industrie fit merveille. L'Amérique s'arrêta la première dans cette course effrénée. Elle subit une crise violente dont le contre-coup s'est ressenti partout en Europe. L'Angleterre, qui avait dépensé 2 milliards de livres sterlings dans la guerre de Crimée, qui envoyait des troupes dans l'Inde pour réprimer la révolte des cipayes, qui portait la guerre en Perse et en Chine, fut fortement ébranlée.

La Chambre des Communes ordonna une enquête qui

n'aboutit à aucune réforme importante. On suspendit de nouveau l'Act de 1844, on subvint par des emprunts aux besoins les plus pressants du Trésor. Il n'y avait en effet aucune mesure à prendre contre une cause naturelle comme celle qui avait provoqué la crise. Il fallait attendre que l'équilibre des prix fût rétabli et que les engagements exagérés du commerce fussent liquidés.

10. *Crises de* 1861 *à* 1864. Ces crises sont *commerciales.* Tous les auteurs reconnaissent que leur cause principale fut la guerre de sécession dont l'Angleterre subit violemment le contre-coup. Sur 900 millions de livres sterlings de coton importés en Angleterre, jusqu'en 1860, 700 étaient fournis par les États-Unis. La guerre arrêta brusquement la production. Le prix du coton s'éleva démesurément. Cependant l'Inde profita de ce débouché qui s'ouvrait à elle et en quelques années augmenta sa production de coton au point de fournir à l'Angleterre ce que les États-Unis ne lui donnaient plus. En 1864 quand la guerre de Sécession fut terminée, le coton américain reparut et se trouva en concurrence avec celui des Indes. Son prix baissa fortement, une crise inverse de la précédente éclata.

Des embarras monétaires résultèrent fatalement de ces troubles commerciaux, mais il n'y a pas là de crise monétaire proprement dite. L'État ne chercha pas à réformer la circulation et il fit bien. Rien ne prouvait qu'elle fût cause de ces perturbations.

11. *Crise de* 1866. En 1866 l'Angleterre subit une crise qui s'explique facilement. On a dit de ce pays que c'était un bloc de fer et de houille recouvert d'herbe. L'herbe, c'est-à-dire les pâturages et par suite l'élève des bestiaux est une des richesses de la Grande-Bretagne. Or en 1866 sévit une peste bovine qui obligea à abattre 4 millions de

bêtes. Le commerce fut gravement atteint. Il en résulta un renchérissement général, des grèves agricoles, un krach mémorable.

Il n'y a là ni crise monétaire, ni motif pour modifier la circulation existante.

12. *Crise de* 1873. Depuis 1873 une crise est à l'état latent en Angleterre, comme dans le reste de l'univers ; nous croyons que cette crise a des caractères nettement monétaires. Nous avons déjà souvent insisté sur le sens que nous attribuons au mot crise monétaire. Nous entendons par là une crise dont la cause principale est monétaire et dont le remède doit être cherché dans ce domaine. Mais nous n'entendons pas affirmer que cette crise n'a pas de causes indirectes importantes, qui méritent d'être étudiées et auxquelles on peut également apporter des remèdes.

La reine d'Angleterre a chargé en 1885 une commission d'étudier la dépression du commerce et de l'industrie en Angleterre. Cette commission nia l'influence des causes purement commerciales et industrielles et trouva l'origine du mal dans les questions monétaires. Cette cause avait déjà été signalée maintes fois par les financiers et les économistes. Une seconde commission fut alors nommée, composée d'hommes spéciaux, versés dans les questions monétaires, sous le nom de Commission on Gold and Silver. Après 2 ans 1/2 de travaux, d'enquêtes, de consultations de toute sorte, après avoir entendu les hommes les plus éminents et les plus intéressés dans ces questions, financiers, économistes, commerçants, industriels, hommes d'État, cette commission déposa en 1889 son rapport. Elle déclara que la crise date de 1873 et qu'elle est purement monétaire. Mais sur le remède proposé, sur l'adoption du bimétallisme, la commission, composée de 12 membres, s'est divisée en deux fractions égales. On ne s'est accordé que sur un point, de fait, c'est que le bimétallisme peut maintenir pendant un temps un rapport fixe.

On compte cependant pour l'Angleterre, dans la période de langueur qui a commencé en 1873, des dates particulièrement critiques qu'on s'accorde à peu près à placer en 1873, 1890 et 1893. Nous avons déjà observé ce phénomène dans la crise de 1826 à 1844 qui a eu en 1832, 1836 et 1839 ses points culminants. La cause profonde de la crise était l'abus de crédit provoqué par les Joint Stock Banks de 1826, mais des accidents ont fait sentir particulièrement à certaines époques la gêne qui pesait sur le commerce. Il en a été de même pour la période de 1861 à 1864. Il en est de même enfin pour la période actuelle (1873-1895). La cause profonde est la baisse de l'argent depuis 1873, mais les explosions partielles sont espacées et il semble que des crises secondaires aient éclaté en 1873, 1890 et 1893. En 1873 les ventes d'argent par l'Allemagne et l'application du système des contingents dans l'Union Latine a provoqué un premier ébranlement, cette crise a été la plus intense, il a fallu cinq ans pour retrouver l'équilibre et rentrer dans une période normale. En 1890, le Krach de la maison Baring Brothers, marque un nouveau moment d'arrêt des affaires et la liquidation se poursuit en 1891, 1892. En 1893 ce sont les relations avec l'Inde qui deviennent si tendues, à la suite d'une nouvelle baisse de l'argent provoquée par l'abrogation du Sherman Act aux États-Unis, qu'une réforme s'impose et qu'elle est réalisée par la suspension de la frappe de l'argent aux Indes.

Cette dernière crise étant la plus récente, la plus grave, nous la développerons particulièrement. Elle met en présence un État à étalon d'or et un État à étalon d'argent. Elle rentre ainsi tout particulièrement dans le plan de notre étude et nous permettra d'exposer le problème monétaire dans tous ses détails.

§ 3. — Symptômes des crises. — Leurs causes et leurs remèdes.

Recherche d'un critérium de l'état général des sociétés. — L'*Institut international de statistique*, qui a remplacé depuis 1885 le *Congrès international de statistique* dont les réunions avaient semblé trop pompeuses, discute, comme le faisait le Congrès, les meilleures méthodes pour agrandir les cadres et faciliter les comparaisons des statistiques internationales en les rendant uniformes. Il tient une session tous les deux ans et publie un Bulletin. Dans sa session de 1887, qui fut tenue à Rome, l'Institut de statistique a recherché principalement à déterminer un *signe caractéristique de l'état général des sociétés*, c'est-à-dire un *critérium* de leur *état économique, social et moral.* Le problème, pour intéressant qu'il fût, ne laissait pas d'être très difficile. Chacun, suivant les dispositions particulières de son esprit et les travaux auxquels il se livre d'ordinaire, subit en effet la tentation naturelle de donner à un symptôme spécial une importance exagérée et de le grandir au point de lui faire contenir l'histoire économique du monde entier.

1. *Revenus.* — L'un, par exemple, s'attache uniquement aux *revenus* des peuples, et suppose que les chiffres qui les représentent, et qui d'ailleurs sont fort difficiles à établir exactement, indiquent le degré de bien-être de la

nation, avec une précision pour ainsi dire mathématique.

2. — *Consommations*. M. Engel, reconnaissant les difficultés inhérentes à ce système, proposa à l'assemblée de l'*Institut international* de calculer les *dépenses* et par suite les *consommations*, qui trahissent également le bien-être. Ces calculs ne sont peut-être pas plus faciles. En tous cas, pris ainsi isolément, ils ne peuvent donner qu'une indication assez vague.

3. — *Productions*. Aussi, M. Neumann-Spallart suggéra-t-il à l'Assemblée d'ajouter à ces indications, celles qui résultent de la *production* du pays. La production nationale dépend des débouchés et les débouchés dépendent de la consommation générale, qui elle-même résulte du bien-être et y contribue. En conséquence il a noté dans chaque pays les progrès des diverses industries, les mouvements du commerce extérieur et intérieur, le développement des voies de communication et des transports, les compensations faites dans les Clearing-Houses.

4. — *Tableau résumant les données statistiques*. Enfin M. de Foville faisant un dernier pas dans cette voie a réuni dans un même tableau de 32 articles-types, relatif aux années 1877 à 1887, *toutes les statistiques*. C'est évidemment dans ce genre d'aperçus généraux que l'on peut trouver les renseignements les plus précis. Non seulement le progrès peut se constater ainsi dans chaque branche séparément, — ce qui permet de reconnaître dans l'état général quels sont les éléments les plus importants à considérer, quels sont ceux qu'on doit négliger, — mais on évite des généralisations dangereuses consistant, par exemple, à déclarer qu'une nation progresse parce que les revenus de quelques particuliers croissent tandis que la criminalité augmente, c'est-à-dire tandis que le progrès moral

est en déclin. C'est un peu comme si l'on appréciait la moralité d'un voleur par le gonflement de sa bourse. Cependant ce qui diminue ce danger, c'est que à l'aide des tableaux mêmes de M. de Foville qui sont pour les divers articles qu'il considère remarquablement concordants, on constate que toutes les branches de la prospérité des peuples se tiennent et se développent suivant un parallélisme impeccable.

5. — *Bilans des Banques*. M. Clément Juglar, qui a étudié ces questions avec une supériorité à laquelle chacun rend hommage, a précisément puisé la première idée de son grand ouvrage sur les crises dans la remarque que les courbes qui représentent les mouvements de la population sont sensiblement parallèles aux courbes que décrivent les diverses perturbations du monde économique : disettes, guerres, épidémies, crises des affaires, etc. Mais pourquoi faut-il que, abandonnant cette observation qui aurait prêté à un développement direct, et qui aurait assurément été féconde entre ses mains, il en ait conclu tout au contraire qu'on pouvait négliger ces rapprochements et s'en rapporter pour juger l'ensemble à une donnée particulière ! Il a cru trouver dans les *Bilans des Banques* un fil conducteur et comme le résumé de toutes les autres statistiques. Or s'il est certain que les indications qui résultent de ces Bilans sont très précieuses et que M. Juglar en a tiré un excellent parti, il faut dire que, comme tous les autres symptômes particuliers que divers auteurs indiquent, ils ne marquent qu'une face et comme une branche isolée de la prospérité générale, d'où l'on ne peut pas sans exagération tirer des déductions précises applicables infailliblement aux autres branches. Et d'ailleurs si le développement de l'encaisse, celui du portefeuille

pouvaient donner autrefois, lorsqu'ils étaient *abandonnés à eux-mêmes,* des indications exactes sur la prospérité particulière du monde des affaires, il ne faut pas oublier qu'aujourd'hui les Banques gouvernent leur encaisse et leur portefeuille en faisant jouer le taux de l'escompte et que par suite les Bilans ne donnent plus le reflet de la prospérité générale, mais indiquent simplement le résultat des délibérations du Conseil général de la Banque. Ce mode d'information, qui en lui-même est excellent dans certaines conditions et qui a été très utile pour l'étude des vicissitudes spéciales au marché monétaire pendant une grande partie de ce siècle, ne suffit donc plus à nous renseigner sur le degré de prospérité d'un peuple aux points de vue économique, intellectuel et social. Il faut de toute nécessité grouper les statistiques diverses, suivant le procédé indiqué par M. de Foville, et tirer de leur comparaison une appréciation d'ensemble qu'une statistique spéciale ne peut pas fournir à elle seule.

Utilité d'un tableau général. — Ces vues d'ensemble ne seront d'ailleurs pas les seules indications fournies par ce genre de tableaux. On pourra y *considérer isolément chaque branche de l'état économique* et constater en même temps *ses rapports avec la situation générale*, la place qu'elle occupe, le rôle qu'elle joue dans le développement universel. Ainsi pour nous en tenir exactement à notre sujet, l'état de la circulation monétaire sera indiquée par les statistiques qui la concernent, spécialement par celles qui indiquent les variations de valeur des métaux monétaires, le cours des changes, la situation des prix, les mouvements des bilans des banques ; et en même temps on apercevra, quelle est, sur l'état général, sur la prospérité universelle, l'influence de la situation monétaire ou à l'inverse, quelle est l'influence sur la situation monétaire de l'état général. En d'autres termes, si une nation est en progrès ou en décadence, les symptômes qui résulteront de l'ensemble des statistiques le montreront nettement et l'on verra en même temps si la situation monétaire est prospère ou critique et si cette prospérité ou cette crise est en relation avec la situation générale. En ce qui concerne le temps présent, ce tableau marquera pour tous les peuples une crise longue et pénible, il nous indiquera le point de départ exact de cette crise qui date de 1873 et l'on verra en examinant en particulier la situation monétaire des divers peuples qu'elle est critique presque partout et qu'elle semble par suite la cause essentielle de la langueur et des souffrances universelles. C'est ce que des enquêtes récentes ont établi particulièrement pour l'Angleterre.

Formule de ce tableau. — Le tableau d'ensemble dont nous parlons et que chaque Etat devrait tenir régulièrement à jour, n'est assurément pas facile à établir *à priori* ; c'est l'*expérience* qui seule peut en régler définitivement la formule. Nous ne rapporterons ici que la partie de ce tableau qui se rapporte à la situation monétaire. L'étude des crises est le meilleur moyen de fixer les éléments de ce tableau. Les crises, en effet, sont des situations irrégulières qui tendent certains ressorts sociaux d'une manière anormale, cette tension particulière peut être notée et constitue un symptôme qu'on utilisera à l'avenir pour prévoir ou constater une nouvelle crise. C'est ainsi, par exemple, que M. Juglar, après avoir étudié l'influence des crises sur le portefeuille des grandes Banques, se sert aujourd'hui, par un procédé inverse, de la situation du portefeuille pour prévoir ou constater une crise.

Division des symptômes. — Comme les crises monétaires peuvent être directes ou indirectes, c'est-à-dire émaner de causes monétaires ou de causes étrangères à ce domaine, nous classerons les symptômes des crises en deux catégories correspondantes. Nous étudierons d'abord les *symptômes directement monétaires*, puis les *symptômes indirects*. Ces derniers constateront l'existence de *crises non monétaires* mais dont les effets pourront atteindre le domaine de la circulation monétaire.

Ainsi, en un mot, l'État a le devoir de constater la situation exacte de toutes les branches de l'économie nationale. Pour cela, il doit grouper toutes les statistiques, les comparer et en tirer des conclusions. L'état de prospérité ou de crise de chaque branche et de l'ensemble du développement économique permettra aux pouvoirs publics de modifier certaines institutions, d'en améliorer d'autres et de suivre les effets des réformes qu'il aura tentées. Ce sont les *Bureaux de statistique* qui sont chargés de ces constatations. La *statistique officielle* peut, comme on voit, rendre à l'État les plus grands services pour fixer son devoir à l'égard de la nation et les caractères que doit avoir son intervention dans les diverses institutions de l'ordre économique. Le Cte de Boulainvilliers disait déjà en 1728 que « le seul moyen d'établir un juste gouvernement, de faire prospérer les rois et les peuples, est la connaissance *du détail des Empires* ».

Passons en revue les renseignements que l'État peut trouver dans les statistiques monétaires et voyons quel usage il peut faire de ces données pour fixer son rôle en ces matières.

Symptômes directs. 1. — Variation de valeur relative des métaux monétaires.

Cuivre et argent. — Le cuivre a servi d'étalon monétaire dans les plus anciennes législations. En Asie, en Egypte, on constate son emploi dans le commerce à l'état de lingots dès la plus haute antiquité (1). A l'époque de l'invention de la monnaie, il est probable que le bronze avait beaucoup perdu de son importance en Asie, mais il fut adopté à Rome comme monnaie officielle et tout porte à croire que les Romains en avaient emprunté l'usage à l'Asie ancienne (2). Depuis cette époque sa valeur s'est abaissée progressivement et ses usages monétaires ont pour ainsi dire disparus, car il ne sert plus aujourd'hui que de monnaie représentative. La valeur de cette monnaie étant fixée par l'autorité ne dépend pas des conditions naturelles du commerce de ce métal et par suite les changements de la valeur commerciale du cuivre ne peuvent aujourd'hui nous donner aucune indication sur son abondance ou sa rareté dans la circulation, ni sur la situation des prix exprimés en cuivre. En un mot cette valeur ne peut en rien annoncer une crise, ou en trahir la présence.

Dans l'antiquité, il n'en était pas ainsi.

A l'époque pharaonique (3), le cuivre avait en Egypte, un pouvoir d'achat considérable. Un bœuf valait 119 outens ou 11 kilogr. 1/2 de cuivre, ce qui, au prix moyen actuel du cuivre, représente une douzaine de francs. Un chevreau

(1) Cf. F. Lenormant, *La monnaie dans l'antiquité*. T. I.

(2) Cf. Michel Soutzo, Etalons pondéraux primitifs. *Revue roumaine d'archéol.*, 1884.

(3) F. Lenormant, *loc. cit.*

valait vingt centimes, une paire d'oies trois centimes, l'hectolitre de blé environ 1 franc. Tandis qu'aujourd'hui un bœuf vaut 400 francs, une vache 260 (1) et un hectolitre de blé 20 fr.

Mais on ne peut pas établir d'une manière précise la valeur du cuivre par rapport à l'argent, très rare à cette époque en Egypte. A Rome, au contraire, on peut suivre, au milieu des controverses, les variations relatives de la valeur du cuivre et de l'argent. Nous avons montré ailleurs en vertu de quels arguments on peut affirmer que le rapport de valeur du bronze et de l'argent a été dans la République romaine :

1/240 ou 1/120 à l'origine et jusqu'en 268
1/112 en 217
1/120 sous l'Empire.

Le rapport de 1/120 qui semble s'être maintenu, comme l'admet Mommsen (2), pendant toute la période impériale, devait, quoi qu'en dise le même auteur, exister à Rome avant les guerres puniques (3). M. Révillout l'a constaté avec certitude pour l'Egypte aux époques ptolémaïques et M. F. Lenormant admet que ce rapport fut le plus répandu dans le monde antique (4). Pour la période qui s'étend des guerres puniques à l'Empire M. Lenormant (5) indique une diminution dans la valeur de l'argent qui aurait porté la valeur du cuivre à 1/60 environ de celle de l'argent. En

---

(1) Enquête agricole de 1887.

(2) *Hist. de la monn. rom.*, p. 215.

(3) Michel Soutzo, *Introd. à l'étude des monnaies de l'Italie antique*, 1887-89, p. 20 et s.

(4) *La Monnaie*, I, 155.

(5) *Essai sur la monnaie antique*, 1863, p. 13.

1889, la loi Plautia Papiria fixa en effet ce rapport à 1/56. Au IIIe siècle, le rapport est de 1/80 (1).

Il résulte de ces chiffres que le rapport moyen du cuivre à l'argent a été dans le monde antique de 1/120, mais qu'à trois époques, vers 217, 89 avant Jésus-Christ et au IIIe siècle après Jésus-Christ, le cuivre a été particulièrement cher. Or ces trois époques correspondent précisément aux trois grandes crises que l'on constate dans la circulation monétaire de l'antiquité romaine : celle de l'époque des guerres puniques qui fut marquée par la réforme de 217, organisée par la loi Flaminia, la crise qui suivit la guerre sociale et que la loi Plautia Papiria tenta d'atténuer en 89 avant notre ère, enfin la grande crise du IIIe siècle après Jésus-Christ qui aboutit à la réforme de Dioclétien, reprise et complétée par Constantin.

De nos jours, nous l'avons dit, la valeur du cuivre n'a plus rien de réel dans les monnaies. Ainsi, dans l'Union Latine, on fabrique avec 1 kilog. de cuivre, qui vaut environ 1 fr. 20, des monnaies qui valent 10 francs. Aussi, les variations de valeur du cuivre ne peuvent-elles plus nous donner aucune indication sur les crises.

L'or et l'argent. — Valeur relative dans l'antiquité. — Passons à la valeur relative de l'or et de l'argent.

Ces métaux sont connus depuis les premiers âges du monde (2). La Genèse rapporte qu'il y avait de l'or au Paradis (3) ; on le trouvait dans un fleuve qui « sortait d'Heden pour arroser le jardin (4) » « et l'or de ce pays-là

(1) Mommsen, *Monn. rom.*, III, p. 43.
(2) Allard, *Dépréciation des richesses*, 1889.
(3) Max Muller, Confér. faite en 1889 à Mansion-House.
(4) Genèse, Ch. II, verset 10.

était bon (1) », ajoute la Genèse. « L'arche de Noé était couverte d'or pur par dedans et par dehors (2) ». Au temps de Moïse les trois métaux, l'or, l'argent et l'airain étaient déjà travaillés et appréciés (3) ; vingt-quatre siècles avant notre ère, les monnaies étaient en usage. Abimelech rendant Sarah à Abraham, dit à Sarah : « Voici, j'ai donné mille pièces d'argent à ton frère.... (4) ». Seize siècles avant notre ère Josué paie en argent le passage de ses troupes (5). Enfin 1000 ans avant Jésus-Christ, nous trouvons la première indication sur la valeur relative de l'or et de l'argent. Sous le roi Salomon, l'argent était déprécié à Jérusalem. En créant son temple, le monarque n'y admit que l'or (6). Toute la vaisselle du buffet du roi Salomon était d'or, il n'y en avait point en argent. L'argent n'était point estimé pendant la vie de Salomon. « Le roi fit que l'argent était si commun à Jérusalem que les pierres ». On trouvait à Babylone des sicles d'or et d'argent. Les pièces d'or de Crésus, de Philippe et d'Alexandre avaient à peu près le poids du sicle babylonien. Des milliers de pesées ont été faites des pièces d'or et d'argent de ces temps primitifs et elles ont démontré que un kilogramme d'or valait à Babylone 12 kilog. 1/2 d'argent (7) et dans tous les autres pays qui avaient adopté le système babylonien 13 1/2 (8) ou 13 1/3 (9). Ce rapport de 13 1/3, il y a 3000 ans, était

---

(1) Genèse, Ch. II, verset 12.
(2) Exode, Ch. XXXVII, verset 2.
(3) Exode, Ch. XXXV, verset 32.
(4) Genèse, Ch. XX, verset 16.
(5) Deuteron., Ch. II, verset 28.
(6) Rois, Ch. X, verset 21.
(7) Calculs du Dr Brugsh.
(8) Calculs de Dr Brandis.
(9) F. Lenormant, *La monnaie*, t. I, p. 98.

probablement le rapport normal de valeur commerciale de l'or à l'argent non monnayés qui servaient aux échanges, dans toute l'Asie antérieure. C'est la proportion qui fut adoptée par Darius et qui servit de base au monnayage perse. C'est elle que ce prince voulut maintenir dans son empire, en imposant pour la première fois à la monnaie le joug du cours forcé. Cet essai fut malheureux. Il luttait contre une baisse de 11 0/0 de l'or (1) par rapport à l'argent (2). Cette variation de valeur exceptionnelle dans l'Empire des Achéménides marque la décadence et la chute de leur empire et la première grande crise monétaire que nous constatons dans l'histoire.

L'opinion de Dureau de la Malle (3), que l'or et l'argent avaient à peu près la même valeur, l'or ne valant que deux fois et demi l'argent, est basée sur l'observation de quelques faits qui sont exceptionnels et particuliers à des pays où l'or abondait (4) et où l'argent était rare. Ainsi les lois de Manou rapportent ce fait pour l'Inde. Strabon (5) dit que chez les Sabéens l'or n'aurait valu que deux fois l'argent. Mariette lit dans le Papyrus de Boulaq (6) que cinq d'argent valaient trois d'or (7). Il n'en a jamais été ainsi (8) dans l'Asie antérieure, du Tigre à la Méditerranée.

Il faut donc considérer que le rapport de 1 à 13 1/3 est le premier que nous constatons dans l'histoire du monde

(1) F. Lenormant, *La monnaie*, t. I, p. 177.
(2) Brandis, *Syst. monét. de l'Asie*, p. 248.
(3) *Econ. polit. des Romains*, I, p. 54.
(4) F. Lenormant, *La monnaie...*, t. I, p. 98, n° 4.
(5) XVI, 778.
(6) Mariette, *Papyrus*, t. II, pl. III.
(7) Chabas, *Recherches*, p. 27, 28.
(8) F. Lenormant, *La Monnaie*, I, 98.

et que, sauf à l'époque de la crise monétaire qui s'abattit sur l'Empire des Achéménides, ce rapport est resté sensiblement constant dans tout le monde ancien jusqu'au temps d'Hérodote (1).

En Grèce, au commencement du IVe siècle, Platon indique le rapport de 1 à 12 à Athènes (2). Lysias donne 1 à 11 1/2 et l'on retrouve ce dernier chiffre dans une inscription attique. Mais une autre que l'on a exhumée récemment de l'acropole d'Athènes et qui date de l'an 438 avant Jésus-Christ donne le compte de ce qu'a coûté d'argent l'un des chefs-d'œuvre de Phidias, la grande Minerve en ivoire et en or. On y voit ce qui a été dépensé pour acheter l'ivoire et l'or. Pour l'or, dont on connaît le poids, il a fallu donner 14 fois plus d'argent et une fraction. Ainsi le rapport, il y a 2.327 ans, était de 1 à 14 (3). Il était donc sensiblement le même que dans la période précédente.

Mais un siècle plus tard, au moment des conquêtes d'Agésilas et d'Alexandre, l'or, provenant du butin fait en Asie, afflua en Grèce. Xénophon écrivit un traité pour rassurer les Athéniens sur la baisse du numéraire qui commençait à devenir inquiétante. Il les engagea à maintenir leur antique système monétaire basé sur l'argent, les poussa à continuer avec persévérance l'exploitation des mines du Laurium (4). Le rapport s'était élevé à 1/10 par suite de l'afflux de l'or de plus en plus considérable. Ménandre nous rapporte ce chiffre (5) et Démosthène dit que le numéraire était très abondant.

---

(1) III, 95.
(2) *Hipparch.*, p. 231.
(3) Max Muller. Cf. Allard, *Dépréciation des richesses.*
(4) F. Lenormant, *La monnaie*, p. 100 et s.
(5) *Comédie du dépôt.*

Le rapport de 1 à 10 se maintint jusqu'à la conquête romaine (146). En 189, les Romains, dans leur traité avec les Etoliens, fixent cette même proportion pour le payement de la contribution de guerre.

L'afflux de l'or asiatique avait donc déprécié le numéraire en général par rapport à toutes les marchandises, mais la valeur de l'argent s'était élevée brusquement par rapport à l'or, de 14 vers 438 à 10 vers 338, un siècle après. Ce taux s'était maintenu et peut-être abaissé encore jusqu'en 146. Il en était résulté une crise monétaire qui coïncida, après une longue résistance, avec les revers de toute sorte et en définitive la soumission à l'étranger.

Nous n'insisterons pas sur l'histoire de ces variations dans la période romaine, nous l'avons déjà étudiée, et nous avons constaté que l'or, à partir des guerres puniques pénètre dans la circulation, que la loi Flaminia établit entre ce métal et l'argent, le rapport de 1 à 17, 143, et que c'était là un cours exceptionnel provenant de la rareté de l'or et de la panique produite à Rome par les succès d'Annibal. Ce rapport exceptionnel coïncide donc avec une crise monétaire que la loi Flaminia tenta d'apaiser. Deux siècles avant notre ère (189), lors du traité avec les Etoliens, le rapport était, d'après Tite-Live, de 1 à 11, 91, tandis qu'il était de 1 à 10 en Grèce. Mais vers le commencement du premier siècle avant notre ère, au temps de Polybe, qui mourut en 122 avant Jésus-Christ, la découverte des mines d'or du Norique fit subitement baisser d'un tiers la valeur de l'or dans toute l'Italie, par rapport au cours de 11, 91 et cette diminution de valeur qui dura jusqu'au temps de Sylla correspondit à la crise qui en l'an 89 aboutit à la loi Plautia Papiria. Le rapport se rétablit à l'époque de César et sous l'Empire. Mais les données manquent pour le suivre à travers les altérations monétaires qui commencèrent avec Néron. Le rapport légal fut sous ce prince de 2 à 10, 31, sous Trajan, Valérien, Gallien, il s'abaissa de plus en plus et c'est à cette époque que se place la grande crise monétaire du IIIe siècle de notre ère qui aboutit aux réformes de Dioclétien et de Constantin. Sous ces princes le rapport s'abaisse au-dessous du taux normal de 1 à 13, 14 ou 15, et tombe à 1/18 sous Théodose avec des alternatives nombreuses qui se continuèrent dans un désordre indescriptible jusqu'à la chute de l'Empire romain.

Influence des altérations au moyen-âge. — Nous arrivons ainsi au moyen-âge. « Il faut confesser », dit Michel Chevalier (1), « qu'à cette époque, il y a eu une sorte d'éclipse totale dans l'esprit des hommes chargés de régir les sociétés. Le sens commun, en ce qui concerne particulièrement les monnaies, s'était oblitéré..... Il a fallu l'impétueux courant de la Révolution française pour renverser de son piédestal, « l'erreur triomphante, entée sur la rapacité du fisc ». — « On imagina que c'était la figure du souverain, empreinte sur le disque métallique servant de monnaie, qui conférait aux pièces leur valeur. Ce sophisme impudent », funeste héritage de la législation monétaire romaine, « fut érigé en théorie »... « La diversité infinie des pouvoirs morcelés durant l'époque féodale accrut le désastre qui avait régné sous les Empereurs romains (2). Le *morbus numericus*, qu'on signalait comme dangereux à l'égal de la peste elle-même, n'épargna aucune contrée : l'Espagne, le Portugal, l'Angleterre, l'Empire, la Hongrie,

(1) *Baisse probable de l'or*, sect. V, ch. I, p. 126.
(2) F. Lenormant, *Essai*, p. 189.

la Bohème, Naples, la Savoie, en furent affligées comme la France (1) ».

Charlemagne avait établi en choisissant la livre comme unité un système rationnel et régulier. Sous Saint-Louis la livre avait déjà perdu les 3/4 de sa valeur ; il la fixa à ce taux et sa monnaie resta célèbre. Longtemps on redemanda *la monnaie de M. Sainct Loys*. Dans les cinq siècles qui séparent Saint-Louis de la Révolution, la livre arriva à valoir 99 centimes au lieu de 20 fr. 26 qu'elle valait sous ce prince, c'est-à-dire 1/20 de sa valeur primitive (2).

Philippe le Bel, qui abaissait la livre lorsqu'il avait des subsides à percevoir et l'élevait lors des émissions, laissa cette monnaie en mourant à 1/11 près ce qu'elle était à son avènement. Mais dans les 19 dernières années de son règne il lui fit subir 22 altérations. Elle s'était abaissée à certains moments à moins du tiers de sa valeur. Il y a eu des époques où elle a changé plusieurs fois en une semaine. Il en fut ainsi sous le roi Jean qui a surpassé même les fraudes de Philippe le Bel (3). Dante a mis ce dernier dans son Enfer en lui imprimant l'épithète de *faux-monnayeur*. Il l'avait bien méritée. Sous son règne la livre tournois changea 71 fois de valeur, en 10 ans, de 1351 à 1360. Dans la seule année 1359, elle a changé 16 fois et 17 fois en 1360. La hausse succéda 11 fois à la baisse.

Ces variations n'avaient aucune relation avec la valeur réelle de l'argent. L'or valait par rapport à l'argent sous Saint Louis 12, sous Jean et ses successeurs 10. Or, Charles VII, vers 1429, établit comme rapport légal 3 1/2 au

(1) *Id.*, p. 190.

(2) Natalis de Wailly, *Variations de la livre tournois*, p. 35.

(3) Michel Chevalier, *Baisse probable de l'or*, p. 129.

lieu de 10. En 1360 le rapport légal était au-dessous de 4 en janvier, à 1 et 4/100 en mars. Du jour au lendemain il fut porté à 10.

Aussi, jamais révolutions ne furent plus fréquentes. M. Natalis de Wailly (1) le constate. Sous Philippe le Bel il y eut une émeute formidable dans Paris. Le roi fut bloqué dans le Temple et la foule empêcha d'y introduire des vivres. Il fallut livrer bataille et faire des exécutions terribles (2). Nous constatons ainsi, au milieu de ces saturnales de la rapacité et de l'ignorance, qu'aux variations perpétuelles et insensées des valeurs monétaires corespondent des crises monétaires qui aboutissent à de véritables révolutions. De Louis XI à Louis XV il y eut une intermittence dans le régime de la fausse-monnaie, mais sous ce dernier règne se produisit une recrudescence presque furieuse lors du fameux système de Law. La livre s'abaissa à 99 centimes et resta à ce taux jusqu'à la Révolution.

Nous ne passerons pas en revue tous les gouvernements de l'Europe féodale, qui ont pratiqué les uns et les autres, plus ou moins effrontément, le système de la fausse monnaie officielle que Rome avait légué aux jeunes sociétés chrétiennes du moyen âge. Citons seulement après la France l'Angleterre, qui pendant trois siècles, et particulièrement sous Henri VIII et son fils Edouard VI, mit en pratique les tristes errements que nous avons signalés (3). La livre de Guillaume le conquérant, importée par les Normands, vécut deux siècles 1/2 sur le sol britannique sans modification ! Sous Henri Ier, fils de Guillaume, la circula-

---

(1) *Mémoire sur les variations de la livre tournois.*
(2) Michel Chevalier, *l. c.*
(3) Michel Chevalier, *Baisse prob. de l'or*, sect. V, ch. II.

tion fut dépréciée par l'influence des faux monnayeurs. Mais la livre ne s'affaiblit que sous Edouard Ier et l'altération fut légère. Sous Edouard III, de 1344 à 1363, il y eut trois diminutions de la livre. Henri IV, en 1412, Edouard IV, en 1464, Henri VIII, au commencement du XVIe siècle, la réduisirent à la moitié de son poids de fin. Ce prince sans scrupule faussa la monnaie 4 fois en 19 ans, de 1527 à 1546. Il laissa la livre à 9 shillings, l'ayant trouvée à 31. Son fils Edouard VI l'abaissa encore de moitié. Ce fut Elisabeth qui, en 1560, déclara solennellement dans la deuxième année de son règne, que la fausse monnaie était un *monstre-dévorant* (1). Depuis lors la monnaie anglaise ne fut plus altérée, Elle l'avait été des deux tiers. « On peut se demander », dit lord Macaulay (2), « si la misère infligée à l'Angleterre pendant un quart de siècle, par la faute de mauvais rois, de mauvais ministres, de mauvais parlements et de mauvais juges est plus grande que celle qui lui a été infligée en une seule année, par de mauvais crowns et de mauvais shillings ».

L'altération des monnaies, qui pendant tout le moyen-âge a faussé leur valeur en les rendant indépendantes de la valeur commerciale des métaux servant à les fabriquer, défie toute étude suivie. Mais on constate partout une crise permanente en matière monétaire, et l'on peut en conclure à l'utilité d'observer soigneusement le symptôme dont nous nous occupons. A certaines époques d'ailleurs, les variations dans les valeurs des métaux et des différentes monnaies en circulation, s'exagèrent, s'accusent plus nettement et l'on voit en même temps la situation économique

(1) Macleod, *Eléments d'Ec. pol.*. ch. VI, §§ 5 et 6.
(2) *Hist. d'Angl.*, vol. IV, p. 625.

se compliquer et les crises éclater plus profondes et plus terribles. C'est ainsi, par exemple, que le désordre financier est à son comble en France au XIVe siècle, après Philippe le Bel et Jean le Bon et en Angleterre au XVIe après Henri VIII et Edouard VI. La variation de valeur commerciale des métaux eux-mêmes perd donc toute influence sur la situation monétaire et ne sert guère à indiquer les crises. Cette situation spéciale dure jusqu'en 1789.

Influence de la production dans les temps modernes. — Pourtant les métaux monétaires avaient subi du XVIe au XIXe siècle des variations de valeur importantes résultant de la découverte des mines américaines. Cette découverte, qui fut l'un des grands moteurs de la révolution économique des temps modernes, a perpétué ses effets jusqu'à nous, et, en donnant au commerce une impulsion nouvelle, a été la cause capitale des progrès, comme des revers et des crises qui ont marqué ces derniers siècles.

Jusqu'en 1545 les *mines américaines* ne produisirent guère que 1 million et demi de notre monnaie, en or et en argent, de 1492 à 1500 et 16 millions en moyenne de 1500 à 1545 (1). C'étaient les mines du Mexique et du Pérou qui fournissaient cet appoint nouveau au stock métallique alors existant dans le monde.

Ce stock d'ailleurs était peu important. A la *fin du XVe siècle*, lors de la découverte de l'Amérique, l'Europe civilisée ne possédait plus qu'une très petite quantité d'or et d'argent. De ce qui en avait existé sous les Romains, une partie, enfouie, avait été perdue ; une autre avait disparu par le frai et une certaine quantité était allée s'engloutir en

---

(1) Michel Chevalier, *La Monnaie*, p. 356 et s.

Orient, dans l'Inde et la Chine. Ce que rendaient les mines à cette époque est évalué à deux millions (1).

Les mines de *Russie*, dans l'Oural, que connaissait Hérodote, n'ont été retrouvées qu'en 1774 et ne sont exploitées que depuis 1810. En 1830 elles produisaient pour 18 millions. Aujourd'hui, la Russie fournit environ 40 tonnes d'or, c'est-à-dire de 100 à 125 millions (2); cet or provient des pentes de l'Oural qui regardent l'Asie (3). Le plomb de la Russie caucasique (4) contient une forte proportion d'argent. — L'*Allemagne* fournit aujourd'hui la plus grande quantité d'argent de toute l'Europe, près de 200 tonnes ou 45 millions de francs (5). C'est la Saxe qui donne la plus grande partie de ce minerai. Les mines d'argent de Freyberg, de Schneeberg et d'Annaberg attirèrent au moyen âge des milliers d'artisans vers la Saxe (6). Les Sudètes exercèrent le même attrait, mais leurs mines sont aujourd'hui épuisées et l'argent de Reichenstein n'est plus qu'un souvenir (7). Les torrents du Riesen-Gebirge roulent encore de rares paillettes d'or. Le Thuringer-Wald, le Franken-Wald, le Fichtel-Gebirge ont été abandonnés parce que leurs mines sont pour ainsi dire épuisées, que la concurrence américaine rend le travail improductif et que d'ailleurs les riches houillères de Saxe et de Silésie fournissent à ces pays un minerai plus précieux que l'or.

L'*Autriche* (8) produit 50 tonnes d'argent qui provient

(1) Jacob, *On the precious metals*. Michel Chevalier, *l. c.*, note 2.
(2) Ott. Haupt, *Arbitrages et Parités*, p. 50, d'après Leech.
(3) Marcel Dubois, *Europe*, p. 640.
(4) Mines de Vladikavkas.
(5) Ott. Haupt, *Arbitrages et Par.*, d'apr. Leech, p. 53.
(6) Marcel Dubois, *Europe*, p. 264.
(7) *Id.*, p. 265.
(8) *Id.*, p. 330.

surtout de Hongrie et de Bohème. L'exploitation en est difficile, le bénéfice très maigre.

C'est à cela que se réduit la principale production de métaux précieux de l'*Europe*, la Russie seule peut lutter dans le monde par ses mines d'or. La production totale du monde étant en 1893 de 500 millions d'argent (4.730 tonnes) et de 700 à 750 millions d'or (1) (240 tonnes), on ne peut y compter, pour la part de l'Europe, que le sixième de la production de l'*or*, ou 125 millions (40 tonnes) fournis par la Russie, le reste étant à peu près négligeable (2).

On voit quelle a dû être l'importance de la découverte des mines américaines sur les variations de valeur des métaux précieux. D'autres découvertes, hors du sol américain, en Australie, en Afrique, ont contribué puissamment à ces variations.

En 1545 la scène commença à changer. Jusque là le rapport des métaux était resté ce qu'il avait été normalement depuis des siècles : 1/10 à 1/11. Un pauvre indien qui gardait un troupeau de lamas dans un affreux désert du Haut-Pérou y découvrit une incomparable mine d'argent. C'est la mine du Potosi. La production monta d'une moyenne annuelle de 90 tonnes à 311 entre les années 1545 et 1560. Les métaux, l'argent surtout, baissèrent de valeur et les prix haussèrent. Le rapport de l'or à l'argent commença à croître et atteignit successivement 12 en l'an 1600, 13 en 1620, 13 1/2 en 1650, 14 en 1670, 15 en 1700, 15,20 en 1720. La production avait suivi la même progression. De 1545, où elle était de 90 tonnes environ,

---

(1) Raffalovich, *Marché fin.*, 1893, p. 322.

(2) Ott. Haupt, *Arbitr.*, p. 53. — Cf. Elisée Reclus, *Tables statistiques*, p. 37.

elle passait à 311 en 1560, à 418 en 1600, à 425 en 1620. Après 1620 la production est moins forte, tout en restant relativement énorme : 400 tonnes en 1640, 360 en 1660, 341 en 1700, 355 en 1720 ; elle augmente ensuite considérablement jusque vers 1810 et pourtant le rapport entre l'or et l'argent, à partir de 1720, au lieu de croître, décroît : de 15, 20 en 1720, il passe à 15,10 et 14,80 jusqu'en 1810 où il se elève. Ce fait anormal s'explique aisément si l'on fait intervenir dans le rapport la production de l'or. Elle était resté depuis l'origine remarquablement constante d'environ 8 tonnes jusqu'en 1700 et à cette époque, c'est elle qui, commençant à croître, contribue à modifier en sens contraire le rapport de valeurs des deux métaux. Le tableau suivant permet de suivre ces variations.

Années	PRODUCTION ANNUELLE Argent Tonnes	Or Tonnes	RAPPORT de valeur
1493 à 1520.....	47	5,8	1/11.30
1521 à 1545.....	90	7,	
1546 à 1560.....	311	8,5	
1561 à 1580.....	300	6,8	
1581 à 1600.....	418	7,	1/11.90
1601 à 1620.....	425	8,5	1/13
1621 à 1640.....	400	8,	
1641 à 1660.....	360	8,7	1/14.80
1661 à 1680.....	337	9,	
1681 à 1700.....	341	10,7	1/15
1701 à 1720.....	355	12,8	1/15.20
1721 à 1740.....	430	19,	1/15.10
1741 à 1760	533	24,	
1761 à 1780.....	652	20,	1/14.80
1781 à 1800.....	880	17,8	1/15.10
1801 à 1810.....	894	17,8	1/15.60
1811 à 1820.....	540	11,4	
1821 à 1830.....	460	14,2	

Années	Production annuelle Argent (Tonnes)	Or (Tonnes)	Rapport de valeur
1831 à 1840.....	600	20,2	
1841 à 1850.....	780	54,7	1/15.93
1851 à 1855.....	886	199,	
1856 à 1860.....	904	202,	1/15.21
1861 à 1865.....	1.101	185,	
1866 à 1870.....	1.339	195,	1/15.58
1871 à 1875.....	1.969	174,	1/16.16
1876 à 1880....	2.450	172,	1/18.06
1881 à 1885.....	2.861	149,	1/19.40
1886 à 1888.....	3.366	159,	1/22
1889.....	3.900	178,	1/22.10
1890.....	4.180	170,	1/19.78
1891.....	4.480	181,	1/20.93
1892.....	4.730	211,	1/23.15
1893.....	4.740	240,	1/28.47

On voit qu'à partir de 1700 la production de l'or augmenta d'une manière surprenante. C'est ce qui explique que, malgré l'augmentation parallèle de la production de l'argent, la valeur relative de ce métal se soit élevée au lieu de s'abaisser. Si l'on construit une courbe des valeurs relatives des deux métaux, résultant simplement des variations dans les quantités produites, en tenant compte du stock existant, cette courbe suit parallèlement la courbe des valeurs de l'argent construite d'après les chiffres constatés sur le marché de Londres par la maison Pixley et Abell (1). On peut tirer de là un argument sérieux contre ceux qui prétendent que les législateurs sont tout puissants pour fixer le cours de la monnaie, et que les variations de

(1) *Bull. de stat. du Min. des Fin.*, juillet 1892.

la production n'influent pas sensiblement sur la valeur des métaux monétaires.

En même temps que la découverte et l'exploitation des mines du Mexique et du Pérou influent sur la valeur des métaux précieux, on constate les effets économiques dont ces variations de valeur sont l'objet. C'est l'Espagne qui exploite les mines du Nouveau-Monde. Cette exploitation est même le but principal que se propose la métropole dans l'administration de ses colonies (1). Or la prospérité, que les richesses du continent nouvellement découvert et conquis par Colomb, Fernand Cortez, Almagro et Pizarre, répandirent sur la mère-patrie, y apporta aussi les folles espérances et les spéculations périlleuses. Et bientôt, quand l'afflux des métaux précieux se ralentit, la crise éclata foudroyante. Il n'y a pas dans l'histoire de plus grande leçon morale (2) que celle qui nous est donnée par le règne de Philippe II, de cet homme qui pour dominer les volontés et les consciences, mit au service de son ambition des ressources en apparence inépuisables. Tout dépérit en Espagne, sous ce triste règne. Le commerce et l'industrie furent atteints surtout par les monopoles que le gouvernement constitua comme application de la théorie mercantile, fruit de l'enrichissement spontané et de l'avidité maladive suscités par les arrivages de métaux précieux américains. L'or du nouveau-monde traversait l'Espagne sans la féconder et s'écoulait rapidement vers les peuples producteurs dont l'industrie prospéra longtemps et qui ne subirent le contrecoup de la grande crise espagnole qu'à l'approche du XIXe siècle. Ainsi l'Espagne, possédant les plus riches dé-

---

(1) V. Duruy, *Hist. univ.*, p. 366.
(2) V. Duruy, *l. c.*, p. 402.

pôts métalliques du monde, fut obligée deux fois, en 1575 et en 1596, de suspendre ses payements et laissa une dette d'un milliard. C'était au commencement du XVIIe siècle, et un siècle plus tard le marquis de Torcy disait de l'Espagne que ce n'était qu'un « corps sans âme ».

Pendant que l'Espagne sombrait sous le poids de l'or, l'importance commerciale passait des pays baignés par la Méditerranée aux pays situés sur l'Atlantique. L'Italie avait le même sort que l'Espagne, la prospérité souriait à la France, à l'Angleterre et à la Hollande, jusqu'au jour où ces pays eux-mêmes durent essuyer la revanche de la fortune. L'Angleterre et la France étendirent leur commerce à l'Inde, à l'Amérique du Nord, les Hollandais se firent les rouliers de l'Océan et les moissonneurs de la Mer, jusqu'aux Indes et jusqu'aux Moluques. Avec la fin du XVIIIe siècle, la source des richesses nouvelles se tarit, les métaux s'avilirent et la crise commença avec la guerre des Indes, la formation des Etats-Unis et la Révolution française.

Tels sont les effets de la production nouvelle de métaux précieux du XVIe et du XVIIe siècles. On voit que cette production influe sur leur valeur et que les variations de leur valeur coïncident avec des crises funestes.

Nous ne ferons pas ici l'histoire des crises du XIXe siècle. Mais nous rappellerons que la découverte des mines d'or de Californie en 1848, sur les rives et dans le lit même du Sacramento et du San-Joaquin, qui arrosent le bassin où est situé San-Francisco, amena une hausse momentanée de la valeur relative de l'argent qui reçut une nouvelle et puissante impulsion à trois ans de là, par suite de la découverte de filons aurifères en Australie (1850). A cette baisse de l'or correspondit une crise intense et universelle qui marqua ses principaux effets en 1857.

Depuis 1860 où la production de l'or a été maxima, celle de l'argent a crû d'une manière continue ; cela permet d'expliquer en partie que déjà avant 1870 le rapport de l'or à l'argent ait commencé à s'abaisser et soit tombé aujourd'hui à un taux qu'il n'a pas approché depuis les premiers temps du monde. Aussi voyons-nous en cette fin de siècle une crise monétaire plus grave et plus générale que toutes celles que nous avons rencontrées dans l'histoire des peuples.

Pour compléter l'étude de la production des mines, il faut dire qu'aujourd'hui, l'argent produit dans le monde entier se répartit de la manière suivante :

	Tonnes	
1. États-Unis.........	1.600	environ
2. Mexique...........	1.300	—
3. Australie..........	465	—
4. Autres pays........	1.400	—
Total......	4.765	—

Les principaux États producteurs de la grande Union américaine sont le Colorado, le Montana. La production des États-Unis a diminué en 1893 (1). Le développement de la production en Australie est considérable depuis 1889, mais le minerai va en s'appauvrissant.

Pour l'or,

	Tonnes	
1. États-Unis..........	52,7	environ
2. Australie...........	52,	—
3. Afrique.............	46,5	—
4. Russie..............	42,	—
5. Autres pays........	46,8	—
Total.......	240,	—

(1) Raffalovich, *Marché fin.*, 1893, p. 321.

La production de la Russie s'accroît toujours. Cependant elle a été dépassée en 1892 et 1893 par celle de l'Afrique méridionale. Aujourd'hui d'ailleurs, la Russie non seulement garde pour elle l'or qu'elle produit, mais elle en emprunte au dehors. En 1892, elle a importé 134 tonnes, exportations déduites (1).

La production aurifère du Transvaal qui a commencé en 1887, s'est développée rapidement. En 1892, 69 mines étaient en exploitation et elles dépassaient la production russe.

Nous avons tenu à développer particulièrement la question de la valeur relative des métaux monétaires, parce que c'est l'une des plus discutées de la matière. Nous nous résumerons en remarquant que cette valeur relative est un symptôme de crise monétaire d'une sensibilité extrême. A chaque variation brusque correspond une grande perturbation monétaire et par suite économique.

Causes correspondantes. — Cette étude nous a révélé en même temps les *causes* de cette variation, ce sont l'abondance du numéraire, provenant dans l'antiquité du butin fait sur l'ennemi, de nos jours, de la production plus ou moins active et de la découverte de nouvelles mines ou bien la rareté du numéraire, apparaissant comme un arrêt dans l'afflux que nous venons de noter, ou comme conséquence des lois plus ou moins oppressives, altérant les monnaies, modifiant leur rôle monétaire ou établissant le cours forcé.

Les diverses causes de crises que ce symptôme révèle peuvent se résumer en une seule formule. Elles sont toutes dans les faits qui d'ordinaire influent sur l'offre et la de-

(1) Raffalovich, *l. c.*, p. 322.

mande des métaux précieux, c'est-à-dire dans la *loi de l'offre et de la demande.*

Remèdes. — A ces diverses causes de crises, l'État peut quelquefois porter *remède.* Il ne peut pas entraver la production, arrêter les progrès de l'extraction, ni l'afflux naturel de métaux qui se produit à certaines époques. Mais il peut et il doit s'interdire d'altérer les monnaies et d'en fausser le cours en les rendant indépendantes de la valeur des métaux monétaires. C'est ce qu'il ferait s'il adoptait un système quelconque de cours forcé et en particulier le système bimétallique qui n'a d'autre prétention que d'entraver le libre fonctionnement de la loi de l'offre et de la demande. L'État ne peut pas non plus, quand il croit une réforme nécessaire, s'interdire de modifier son système monétaire en écartant une monnaie ou en l'adoptant, suivant les besoins du commerce. Il ne peut pas se raidir contre les variations de valeur que nous avons étudiées ; tout au contraire il doit les subir, les reconnaître et les consacrer, en modifiant le cours officiel qu'il donne à toute monnaie qui n'est pas l'étalon du système national.

On le voit, le rôle de l'État est en général passif ou nul devant toutes ces causes de crises, un rôle positif serait presque toujours dangereux et coupable, comme nous l'avons constaté par l'histoire. Mais il faut faire ici une remarque importante.

Ces diverses causes de crises, qui se manifestent par le changement de valeur relative des deux métaux principaux, n'ont et ne peuvent avoir d'importance pratique que sur un État qui se trouve obligé d'acheter le métal apprécié, en le payant à l'aide de l'autre métal. Or ce phénomène ne peut se produire qu'entre deux États dont le système monétaire n'est pas le même, et qui n'ont pas pour leur circulation internationale un stock monétaire suffisant déjà organisé.

Quand deux États n'ont pas une monnaie commune, chacun doit acheter à chaque transaction, à l'aide de sa monnaie nationale, le métal dont est faite la monnaie de son client étranger. La variation de valeur de l'un des métaux en hausse ou en baisse cause donc fatalement des pertes aux commerçants de l'un de ces deux États et amène une crise dans leur commerce international. S'ils avaient une monnaie commune, ils éviteraient ces pertes et la crise qui en résulte.

Le seul remède efficace et naturel des crises, que nous signale le symptôme que nous étudions en ce moment, consiste donc dans l'organisation d'une circulation monétaire telle, dans les deux Etats dont il s'agit, que chacune contienne outre la monnaie nationale, la monnaie étrangère. Ce remède consiste donc dans l'association des deux métaux principaux dans la circulation monétaire.

2. — *Change.*

L'ouvrage classique en France en matière de change est le traité de M. Goschen (1), publié en Angleterre en 1861, et présenté au public français par M. Léon Say en 1863. C'est une œuvre définitive à laquelle on n'a pour ainsi dire rien ajouté depuis 30 ans. Cet ouvrage a été réimprimé souvent et a atteint la 15e édition en Angleterre et la 3e en France, en 1892. Il vient très heureusement à l'appui de notre théorie. « Les changes étrangers », dit M. Goschen (2),

---

(1) *Théorie des changes étrangers.*

(2) P. 52, 3e édit. fr.

sont un baromètre sûr, indiquant l'état du marché financier, la solidité du crédit, le taux de l'intérêt, la situation comparative de la circulation dans les divers pays ». — Ils sont, en même temps des « indices de la balance du commerce entre les différents États ».

On appelle *change* le prix des effets de commerce tirés sur l'étranger (1). Ce prix varie suivant l'abondance ou la rareté, l'offre ou la demande de ces effets et par conséquent des dettes à payer d'un des pays à l'autre.

Les inégalités dans ces dettes réciproques, qui font varier le prix des changes, résultent : 1° du nombre des engagements, c'est-à-dire de la *balance du commerce* ; 2° du terme assigné aux payements et de l'état du crédit, c'est-à-dire du *prix des capitaux* ; 3° enfin des *rapports entre les monnaies* des deux pays (2). C'est cette dernière cause de variation du change qui nous intéresse particulièrement ici. On voit que le cours des changes est un symptôme des relations monétaires de deux États ; il marque la bonne situation monétaire comme les crises de la circulation entre deux pays. Mais il ne faut pas oublier que le change est influencé, non pas seulement par la diversité des monnaies des deux États, mais par le nombre des transactions, le terme assigné au payement et la solidité du crédit (3), en d'autres termes par la valeur relative des métaux monétaires, le taux de l'intérêt et l'escompte.

Quand sur un marché l'argent se resserre, comme on dit, quand une crise monétaire se prépare, les vendeurs sont portés à forcer les ventes, les acheteurs ont une répu-

---

(1) P. 58.
(2) P. 62.
(3) P. 63.

gnance à acheter, s'ils ne sont pas obligés de faire des remises et cette situation a sur les changes une action matérielle (1).

Quand les effets sur un pays qui tombe en discrédit baissent de prix, quelle part faut-il attribuer dans cette baisse à la dépréciation de la circulation de ce pays ? Il y a 3 cas à examiner : 1° Les pays dont nous parlons ont la *même monnaie, d'or ou d'argent.* Le change est alors limité dans ses fluctuations par le prix du transport du numéraire lui-même, de la fonte et de la transformation des monnaies, par la perte d'intérêt qu'entraînent ces opérations. Ces divers frais, ajoutés au pair de la monnaie ou retranchés à ce pair, constituent les limites extrêmes entre lesquelles le change peut osciller (2). Les oscillations du change sont donc très faibles dans ce cas.

2° Dans l'un des deux pays il existe une *circulation de papier* illimitée ou inconvertible. Dans ce cas il est impossible d'arriver à des résultats dignes de quelque confiance (3). Ce papier ayant cours forcé, le numéraire fait prime. Si la prime est régulièrement établie, c'est-à-dire n'est pas restreinte par la loi, cette prime s'ajoute simplement aux divers éléments qui fixent les points de sortie ou d'entrée du numéraire, les gold points. Les prix varient en proportion de la prime et le résultat des transactions reste le même. Les effets sur le pays régi par le cours forcé haussent en même temps que tous les prix et dans la même proportion (4). — Mais si la prime est res-

---

(1) P. 115.

(2) P. 124 et 136. C'est ce qu'on appelle les gold points ou points de l'or.

(3) P. 123.

(4) P. 136.

treinte ou interdite par la loi, si l'exportation du numéraire est prohibée, il n'y a plus de limite au prix du change et ses fluctuations désordonnées ne donnent plus aucune indication précise (1). Le commerce en est réduit au troc (2) et le Trésor aux emprunts.

3° Les deux pays ont *l'un de l'or, l'autre de l'argent*. Il est rare que ces deux monnaies soient au pair dans les deux pays, c'est-à-dire que l'une ne fasse pas prime par rapport à l'autre. Le change dépendra de cette prime. Ce cas ressemble donc au précédent. Il suffira d'ajouter la prime aux limites ordinaires d'entrée et de sortie du numéraire.

C'est dans cette catégorie que se rangent les pays bimétallistes qui, dans la pratique, n'ont qu'un étalon, qui est l'or ou l'argent suivant les circonstances.

Ainsi, en résumé, quand deux pays ont en circulation le même métal, les fluctuations du change sont faibles et limitées par les *gold points*. Quand deux pays ont des monnaies différentes ou du papier-monnaie, le change se règle d'après la prime de la monnaie préférée et peut par suite arriver à des taux énormes et aboutir à des crises des plus graves. C'est la diversité des systèmes monétaires qui apparaît encore ici comme la cause principale qui agit sur le change et provoque les troubles dont les variations du change sont les symptômes.

Nous pouvons, dit M. Goschen (3), considérer les changes comme un *baromètre* commercial et monétaire *infaillible* ; « non seulement leur situation offre au monde des affaires

---

(1) P. 139.
(2) P. 139 et 142.
(3) P. 153.

les moyens de reconnaître l'état de l'atmosphère commerciale, non seulement elle indique si le ciel est gros d'orages ou si le temps va se remettre au beau, mais encore elle fait connaître avec précision l'existence des courants perturbateurs et détermine la ligne de conduite à suivre pour éviter le danger et pour modérer l'action précipitée des paniques ».

Mais ce qu'il ne faut pas perdre de vue, c'est que la dépréciation du numéraire peut seule produire des variations *illimitées* du change, la balance du commerce ne le peut pas, car elle est toujours facile à compenser par l'expédition du numéraire (1). Aussi quand le change est tout à fait désordonné, que ses mouvements sont déréglés et extrêmes, on peut être certain que c'est la différence dans la valeur des monnaies qui produit ces perturbations.

M. Goschen, que nous avons suivi pas à pas, parce que l'interprétation de sa théorie nous semble fournir les meilleurs arguments en faveur de notre thèse, termine son étude par l'examen des correctifs des changes étrangers ou plutôt des causes qui produisent leurs variations et qui les rendent défavorables, c'est-à-dire tendent à l'exportation, à la fuite du numéraire. Mais il n'indique en ce qui concerne la situation monétaire, qui fait l'objet de notre étude, qu'un remède, qu'il ne touche que d'un mot. Il faut, dit-il, rétablir la circulation dépréciée (2). Et il n'approfondit pas ce point davantage.

Or, pour rétablir la circulation dépréciée, en dehors des moyens indirects qui portent sur la situation économique entière de la nation, il y a des moyens spécialement moné-

---

(1) P. 173.
(2) P. 203.

taires qui font précisément l'objet de nos recherches. Ils consistent à supprimer entre les divers États la *différence des monnaies*, cause essentielle des fluctuations les plus désordonnées du change. Ils consistent à résoudre le *problème monétaire*, tel que nous l'avons posé, en cherchant à associer plusieurs métaux dans la circulation monétaire d'un même État.

3. — *Les prix.*

Le prix est l'expression en monnaie de la valeur des choses ou des services. C'est un rapport entre la valeur absolue d'une chose ou d'un service et la valeur d'une monnaie. La hausse ou la baisse des prix dépend donc de l'intensité de l'offre et de la demande non seulement des choses ou des services mais aussi de la monnaie.

Il est donc inexact de dire, comme on le fait souvent, que la baisse des prix marque une crise monétaire. Il est certain que la rareté du numéraire augmentant sa valeur absolue, le prix qui est rapporté à ce numéraire doit baisser. La baisse des prix trahit donc en général la rareté du numéraire, c'est-à-dire une crise monétaire. Mais les prix des diverses marchandises peuvent varier pour d'autres causes, qui sont étrangères à la monnaie et qui constituent l'offre et la demande de ces marchandises. Ainsi la transformation des moyens de production, des moyens de transport, la spéculation, l'augmentation des impôts, la hausse des salaires, toutes les crises étrangères au domaine propre de la monnaie, des causes spéciales à tel commerce particulier, peuvent faire varier les prix sans trahir à proprement parler une crise monétaire.

Il est par suite très difficile de déterminer dans les variations des prix la part qui revient à la rareté du numéraire ou à son abondance et par suite aux changements de valeur des monnaies. Et cela parce que les prix ne sont jamais que des résultantes de causes très variées. Essayons donc de découvrir parmi les causes multiples des variations de prix, quelles sont celles qui trahissent des crises monétaires et quel est le degré de confiance qu'il faut accorder à ce symptôme.

Ce serait tout au moins un avantage appréciable, dans cette difficile matière, de pouvoir compter sur des variations régulières et parallèles de tous les prix (1). Mais les causes multiples qui sollicitent les diverses monnaies d'une part et de l'autre les diverses marchandises, font que les prix ont des mouvements qui semblent absolument incohérents. Cependant on peut arriver à découvrir entre eux certaines catégories qui semblent régies par des lois différentes. Nous les diviserons tout d'abord en prix de gros et prix de détail. Ces deux classes ont des mœurs très différentes (2). Une autre classification, non moins importante peut-être, distingue les prix fixes des prix variables.

1° M. de Foville (3) constate que les *prix de détail* font souvent preuve d'une indépendance étrange à l'égard des prix de gros. Tantôt les premiers sont plus mobiles, tantôt ils sont plus lents à se modifier que les derniers.

Le blé, le bétail ont baissé dans ces dernières années de 50 0/0 : le pain et la viande n'ont guère varié et ont plutôt augmenté. Le directeur du bureau de statistique de Budapest, M. Kœrœsi, a publié les résultats de la comparaison de ces deux séries de prix de 1882 à 1888 dans la capitale

---

(1) Cf. de Foville, *Dict. d'Éc. pol.*, II, p. 608.
(2) *Id.* p. 612, col, 1.
(3) *Enquête sur les prix de détail*, 1888.

de la Hongrie. Pour les principales denrées alimentaires les courbes des prix de détail et des prix de gros sont absolument divergentes. Et il en est de même sur les bords de la Tamise et sur les rives de la Seine (1).

On ne peut pourtant pas traiter les petits commerçants d'exploiteurs. Ils sont régis par la loi de la concurrence comme les commerçants en gros. Les véritables causes de cette anomalie sont : la hausse des loyers dans les villes, l'augmentation des salaires et le luxe croissant des installations. Ce sont les frais généraux du petit commerce qui sont exorbitants. Ce sont eux qui attirent la clientèle mais il faut que la clientèle paye. Voilà pourquoi la viande valant 1 franc le kilo en gros se vend 2 francs au détail. Et d'ailleurs la concurrence n'y peut rien. On aime mieux se priver un peu que de marchander toujours et se fournir dans un grand magasin que dans une boutique. La seule règle qui s'impose alors au marchand est l'état de fortune de sa clientèle. Le commerce ainsi pratiqué n'est plus qu'une variété de l'impôt sur le revenu (2).

Dans d'autres cas, l'indépendance des prix de détail devant la loi de la concurrence, se manifeste par leur immobilité. Ainsi les prix minimes se trouvent obligés de compter avec le despotisme des petites unités monétaires (3) ; le sou, le centime qnelquefois, mais bien rarement, car le sou a cessé de se diviser. La marchandise, il est vrai, pourrait s'adapter au prix, mais là on trouve de nouveaux obstacles dans d'autres unités : le centilitre, le gramme.

La conséquence naturelle de cette indépendance est

---

(1) De Foville, *D. d'Éc. pol.*, II, p. 614, col. 2.

(2) *Id.*, p. 615, col. 2.

(3) De Foville, *Enquête sur les prix de détail*, 1888.

l'exagération des prix de détail, qui n'obéit en rien aux fluctuations variées des prix de gros. Aussi, même et surtout dans les moments de crise, où l'on dit que les prix baissent, on constate avec étonnement que *la vie* est plus chère et que les denrées alimentaires en particulier suivent une marche inverse de celle des matières premières qui servent à les fabriquer. Le vendeur en gros souffre de la crise parce que ses prix de vente s'abaissent, le consommateur en souffre parce que les prix de détail s'élèvent et le détaillant, qui semble être le monstre dévorant dans cette machination compliquée, souffre aussi parce que son débit diminue et que ses frais généraux qui sont fixes restent les mêmes.

Le remède consisterait, dans les moments de crise, pour les consommateurs au moins, à se passer du concours des intermédiaires en se fournissant directement en gros. C'est ce que font beaucoup de riches, mais les pauvres ne le peuvent pas et c'est ce qui fait que la cherté de la vie est proportionnellement plus grande pour les classes laborieuses (1).

Pour ces dernières, ce sont les grands magasins et le système de la coopération qui peuvent peut-être arriver à rétablir l'équilibre aux jours de détresse.

Ainsi les détaillants, dont la situation semblait privilégiée, sont ceux qui sont en dernière analyse les plus maltraités. Leurs frais généraux (loyer, salaires des ouvriers, luxe des installations,...) sont fixes, leurs débouchés diminuent par suite de la stagnation des affaires et du fait que les riches se fournissent plutôt en gros, enfin ils souffrent,

---

(1) *Id.*, *Dict. d'Éc. pol.*, p. 614.

comme le reste de la classe laborieuse, au plus haut degré, de la cherté de la vie.

En résumé on peut dire que c'est la hausse et non la baisse des prix qui manifeste les crises, en ce qui concerne le commerce de détail.

2° Passons aux *prix de gros*. C'est ici que la distinction des prix fixes et des prix variables est surtout intéressante.

La *fixité des prix* paralyse la loi de l'offre et de la demande. Or, les prix fixes pullulent autour de nous. On les trouve dans les tarifs des chemins de fer, des voitures, des hôtels, restaurants, dans les monopoles fiscaux, celui des tabacs, celui des allumettes, des poudres, du gaz à Paris qui cache un impôt de 20 millions par an au profit de la ville, dans les tarifs des postes et télégraphes.

Tous ces prix qui sont fixes, ressemblent, comme ceux des grands magasins, plutôt à des prix de gros qu'à des prix de détail, vu l'étendue de leur marché. On peut dire que le Magasin du Louvre, que le Bon Marché vendent en gros, car leurs frais généraux sont négligeables par rapport à leur chiffre d'affaires, et leurs bénéfices pour cent sont extrêmement faibles. Le Louvre faisait en 1893 pour 120 millions d'affaires et le Bon Marché 150. Et contre ces chiffres fabuleux, le bénéfice net était pour le Louvre de 6,90 0/0 et pour le Bon Marché de 5 (1). On peut en dire autant des divers autres prix que nous avons cités.

Mais il y a bien d'autres prix, qui ne ressemblent en rien aux prix de détail, et qui ont une fixité qui les condamne à n'obéir en aucune façon à la loi de l'offre et de la demande. Ce sont les prix fixés par des contrats et surtout par les

(1) Vicomte d'Avenel, *Rev. des Deux Mondes,* 15 juillet 1894.

contrats à long terme. Or le commerce de gros ne se fait qu'à terme et il arrive rarement qu'une crise survienne au moment où la majorité des commerçants ne sont pas engagés pour une durée considérable. Cela explique pourquoi, à la moindre alerte, la spéculation, ou plutôt le commerce, s'arrête, pourquoi le commerçant est craintif et hésitant. S'il achète, il faut qu'il fixe un prix et peut-être une crise va-t-elle survenir, les prix alors baisseront et il devra garder sa marchandise en stock ou la vendre à perte, car son prix d'achat ne se modifiera pas au gré des événements : il restera ce qu'il aura été le jour du contrat.

En dehors de ces prix fixés avant la crise pour une longue période et qui sont désormais invariables, que d'autres sont insensibles à la tourmente ! Les prix des fermages, les loyers d'habitation sont fixés pour de longues années et s'il survient une crise, c'est tant pis pour le fermier ou pour le locataire. Le rentier, le propriétaire, profitera aux dépens de son client. Il en est de même des prix de la plupart des services ; ainsi le salaire de l'ouvrier est, il faut le reconnaître, d'une incorrigible paresse et d'une insensibilité désespérante, de même le traitement des fonctionnaires, les honoraires des professeurs, magistrats, avocats... La cherté de la vie, l'offre et la demande n'ont guère d'influence sur eux. Il faut de véritables révolutions pour les modifier.

Enfin les arrérages des rentes, les intérêts des capitaux, prêtés par les particuliers ou par l'État, sont également immobiles. Il faut pour les déplacer de grands efforts : des conversions et quelquefois des banqueroutes.

Sur ces prix fixes, dont nous n'avons cité qu'un petit nombre d'exemples, la concurrence n'a pas de prise. Que la valeur de la monnaie varie, que les prix de gros se modifient en hausse ou en baisse, les rentes, les fermages, les traitements et honoraires, les salaires, les prix arrêtés par contrats à long terme, restent immobiles au milieu de la tourmente. Ce n'est que de loin en loin qu'une grève, une conversion, une révolution vient les modifier.

Le seconde catégorie des prix de gros est celle des *prix de gros variables*. Ces prix se subdivisent en deux classes : les uns sont relatifs à des marchandises de grand commerce, les autres à des marchandises qui ne circulent qu'à l'intérieur d'un même État et qui ne dépendent en rien de la valeur des premières.

Ainsi aux Indes le coton, les céréales sont des marchandises de grand commerce, au Brésil le café, dans la plupart des pays les matières premières, sont des articles d'exportation. Le prix de ces marchandises est en général fixé par rapport à l'or. Il en est de même de tous les articles qui, dans un pays, sont fabriqués à l'aide de matières premières importées de l'étranger. Enfin tous les articles d'importation, tels que les objets de luxe dans les Républiques sud-américaines, sont également évalués par rapport à l'or, qui est le métal monétaire du grand commerce.

Au contraire les articles qui restent dans le pays, qui y sont fabriqués à l'aide de matières premières indigènes, sont évalués dans la monnaie courante du pays qui, aux Indes, par exemple, ou en Espagne, est l'argent, qui, au Brésil, dans la République Argentine, au Pérou, est le papier-monnaie.

Les prix de gros variables sont donc, dans un pays tel que l'Espagne ou l'Inde, divisés en deux catégories : prix en or et prix en argent. Au Brésil il y aura des prix en or et des prix en papier à cours forcé national.

Si la valeur de l'or augmente d'un centième par rapport à l'argent, tous les prix en or baisseront par rapport aux prix en argent d'une quantité proportionnelle. Il en résultera un trouble inouï dans les valeurs relatives de toutes choses.

Causes correspondantes. — Les causes qui font varier les prix de gros sont : 1° spéciales à un commerce déterminé, comme l'oïdium ou le phylloxéra pour la vigne ; 2° collectives et agissant sur un grand nombre de prix à la fois, comme les progrès industriels, les progrès des transports, comme l'influence d'une législation protectrice ou prohibitive ; 3° enfin ces causes peuvent être étrangères aux marchandises mêmes dont il est fait commerce et n'avoir pour point de départ que l'abondance ou la rareté du numéraire, c'est-à-dire la valeur de l'unité monétaire.

Nous avons étudié les causes des variations de valeur des monnaies et nous avons reconnu que ces variations constituent l'un des symptômes les plus infaillibles des crises monétaires. Nous retrouvons dans les variations des prix l'influence de ces mêmes causes.

Ainsi dans les temps de crises, les prix de détail augmentent, et en particulier le prix de la vie, les prix fixes restent immobiles, les prix variables s'élèvent ou s'abaissent suivant les articles. Il en résulte que la vie est plus chère pour tous et que tout le monde souffre par là, — que pour ce qui concerne les prix fixes ce sont tantôt ceux qui les payent, tantôt ceux qui les reçoivent, mais le plus souvent ces derniers, qui sont frustrés, — enfin pour les prix variables ce sont tantôt les acheteurs, tantôt les vendeurs qui pâtissent de ces variations.

En résumé, les variations de prix provoquées par des causes monétaires amènent des souffrances tantôt pour les uns, tantôt pour les autres, mais il y a des souffrances qu'elles amènent toujours pour tous : ce sont la stagnation des affaires et la cherté de la vie. — Les prix dont les variations marquent des crises, qui permettent de les suivre et de les étudier, sont les prix de gros variables. — Enfin, parmi les causes qui font varier ces prix et qui sont multiples, l'une des plus graves est la variation de valeur de l'unité monétaire.

Remède. — Quel est le remède qui s'applique à cette cause essentielle et qui peut la supprimer ou en atténuer les effets ? Le remède naturel serait de prendre pour unité monétaire une valeur invariable. Les métaux sont, parmi les marchandises qui peuvent jouer le rôle d'unité, d'étalon des prix, les plus fixes (1). Mais cette fixité est très relative et nous avons vu qu'elle s'est trouvée souvent en défaut. Un autre moyen de remédier à la variation des prix consisterait à rendre toute sa liberté à la loi de l'offre et de la demande en permettant à tous les prix de se modifier en proportion exacte des variations de valeur de l'unité qui sert à les exprimer. C'est le moyen vers lequel tend aujourd'hui l'école progressiste ; mais les obstacles sont nombreux et les difficultés considérables. Comment organiser, par exemple, la libre concurrence entre patrons et ouvriers, de manière que le salaire suive exactement le pouvoir d'achat de la monnaie qui sert à le fixer ? Tout au plus a-t-on découvert quelques palliatifs en reconnaissant le droit de grève, en secourant l'ouvrier contre le chômage, en organisant des syndicats, en favorisant l'épargne et le crédit ouvrier. Ces réformes sont-elles proportionnées au mal ? Quoiqu'il en soit, il semble établi que ce n'est pas à la variabilité de l'unité monétaire qu'on peut directement s'attaquer, mais que le progrès consiste à permettre aux prix de se régler exactement d'après la valeur essentielle-

(1) De Foville, *art. cité*, p. 597, col. 1.

ment variable de l'unité monétaire. C'est vers le libre jeu de la loi de l'offre et de la demande que les recherches en cette matière doivent s'orienter.

Cette conclusion nous permettra de revenir par une transition naturelle à notre principe. Si le remède aux crises que trahissent les variations des prix est dans la recherche d'un moyen propre à donner à la loi de l'offre et de la demande une liberté qu'elle n'a pas en cette matière, le bimétallisme, qui n'est qu'un système de révolte contre cette loi, est condamnable. Il augmenterait les difficultés du problème au lieu de le résoudre.

Mais si le bimétallisme aboutissait à constituer un système de double étalon dans la même circulation monétaire, comme beaucoup le pensent, le mal serait plus grand encore, car, au lieu d'une unité monétaire, on en aurait deux : l'or et l'argent. Il y aurait deux séries de prix, les prix en or et les prix en argent. Cette distinction existe déjà dans le commerce commun de deux Etats qui ont des monétaires différents. Elle entraîne des complications nouvelles et une grande aggravation des crises. La valeur de l'un des métaux variant, par exemple, en baisse, tous les prix correspondants s'élèveraient, les prix exprimés à l'aide de l'autre métal restant fixes. On voit que le désarroi deviendrait complet et que la loi de l'offre et de la demande ne serait plus qu'un mythe.

Hé ! bien, ce système mixte, qui existe dans la circulation internationale de deux peuples qui n'ont pas de monnaie commune, fait apparaître encore ici, la *diversité des systèmes monétaires* comme l'élément perturbateur par excellence. Une monnaie commune existant entre ces deux peuples, permettrait aux deux étalons de s'équilibrer et servirait entre eux de trait d'union. Eclaircissons cette observation par un exemple.

Les rapports faits en Angleterre sur la situation de l'Inde constatent que, malgré la baisse de l'argent, le pouvoir d'achat de ce métal n'a guère varié aux Indes. Mais le change, c'est-à-dire le prix de l'or, y a atteint des proportions colossales. Les prix à l'intérieur du pays sont donc restés immobiles, les prix extérieurs, les prix en or ont seuls varié. De là résultent pour l'exportation les avantages sur lesquels on a construit la théorie du change fossoyeur du libre échange.

Or, supposez que l'or ait eu cours aux Indes, à un taux déterminé par rapport à l'argent. La variation de valeur de l'un des métaux aurait eu la même influence sur tous les prix variables, car l'étalon étant l'argent, et tous les prix étant fixés par rapport à l'argent, ils auraient tous varié proportionnellement. Les prix intérieurs se seraient trouvés entraînés dans la variation du pouvoir d'achat de l'unité si cette unité avait varié. Ils ne se seraient pas modifiés si l'unité étrangère seule avait changé.

On voit en un mot, que les prix gagneraient à l'association des deux métaux dans la même circulation.

Autres symptômes directs.

Passons rapidement en revue les autres symptômes directs des crises monétaires et leurs symptômes indirects.

Les variations du *taux de l'intérêt* permettent de se rendre compte de l'abondance ou de la rareté du numéraire et par suite de constater l'état de crise ou de prospérité du marché. Mais en général ce ne sont pas les statistiques officielles qui constatent ces variations et l'État ne peut guère les gouverner. Nous n'insisterons donc pas sur l'étude de ce genre de renseignements, quelle que soit d'ailleurs leur importance.

Nous n'en dirons pas davantage du *taux de l'escompte*, qui révèle pourtant très sûrement la situation du crédit. Son maniement, qui ne revient pas à l'État, mais aux grandes banques, a une importance considérable pour diriger les capitaux et en particulier le numéraire.

Le *taux des reports* donne des indications du même genre qui sont constatées par les Bourses et par les banques et sur lesquelles l'État n'a guère d'influence.

Les *bilans des Banques* sont devenus entre les mains de M. Clément Juglar le symptôme caractéristique des crises. Nous en avons déjà apprécié l'utilité.

Nous citerons en dernier lieu deux autres éléments d'information qui sont entre les mains de l'État, mais qui n'ont qu'une valeur très discutable : les mouvements du commerce des métaux précieux et la valeur des fonds publics.

1° *Commerce des métaux précieux.* — Dans ce genre de statistiques la douane en France fait figurer l'or et l'argent bruts, les monnaies françaises et étrangères. Mais les ouvrages d'or ou d'argent sont en général classés parmi les objets manufacturés. On pourrait remédier à cet inconvénient, mais il en est un qui est fatal et par suite plus grave, c'est que la douane ne peut noter que ce qu'elle voit et la plus grande partie des métaux sont transportés par des voyageurs qui ne les déclarent pas. De plus, le même or ou le même argent peut être entré et sorti plusieurs fois (1).

Les tableaux du commerce français n'ont pas noté parmi les exportations l'indemnité payée à l'Allemagne. M. Fer-

(1) De Fovile, *France économique*, p. 367.

raris a prouvé pour l'Italie que la douane laissait passer inaperçues plus de la moitié des exportations d'or ou d'argent (1).

2° *Valeur des fonds publics.* — La valeur des fonds publics dépend de la demande qui en est faite et par suite de la quantité de capitaux qui cherchent un emploi. Elle indique donc l'abondance ou la rareté du numéraire, qui est le principal capital disponible. A ce titre les fonds publics peuvent donner sur les crises monétaires des indications précieuses. Mais beaucoup d'autres conditions influent sur les variations de ces valeurs. La spéculation surtout fausse les cours. Des craintes ou des espérances souvent peu justifiées les font osciller sans raison. Enfin l'Etat lui-même a une trop grande part dans ces fluctuations. Suivant qu'il émet ou qu'il vend des valeurs ou qu'il en achète, les cours se modifient en hausse ou en baisse. L'Etat dispose des fonds des Caisses d'épargne et des autres fonds de la dette flottante à l'aide desquels il peut spéculer, peser sur les cours et donner aux titres de la dette publique une valeur artificielle que ne justifie pas l'état du marché. Ce symptôme est donc d'une exactitude très relative.

Symptômes indirects.

Les *symptômes indirects* sont ceux qui révèlent des crises dans un domaine étranger à la circulation monétaire. Ainsi une crise agricole se manifeste par des symptômes spéciaux. Mais les perturbations du domaine agricole se communiquent fatalement à la circulation des monnaies. Il en résulte que les faits qui révèlent une crise agricole, indi-

(1) *Id.*, note.

quent indirectement une crise monétaire. L'Etat, dans ces divers cas, n'aura d'autres moyens de calmer ou d'éteindre les troubles monétaires que ceux qui seront propres à remédier à la crise agricole.

Crises agricoles. — Les principaux symptômes de ce genre de crises résultent du prix du blé, du chiffre de la production, du montant des importations et des exportations, du prix des fermages, de la valeur des terres, des salaires agricoles, etc... C'est en étudiant ces diverses statistiques qu'on peut constater une crise agricole, en apprécier la gravité, en suivre l'évolution, en découvrir les causes et les remèdes. Mais toutes ces statistiques n'ont pas la même valeur.

Si l'on étudie le prix du blé, il faut déduire de ses variations la part d'influence qui revient à la variation de valeur de l'unité monétaire (1) à l'aide de laquelle ce prix est exprimé. Ainsi le blé vaut aujourd'hui environ 20 francs d'or, c'est-à-dire autant que 6 gr. 452 d'or à 900/1000. Mais sait-on si le pouvoir d'achat de l'or n'a pas augmenté? Cela est très probable et peut-être ces 6 gr. 452 d'or valent-ils aujourd'hui autant que 25 ou 30 francs il y a 20 ans.

Le chiffre de la production est une indication précieuse, mais sait-on comment il est obtenu (2)? Le Ministère de l'agriculture demande ses renseignements aux préfets, les préfets les demandent aux maires, les maires s'adressent au garde-champêtre qui, d'un coup d'œil rapide, embrasse la production de la commune et déclare qu'elle est supérieure à celle de l'année précédente d'une quantité qu'il fixe approximativement suivant son appréciation personnelle.

(1) Cf. *Le Monde économique*, Zolla, 12 mai 1894.

(2) Levasseur, *La statistique officielle en France*, 1885.

Tous les chiffres ainsi recueillis forment un total que le Ministère termine par des centièmes pour lui donner l'apparence d'une exactitude scrupuleuse. Les statisticiens et les économistes bâtissent leurs théories sur ces données. Il serait facile d'apporter dans ces constatations une plus grande exactitude, c'est pourquoi nous n'hésitons pas à en signaler les vices.

Des symptômes on remonte aux causes de ces crises qui sont le plus souvent de mauvaises récoltes, la concurrence étrangère, des lois plus ou moins oppressives, des maladies des produits agricoles.... A ces diverses causes l'Etat peut quelquefois apporter des remèdes. Le crédit agricole, l'épargne, les secours en nature ou en espèces, permettent d'améliorer le sort des travailleurs agricoles. Les engrais, les perfectionnements de la culture, permettent de rendre le sol plus productif et l'Etat peut contribuer à répandre les progrès de la science. Il y a des Etats qui encouragent la transformation des industries par un système de protection modéré et prudent et qui procurent aux agriculteurs malheureux le moyen de renoncer à la culture pour entreprendre quelque industrie plus lucrative. Beaucoup d'agriculteurs danois ont abandonné la production des céréales devenue peu rémunératrice, pour l'élevage du petit bétail, en particulier du porc, et la fabrication du beurre (1). Ces industries ont permis au Danemark d'échapper aux désastres de la crise agricole si funeste pour d'autres peuples. L'Etat peut prendre une part active dans ce genre de transformations.

Crises financières. — Les principaux symptômes des crises financières résultent de l'étude des budgets et des

(1) *Le Monde économique*, Frédéricksen, 13 oct. 1894.

dettes publiques. Les causes qui provoquent ces effets sont des dépenses de travaux publics, d'armements, de guerres, de colonisation. Pour suffire à ces besoins les États font des emprunts ou augmentent les impôts. Les remèdes consistent en ce qui concerne la dette publique, dans les conversions, l'amortissement et surtout la modération du recours à l'emprunt. Le premier moyen est très délicat, il exige une situation solide et prospère sans laquelle toute conversion est impossible ; l'amortissement fait mal à propos est plus nuisible qu'utile, il faut qu'il soit alimenté par des excédents réels et non par de nouveaux emprunts. Quant au budget, on ne peut l'équilibrer que par des augmentations d'impôts, qui sont souvent un mal nécessaire, ou par des économies, qu'il est difficile de réaliser sagement. On a cru faire en France une économie heureuse en supprimant en 1885 la Direction des cartes et le Bureau de Statistique graphique du Ministère des Travaux publics, que M. Cheysson avait illustré par les savantes innovations de son Album de Statistique (1), et l'on a laissé subsister des dépenses de bureau que la routine seule défend et qui entraînent souvent des frais énormes comme les dépenses de voitures de M. Favette dont la Chambre a récemment flétri l'exagération.

— On range encore sous le nom de crises financières, les *crises du marché des valeurs* qui ont des rapports intimes avec les crises monétaires. Les symptômes caractéristiques de ces crises sont les krachs, les faillites, les indications contenues dans les bilans des établissements financiers, le cours des valeurs émises par ces établissements.

Leurs principales causes sont les spéculations désordon-

---

(1) Voir Levasseur, *La statistique officielle en France*, 1885.

nées, comme celles du Comptoir d'Escompte et de la Société des Métaux en 1889, l'abus de la circulation fiduciaire pour les banques d'émission, les ventes à découvert et les opérations portant sur de simples différences qui ne constituent qu'un jeu de hasard.

L'État doit-il intervenir dans ces sortes de crises (1)? Il est certain que cette intervention peut avoir une grande utilité pour prévenir, calmer ou éteindre les crises monétaires. L'État a besoin de la Bourse (2) pour placer ses emprunts, pour soutenir le cours de la rente ; la bourse a besoin de l'État qui est la plus grande caisse du marché, qui influe sur les cours par des remboursements anticipés, par le détachement des coupons de la rente, par le placement des fonds des caisses d'épargne, de ceux des mineurs, des fonds dotaux et des fondations, par des conversions, par le retrait des capitaux déposés en banques. L'État doit-il intervenir plus intimement encore et chercher à ralentir les liquidations des crises, comme il l'a fait à maintes reprises dans ces dernièrés années ? C'est une grave question à résoudre ; parfois cette intervention a de bons effets.

En France, en 1889, M. Rouvier a convoqué les représentants des principaux établissements du marché parisien qui ont aussitôt réuni 140 millions pour secourir le Comptoir d'Escompte. L'intervention de l'État était indispensable, le Comptoir avait des rapports intimes avec l'État, ses actions étaient désignées pour les placements des fonds dotaux et des mineurs (3).

---

(1) Voir : *Journal des Économistes*, 15 janvier 1892. Séance de la Société d'Ec. pol.

(2) Raffalovich, *id.*

(3) Ducret, *id.*

En 1891, dans l'affaire de la Banque des Dépôts et Comptes-Courants, le Ministre n'a été qu'un intermédiaire bénévole ; la Banque de France et les autres grands établissements ont donné leur concours volontairement. L'Etat n'a donc pas pris part au règlement de la crise.

Enfin, en 1882, l'Etat n'était pas intervenu, le Ministre non plus, la crise a été très grave. C'est le krach de l'Union Générale, qui a entraîné un véritable désastre. De nombreux déposants n'ont pu toucher que 66 0/0 après plusieurs années.

Mais ce qui est certain, c'est que si l'Etat doit intervenir dans des cas déterminés, c'est dans l'intérêt général du marché et non pour protéger les actionnaires ou les déposants. C'est pourquoi l'Etat n'a pas à se mêler aujourd'hui des intérêts des actionnaires ou obligataires lésés par la banqueroute de la Grèce (1) ou par celle du Portugal.

La liquidation de la crise italienne qui a suivi les excès de 1886-1887 s'est prolongée à cause de l'intervention du gouvernement Crispi qui, pour des motifs diplomatiques et politiques, a cru devoir soutenir toutes les grandes entreprises financières qui périclitaient (2).

Crises commerciales. — Ces crises ont été principalement étudiées par M. Clément Juglar (3) dont nous avons discuté la théorie. Leurs principaux symptômes sont, en dehors de ceux qui s'appliquent plus spécialement aux crises monétaires, les mouvements du commerce extérieur constatés par les statistiques douanières. M. de Foville (4)

---

(1) Beauregard, *Le Monde économique*, 22 sept. 1894.

(2) Raffalovich, *loc. cit.*

(3) *Les crises commerciales*, 1862, 1889. — Nombreux articles.

(4) *Economiste français*, 5 et 19 juillet, 1er novembre 1879.

a montré, en appliquant à ces statistiques la méthode féconde des *coefficients proportionnels* (1) que des corrections sont indispensables pour tirer de ces chiffres des indications précises sur l'état du commerce. Des symptômes plus faciles à étudier résultent des cours du change, des bilans des banques, du taux de l'escompte... Ils permettent de déterminer les causes des crises commerciales dont la plupart sont provoquées par des lois prohibitives ou oppressives, par l'abus du crédit et la mauvaise organisation des banques, enfin par la spéculation. Le rôle de l'Etat dans ces crises est très important. Il est dominé depuis de longues années par la grave controverse du protectionnisme et du libre-échange.

Crises sociales. — Sans énumérer tous les genres de crises dont l'influence peut se faire sentir indirectement sur la circulation monétaire, remarquons que toutes les manifestations de la vie économique se tiennent et se pénètrent à tel point que l'on peut découvrir des symptômes indirects de crises monétaires jusque dans la littérature, dans le développement des idées, dans les théories sociales plus ou moins subversives, dans les diverses branches du bien-être, tel que le développement des industries de luxe, enfin dans la vie civile et dans les progrès ou la décroissance de la population. Ce dernier point avait déjà frappé M. Clément Juglar (2) avant 1857 et il en parlait dans la première édition de son principal ouvrage. Les mouvements de la population varient, disait-il, non seulement dans les années de disette, de guerres, d'épidémie, mais dans les années où le mouvement des affaires et les

(1) De Foville, *Mémoire sur les variations des prix*, 1872.
(2) *Les crises commerciales*. Introduct., 1889.

transactions commerciales varient d'intensité. Les courbes qui représentent ces diverses variations suivent des ondulations parallèles.

C'est ainsi que le désordre, les souffrances d'un membre quelconque du corps social se répandent et influent sur l'état général qui souffre et dépérit en même temps. Une crise monétaire peut être l'effet aussi bien que la cause d'une crise commerciale, ou agricole, ou sociale. La rareté du numéraire, par exemple, entraîne la hausse des prix, la vie devient plus chère, le bien-être diminue, les subsistances se restreignent et la loi de Malthus trouve son application : le nombre des mariages décroît, les maladies, la misère et avec elles la mortalité augmentent et la population diminue.

Conclusion. — Cette revue rapide des symptômes, des causes et des remèdes des divers genres de crises, nous amène à conclure que le rôle de l'État dans l'ordre monétaire est très complexe. Il peut atteindre la circulation, soit directement par des réformes monétaires, soit indirectement par des réformes agricoles, commerciales, etc... Nous ne pouvons pas le suivre partout.

Lui-même, pour ne pas s'égarer, doit se soumettre à une règle de conduite fixe et prudente.

Il doit avant tout organiser un bon système de statistique qui le renseigne à la fois sur la situation de chaque branche de l'administration et sur l'état économique général.

Il doit ensuite, pour veiller au progrès de chaque institution prise isolément, étudier les statistiques qui la concernent spécialement et qui lui révèleront aussi bien la prospérité, les progrès, le bon fonctionnement de cette institution, que les crises dont elle sera affligée. De ces symptômes il remontera aux causes qui les auront provoqués. Les causes reconnues, il cherchera à découvrir les remèdes. Il trouvera dans ces mêmes statistiques la preuve de l'efficacité de ces remèdes, dont il pourra suivre pas à pas l'influence quand il les appliquera, ou bien à l'inverse la preuve de leurs dangers.

Dans le domaine monétaire en particulier, l'État devra étudier la variation de valeur des métaux monétaires, le cours du change, la hausse ou la baisse des prix, le taux de l'intérêt, les bilans des banques, le commerce des métaux précieux, la valeur des fonds publics, et les symptômes indirects de crises monétaires. Il pourra en conclure, comme l'ont fait les enquêtes de 1885 et de 1887 pour la Grande-Bretagne, que le pays souffre d'une crise monétaire. — Les symptômes mêmes qui l'ont révélée ont permis d'en découvrir les causes. Cette crise date de 1873, nous en avons décrit la marche. Elle résulte des difficultés qui constituent le problème monétaire. — A ces causes on a cherché des remèdes. Les enquêtes ont abouti à des remèdes indirects et, comme remède direct, elles ont proposé *l'association de l'or et de l'argent dans la circulation*, sans s'accorder sur le choix du bimétallisme dans l'application.

Ainsi l'Etat anglais a suivi en 1885-1887 pour étudier la situation critique de la Grande-Bretagne la méthode que nous avons longuement développée. Nous allons voir que le gouvernement de l'Inde, soucieux de trouver un remède aux maux qui pesaient sur le pays, a suivi exactement la même méthode, comme le prouve, jusque dans la division matérielle des matières, le rapport de la Commission Herschell, qui a été adopté et sanctionné par les gouvernements anglais et indien.

L'étude de cette crise et de ce rapport montrera donc

utilement sur un exemple intéressant quel est le rôle de l'Etat dans une situation critique, comment il doit étudier la condition de la nation au point de vue monétaire, et comment il doit poursuivre ses recherches jusqu'au choix et à l'application des meilleurs remèdes.

§ 4. — **Applications.**

La crise de l'Inde anglaise en 1893.

Symptômes indirects. — Lorsque le comte de Beaconsfield mourut, en 1881, la reine Victoria alla prier sur sa tombe et y déposa une couronne de primevères, fleur favorite du défunt. Dans l'église de Hughenden, où le grand homme d'Etat voulut être enterré près de sa femme, on lit : « A la mémoire chère et honorée de Benjamin, comte de Beaconsfield. Ce monument a été consacré par sa reconnaissante et affectionnée souveraine et amie Victoria, R. I. »

La reconnaissance de Sa Majesté britannique s'explique aisément : c'est à Lord Beaconsfield en effet que la Reine d'Angleterre devait ce titre d'Impératrice des Indes, dont elle est fière et qu'elle avait pris en 1876.

Les Anglais furent les derniers, mais les plus heureux envahisseurs de l'Inde, le pays classique des invasions. Les premiers habitants, les Aryas, étaient venus du plateau de Pamir. Cette première période d'invasion, connue sous le nom de période védique, fut suivie de la période brahmanique, pendant laquelle Rama, soumit toute la péninsule, même Ceylan. Plus tard au VIe siècle, c'est Darius, roi des Perses, c'est Alexandre et les Macédoniens, c'est Séleucus, roi de Syrie qui s'emparent du pays ; au VIIe siè-

abes ; au XIIe les Afghans ; au XIVe les Mongols lan ; au XVe siècle les Portugais et les Hollandais, ıt sur les côtes, et enfin les Français et les Pendant un siècle, de 1757 à 1857, la Compagnie les Indes établie dans le pays pour y faire le comutint une guerre acharnée, d'abord contre les (1757-1784), puis contre les indigènes. Les ıttes, les annexions violentes s'arrêtèrent en 1843 ; u pays se soumit peu à peu. Cependant en 1857 s, troupes indigènes au service de l'Angleterre, nt le centenaire de la première conquête des An-e du Bengale, par un soulèvement général qui ınce dans le Bengale même. La révolte fut répri-ement et en juillet 1858 le *Bill de l'Inde* fit du État presque indépendant, dominé par l'Angleondres, la Reine, plus tard Impératrice des Indes, ·étaire d'État spécial pour les Indes, assisté d'un 'administration de 15 membres, ayant chacun ancs de traitement. A Fort-William, un vice-roi, ant l'Impératrice, ayant un million de traitement, de celui du vice-roi d'Irlande, le dixième de la de l'Impératrice, et auprès du vice-roi un Conouvernement consultatif et un Conseil législatif les délégués des présidences et des chefs indigèvisions qui ne sont pas encore présidences.

nouveau gouvernement l'Inde vit en paix depuis n'est donc pas dans son état politique qu'on peut s symptômes d'une crise.

st de même de l'industrie, de l'agriculture, du . On y trouve des indices de prospérité plutôt que ômes directs de crises.

en dirons pas autant de la situation financière. Le

budget de l'Inde est aujourd'hui de 2 milliards. Il a suivi dans ces dernières années une progression fortement décroissante. Les dépenses en effet ont augmenté d'une moyenne de 70 millions de £ de 1881 à 1886 à 75, 80 et 85 millions de livres. Les dépenses nettes à solder en Angleterre ont passé de 13 ou 14 à 16 millions de livres. Le déficit budgétaire atteint 30 millions de roupies en 1893 ; il était de 8 millions de roupies en 1892 (1). La *dette* monte à 5 milliards et demi. Elle était de 173 millions de £ en capital dans le budget de 1885, de 218 en 1891 et la partie due à l'Angleterre était de 69 millions de £ en 1885, de 104 en 1891.

Ces chiffres permettent de prévoir une crise financière et de constater qu'elle résulte particulièrement des rapports de l'Inde avec l'Angleterre. Ce sont en effet les chiffres correspondants à ces relations qui sont particulièrement tendus. La situation monétaire nous donnera des indications bien plus précises ; étudions les symptômes qui la caractérisent (2).

Symptômes directs.

1. — *Valeur des métaux précieux.*

Le système monétaire de l'Inde est l'étalon d'argent. L'or y est admis dans les caisses publiques, c'est-à-dire qu'il y a simplement cours officiel, au taux de 1 à 15. Le mohur

---

(1) Raffalovich, *Marché financier*, 1893.

(2) Voir d'intéressants articles sur ce sujet dans *Le Monde économique* et dans les autres publications périodiques que nous avons citées. Voir aussi *Le Marché financier de* 1893 par M. Raffalovich, *Le métal-argent* par M. Bamberger, traduit de l'allemand par M. R. G. Lévy, etc.....

d'or, qui a le même poids et le même titre que la roupie d'argent, a une valeur officielle de 15 roupies. Mais au bazar, c'est-à-dire sur le marché, la valeur du mohur est supérieure à 15 roupies, l'or n'afflue donc pas dans les caisses publiques ; il fuit le pays et fait prime par rapport à l'argent.

En effet, depuis 1873, l'argent baisse dans tout l'univers, par rapport à l'or, malgré les expédients employés particulièrement aux États-Unis pour en relever la valeur, la différence entre le mohur et 15 roupies augmente sans cesse, l'or s'exporte de plus en plus, on le fond pour le vendre en barres, pour en faire des bijoux (1), et l'argent, restant seul dans le pays, rend les payements en or pour ainsi dire impossibles.

2. — *Change.*

L'Inde règle facilement ses payements envers sa principale cliente après l'Angleterre, la Chine, par l'exportation de l'argent qui est monnaie courante dans ce pays ; elle a réglé de même pendant longtemps ses échanges assez facilement avec les États bimétallistes, quand ils acceptaient l'argent comme l'or à un prix fixe. Mais l'Angleterre est sa principale cliente en même temps que sa créancière, et l'Angleterre n'accepte que l'or dans sa circulation. Il doit naturellement en résulter entre la colonie et la métropole un change défavorable à la première surtout depuis 1873. C'est ce que nous montre le tableau suivant qui indique la valeur de la roupie sur le marché de Londres.

---

(1) Haupt, p. 403.

	Change de la roupie		Baisse
1855 à 1860.....	2 sh.	1/8 d.	1/4 d.
1861 à 1865.....	1 »	11.7/8	3/4 d.
1866 à 1870.....	1 »	11.1/8	1/8 d.
1871 à 1875.....	1 »	10.5/8	2.1/8
1875 à 1880.....	1 »	8.1/2	0,7
1881 a 1882.....	1 »	7.895	0,3
1883.....	1 »	7.525	»
1884.....	1 »	7.536	0,2
1885.....	1 »	7.308	1,1
1886.....	1 »	6.254	0,8
1887.....	1 »	5.441	1,1
1888.....	1 »	4.393	»
1889.....	1 »	4.379	+ 0,2
1890.....	1 »	4.566	+ 1,5
1891.....	1 »	6.090	1,3
1892.....	1 »	4.733	1,7
1893.....	1 »	3.	1/4
1894.....	1 »	2.75	

Le change sur Londres baisse légèrement de 1855 à 1870, puis il se précipite en suivant les oscillations que les changements de législations monétaires font subir à la valeur de l'argent jusqu'en 1888-1890 (annonce, dépôt, vote du Sherman Bill) ; dès lors il remonte doucement pour reprendre en 1892 sa chute interrompue jusqu'en 1893 où son mouvement est ralenti.

3. — *Prix des marchandises.*

D'après des autorités considérables, le prix des marchandises à l'intérieur du pays n'a pas changé sensiblement, le change ne l'a pas influencé. Le niveau général des prix qui aurait dû s'élever, pendant que le pouvoir d'achat de l'argent diminuait, puisque l'argent est l'étalon dans le pays, ce niveau aurait plutôt baissé (1). M. Giffen, le Dr Sœtbeer, attribuent ce fait constaté par le Gvt. Indien et par les Commissions d'enquêtes anglaises, à l'organisation rudimentaire de la circulation métallique de ce vaste pays et à l'usage du troc. D'autre part des auteurs non moins éminents, tels que M. Juglar, reproduisent (2), d'après les rapports des Chambres de commerce de l'Inde, des séries de prix qui montrent que les cours du blé, du jute, de l'indigo, sont supérieurs de beaucoup à ceux de 1873.

La conciliation me paraît résulter de la remarque suivante. Les derniers prix sont ceux des marchandises qui alimentent le commerce extérieur, ceux qui payent le change, ce sont des prix en or, les premiers sont des prix en argent, et comme l'argent est l'étalon, ces derniers n'ont rien à voir avec la valeur de l'argent par rapport à l'or, ils ne connaissent pas l'or, qui n'est pas usité dans le pays, ils se règlent d'après l'abondance ou la rareté de l'argent. Or l'argent est plutôt rare puisqu'on en exporte beaucoup pour compenser la perte au change, il a donc une valeur élevée relativement aux autres marchandises du pays et celles-ci doivent baisser de prix plutôt que de hausser. C'est d'ailleurs ce que l'on peut constater dans tous les pays à change déprécié, les prix intérieurs restent stationnaires et baissent plutôt, les prix en or seuls s'élèvent.

Il nous semble que le tableau que nous venons d'esquisser de la situation économique de l'Inde est plus éloquent par les chiffres qu'il met sous nos yeux et plus

---

(1) Allard, *Déprécia.*, § 11. — *O'Connor. Rapport des Commissions anglaises*, 1886, *App.* B. 331, 1887, q. 1179.

(2) Ec. Fr., 14 avril 1894.

convaincant que tout autre argument. Il nous révèle nettement l'existence d'une crise monétaire dont les conséquences funestes influent particulièrement sur la situation financière. La crise a, comme nous le verrons, sa raison d'être dans la mauvaise législation monétaire du pays ; c'est donc à celle-ci qu'il faut s'attaquer pour atteindre et pour guérir celle-là. Le Gouvernement indien et le Secrétariat d'État pour les Indes ont bien reconnu ce fait, c'est à la situation monétaire qu'ils se sont attaqués directement. Reste à savoir s'ils ont découvert les véritables causes de la crise monétaire et s'ils l'ont traitée par les meilleurs remèdes. C'est ce que nous allons examiner à notre tour.

Causes de la crise monétaire : Causes indirectes. — En nous révélant l'existence d'une crise monétaire et celle d'une crise financière qui n'en est que la conséquence inévitable, les symptômes que nous venons d'étudier nous ont indiqué en même temps les causes de ces crises. Nous n'aurons qu'à les rappeler rapidement.

Après la Chine qui compte 400 millions d'habitants (1), l'Inde, avec ses 290 millions, est le pays le plus peuplé du monde. Ses richesses, dont beaucoup sont encore à l'état de trésors enfouis dans le sol, la classent immédiatement après les deux ou trois pays les plus puissants de l'univers, le quatrième pour les céréales, après les Etats-Unis, la Russie et la France, le second pour le coton après les Etats-Unis, le second pour le café, après le Brésil. Son budget de recettes le place au 6e rang, ainsi que le développement de son réseau de chemins de fer, et son commerce extérieur au 5e, après la Grande-Bretagne, l'Allemagne, les Etats-Unis et la France. Malgré l'essor d'une prospérité

(1) E. Reclus.

inouïe dont l'élément principal est le commerce, le pays souffre, les chambres de commerce adressent au gouvernement des pétitions pressantes et nous avons reconnu que ces souffrances se manifestent nettement dans le budget des dépenses qui croît à vue d'œil par le contre-coup d'une circulation monétaire impropre à satisfaire les besoins économiques essentiels du pays, ses besoins commerciaux.

Finances. — L'un des éléments principaux du budget des dépenses de l'Inde est sa dette envers l'Angleterre qui comprend : 1° la *Dette proprement dite*, dont les titres sont en partie placés en Angleterre, et qui a été contractée surtout pour la construction des grands travaux publics faits par les Anglais aux Indes et pour entretenir une armée fournie, équipée par la métropole ; 2° les *garanties d'intérêt* payées par l'Etat indien aux compagnies qui ont construit et qui administrent les chemins de fer de la colonie ; 3° les dépenses d'entretien, d'équipement,... de *l'armée anglaise* aux Indes ; 4° les achats de *matériel de guerre*, de munitions ; 5° les *pensions* civiles et militaires..... Or le gouvernement de l'Inde encaisse ses revenus en roupies. Les diverses sommes que nous venons d'énumérer sont payables en Angleterre, en or. Elles montent annuellement à près de 16 millions de £, quelquefois plus. Il en résulte qu'il faut majorer ce total, qui équivaut à 160 millions de roupies au pair de 2 sh. la roupie, du montant de la perte au change qui a atteint les chiffres suivants :

		variations.
En 1881-82....................	29 M. R.	
— 83....................	32	3 M. R.
— 84....................	33.6	1
— 85....................	35	2
— 86....................	42.	97
— 87....................	56	14

		variations
En 1881-88....................	60 M. R.	4 M. R.
— 89....................	63.6	3
— 90....................	67.5	4
— 91....................	54	— 7
— 92....................	71.81	17
— 93....................	103.45	32
— 94....................	104.67	1

Ainsi aujourd'hui, par suite du change défavorable, l'Inde au lieu de 160 M. R. doit payer à l'Angleterre 260 M. (22 M. £ à 1 s. 3 d.).

En dehors de cette augmentation de la dette et, par suite, du budget des dépenses, la baisse du change a dans des domaines variés une influence néfaste. Elle nuit aux commerçants anglais qui subissent sur les marchés intérieurs de l'Inde la concurrence des produits nationaux et c'est une question de savoir s'il y a là un élément d'enrichissement véritable pour les nationaux. Elle nuit à tous les Anglais installés dans l'Inde et particulièrement aux fonctionnaires qui ont à payer à la métropole les primes d'assurance sur la vie, qui veulent placer leurs économies en fonds anglais, qui ont à envoyer à leurs familles de quoi subvenir à leurs frais d'entretien, à l'éducation des enfants, ... Enfin tous les prix en or, les prix des marchandises provenant de l'étranger, sont surélevés et la vie en devient plus dure par la privation qu'elle impose de la majorité des objets de luxe dont l'usage est pour nous une nécessité.

Causes directes. — Ainsi la situation financière éprouve indirectement les effets de la crise monétaire et la cause principale de ce fait est que sur un budget de recettes de 80 à 85 M. st. perçus en argent, le gouvernement doit en payer près du cinquième (16 à 17 M. st.) en or, ce qui élève ce cinquième à plus du quart des recettes totales

(22 M. £). Toutes les autres branches de l'économie nationale se ressentent plus ou moins de cette première influence.

Mais les variations du change, qui sont les symptômes les plus nets de la crise, les plus graves par leurs effets, ont leur cause principale dans la législation monétaire. C'est ce point que nous devons particulièrement approfondir.

Législation monétaire. — Dans toutes les législations la première unité monétaire adoptée est celle qui correspond à l'unité de poids. C'est à l'origine la seule monnaie usitée. Plus tard on crée des multiples, des sous-multiples de cette première monnaie, mais c'est elle qui reste l'unité d'après laquelle la valeur des autres pièces est fixée, c'est elle qui demeure l'étalon. A Rome c'est un as de cuivre, c'est-à-dire l'unité de poids de ce métal, qui constitue la première monnaie et reste l'étalon du système jusqu'à l'introduction de l'argent. En Gaule, Charlemagne adopta comme première monnaie la livre pesant d'argent qui était un bloc d'argent pesant l'unité de poids. En Angleterre, Guillaume le Conquérant introduisit également la livre qui a gardé son nom et qu'il divisa en 20 shillings et 240 pence ou deniers, comme la livre française qui se divisait en 20 sous et 240 deniers. Dans l'Inde, l'ancienne unité de poids, datant de l'époque védique, était le poids de 100 *ratis*, et le rati était une graine de réglisse sauvage. Ce poids en 1542 fut adopté pour l'*unité monétaire d'argent*, le *rupyam*, de Sher Shah (1) ; il équivalait à 176 grains troy et devint la *roupie* qui pèse aujourd'hui 180 grains (0,064 gr. = 1 grain ; 11,664 = 180 gr.) à 916,6/1000. Il y eut à l'origine un grand nombre de roupies différentes. En 1835 il n'y en avait plus que 3 types :

(1) Haupt, p. 380.

celle du Bengale, celle de Bombay et celle de Madras, les Anglais en ayant peu à peu unifié le titre et le poids. En 1835 la Compagnie des Indes émit une monnaie uniforme sur le type de la roupie de Madras qui n'a pas été modifiée depuis, si ce n'est qu'en 1862 les armes de la Compagnie furent remplacées par l'effigie de la Reine et la « roupie de la Compagnie » prit le nom de « roupie du gouvernement ».

La roupie ainsi que la demi-roupie reçurent *cours légal* pour toute valeur. Les autres pièces d'argent et de cuivre n'eurent cours que comme appoint de la roupie. C'étaient le 1/4 et le 1/8 de roupie en argent, les 1/2 anna, 1/4 d'anna (pice), 1/8 d'anna, 1/12 d'anna (pie). La roupie valant 16 annas, nous verrons qu'aujourd'hui, par suite de la fixation du change de la roupie à 16 pence, l'anna vaut 1 penny, c'est-à-dire 10 centimes environ.

La suite de cette étude nous montrera les assauts persistants des lois économiques venant se heurter contre la résistance opiniâtre d'une législation incomplète et finissant par la briser. Nous avons montré précédemment que l'Inde, pour satisfaire son commerce dont les principaux clients sont l'Angleterre, pays à étalon d'or, la Chine, pays à étalon d'argent, etc...., a un besoin impérieux de monnaie d'or et de monnaie d'argent. La loi de 1835 ne lui donnant que l'argent, l'or dès 1841 battit à la porte. Il était connu dans le pays. Le Bengale avait eu le *mohur* d'or à cours légal de 1766 à 1803 et de 1818 à 1835, il était tarifé en dernier lieu à 16 roupies. Madras avait eu la *pagode* jusqu'en 1818, et de 1818 à 1835 le *mohur* avec fixation du rapport de 1 à 15. Mais partout l'argent était préféré, l'or très rare, car le rapport de 1 à 15 et même de 1 à 16 étaient défavorables à l'or, dont le prix, voisin de ces chiffres sur le marché de Londres, valait bien plus transporté dans l'Inde. La loi excluait donc en fait la monnaie d'or. Ce fut bien pis en 1835, car la loi ne donna même plus cours officiel au métal jaune. On protesta, et en 1841 les Trésoreries furent autorisées à l'accepter pour 15 roupies. Les besoins du commerce l'avaient imposé. Mais ils n'avaient obtenu qu'une concession apparente. En 1848, en 1850, les découvertes de mines d'or en Californie et en Australie firent baisser la valeur de l'or au-dessous du rapport de 1 à 15 et profitant de la brèche ouverte le précieux métal se précipita dans les caisses publiques. Il n'en fallut pas davantage. On se hâta de le proscrire et l'argent reprit son antique splendeur; en 1853, il redevint l'étalon unique. La baisse de l'or ne fut pas de longue durée; pour la seconde fois depuis 1835 le commerce récrimina. « Le caractère le plus frappant de ce mouvement », disait sir Charles Trevelyan, en 1864, « c'est son universalité. Il y a des divergences d'opinion quant aux moyens à prendre, mais tout le monde est d'accord pour dire qu'il doit y avoir une circulation d'or » (1). En 1864 il fallut bien céder et l'or revint d'exil ; on l'accepta dans les caisses publiques et en 1866 une commission officielle (la commission Mansfield), déclarant que l'or était appelé par le vœu général du pays, le fit rendre par le Gvt. à la circulation, et ce fut encore en établissant un rapport entre le mohur et la roupie, le rapport de 1 à 15 et pour la £ le taux fixe de 10 R. 4 annas. De la sorte l'or était invité à entrer, mais la porte restait fermée. Admis dans la circulation à une valeur inférieure à sa valeur réelle l'or, plutôt que de se voir mépriser, préféra se tenir à l'écart.

Ainsi successivement repoussé en 1835, en 1853, rappelé

(1) Haupt, p. 404.

en 1841, en 1864 et 1866 dans des conditions qui ne lui convenaient pas, l'or n'était entré dans l'Inde qu'en 1848 et 1850 lorsqu'il était partout en défaveur. L'expérience semblait péremptoire. L'Inde éprouvait le besoin d'une circulation d'or en même temps que d'argent. Un rapport légal inférieur au rapport réel fermait la porte à l'or, un rapport légal supérieur au rapport réel lui ouvrait la porte trop grande et risquait de chasser l'argent ; c'était tomber de Charybde en Scylla. Cette courte histoire est riche d'enseignements. Pour qui l'a lue, les revendications des Chambres de commerce qui depuis 1876 réclament une réforme, n'ont rien de surprenant. On ne s'étonnera pas non plus que pour répondre au « vœu de la nation » on ait cherché, en 1893, à établir un système qui admette l'or et qui ne rejette pas l'argent. Mais le système choisi est-il bon ?

Remèdes. — La crise monétaire et financière dont nous venons de décrire les symptômes et les causes durait en réalité depuis que l'argent avait commencé à baisser nettement par rapport à l'or dans tout l'univers, c'est-à-dire depuis 1870. La cause principale de la crise étant dans la législation monétaire du pays, la crise était à l'état latent d'une manière permanente. Quand l'argent était abondant et déprécié, il affluait et l'or manquait. Si l'or avait baissé, c'est lui qui se serait précipité à la place de l'argent dans les caisses publiques, comme cela eut lieu de 1850 à 1853. Mais cette crise latente devait s'aggraver à mesure que l'argent baissait, comme les cours du change nous le prouvent. De 1855 à 1870, en 15 ans, la roupie passe du change de 24 d. 1/8 à celui de 23 d. 1/8 ; elle perd donc 1 denier. De 1870 à 1885, dans les 15 années suivantes, elle perdait 4 deniers et cotait en 1885 19 d. 1/3. Puis en 1886 elle baisse à 18 d., en 1887 à 17, en 1888 à 16, et après une reprise passagère elle cote 15 d. en 1893. La crise était entrée dans la *période aiguë*. Les protestations de tous les intéressés devenaient de plus en plus pressantes, le Gouvernement Indien et le secrétaire d'Etat à Londres échangeaient des correspondances qui témoignent de leur embarras, de leurs inquiétudes et souvent de leur désaccord sur les mesures à prendre. Sur les instances du vice-roi, uue *commission d'enquête*, présidée par Lord Herschell, Lord Chancelier d'Angleterre, fut formée le 21 octobre 1892 ; la commission attendit le résultat de la Conférence de Bruxelles et ne présenta son rapport qu'en juin 1893. Nous avons suivi ce rapport dans ses recherches, nous arrivons à la quatrième question dont il s'occupe, les remèdes indirects.

Remèdes indirects. — Ces remèdes consisteraient à améliorer la *situation financière* en augmentant les recettes et en diminuant les dépenses. Nous avons montré que la crise financière n'est que la conséquence de la crise monétaire et la commission reconnaît que tout remède qui ne porterait pas directement sur la circulation monétaire ne serait qu'un expédient ou tout au plus un palliatif insuffisant. Pour les *dépenses*, celles qui sont la cause principale de la crise financière, sont irréductibles ; ce sont des dettes envers l'étranger et elles croissent sans cesse pour des causes purement monétaires. Quant aux *recettes*, on ne pourrait les augmenter qu'en augmentant les impôts. Or l'*impôt foncier* jusqu'à concurrence de 1/4 est fixé à jamais, les 3 autres quarts sont fixés pour 30 ans. Cet impôt rapporte 21 M. st. sur un budget total de 87 et l'on voit qu'il ne peut être modifié. L'*enregistrement* pourrait rapporter plus qu'il ne rapporte, mais ce serait au détriment de la justice dont il augmenterait les frais. Les *droits de douane* exagèreraient des maux qui proviennent précisément d'une sorte de droit de douane, ce seraient surtout les négociants anglais qui en souffriraient, comme ce sont eux qui souffrent le plus de la baisse du change, les producteurs du Lancashire en seraient exaspérés autant que les consommateurs indigènes (1). Les *monopoles* ne peuvent guère rapporter plus qu'ils ne rapportent actuellement si ce n'est celui du *sel*. Mais c'est là une ressource extrême que l'Etat se réserve pour quelque cas imprévu, comme une guerre. Or la crise à laquelle il s'agit de porter remède n'est pas un accident passager, c'est un fléau qui menace de s'éterniser si l'on ne l'attaque pas à la racine. Ce n'est pas par un moyen indirect qu'on peut le guérir. Il faut donc de toute nécessité en venir à modifier la législation monétaire qui est la cause véritable et directe du mal.

Remèdes directs. — Que la législation monétaire est mauvaise, c'est ce que l'histoire monétaire de l'Inde nous a nettement montré. Cette histoire nous a également prouvé clairement que le système qui s'impose pour l'Inde, vu les facultés et les besoins économiques de ce pays, est un système qui admettrait l'or et l'argent concurremment dans la circulation. Nous avons établi cette conclusion, nous n'y revenons pas.

La commission Herschell, après avoir étudié les législations des divers peuples qui ont dans leur circulation de l'or et de l'argent et les maintiennent dans un rapport fixe qu'on appelle le pair, s'est ralliée en fin de compte presque complètement au projet du Gouvernement indien, inspiré lui-même par les revendications du commerce. Il ne pouvait mieux faire. Mais ce projet qui reconnaissait parfaite-

(1) Raffalovich, *Marché fin.*, 1893.

ment les besoins du pays n'avait pas découvert le moyen de les satisfaire pratiquement. De plus le Gouvernement crut devoir sur un point amender ce projet pour se concilier l'opinion publique en Angleterre. Nous verrons que cet amendement est la partie la plus faible de l'œuvre.

Projet du Gouvernement indien. — En 1876, la Chambre de commerce de Calcutta, reconnaissant pour l'Inde le besoin simultané d'or et d'argent, présenta une motion pour proposer l'établissement d'un étalon d'or, concurremment avec la circulation d'argent en usage. Mais, sur la demande de plusieurs de ses membres, elle la retira, reconnaissant les imperfections pratiques du système qu'elle proposait.

En 1881, à la Conférence internationale réunie pour discuter le bimétallisme, les représentants de l'Inde repoussèrent ce système. Pourtant, en 1886, Lord Dufferin, vice-roi de l'Inde, l'admettait comme le meilleur.

En 1892, sir D. Barbour, Trésorier de l'Inde, exposait dans une dépêche du 21 juin un nouveau plan qui a reçu, sauf une modification importante, la consécration législative en Angleterre et aux Indes, après avoir été approuvé par la Commission Herschell. Le projet primitif proposait les dispositions suivantes :

1° Suppression de la libre frappe de l'*argent* pour les particuliers, le Gouvernement restant libre d'en frapper comme on va le voir.

2° Réduction de la circulation de la roupie, si elle ne montait pas à une parité admise en tenant compte du change moyen des années les plus récentes.

3° La parité atteinte, le gouvernement pourrait frapper 10 M. de roupies par an.

4° Cours légal pour l'*or* et frappe libre à la parité admise.

5° Donner l'or à la place de l'argent quand ce sera possible.

Les trois premières propositions concernent l'argent. Elles rompent le lien entre la roupie et le métal dont elle est faite. Elles ont pour but de donner à la roupie une valeur nominale supérieure à sa valeur réelle, c'est-à-dire une valeur artificielle, conventionnelle. Mais cette valeur se rapprochera autant que possible de la valeur réelle, puisqu'elle sera fixée d'après le change moyen des années les plus récentes. L'influence de l'État sur la valeur de la roupie ne s'exercera que par la quantité plus ou moins grande de cette monnaie mise en circulation. C'est ce que l'on appelle, en matière d'emprunts, le *système du robinet*, à l'aide duquel l'État fait varier la valeur des fonds publics qu'il émet en activant l'émission ou en l'arrêtant.

M. Barbour s'arrête là. Il veut qu'on essaye d'abord l'effet de ces mesures. Il suppose qu'il en résultera une baisse de l'argent métal, puisque l'Inde cesserait de frapper l'argent et en réduirait même au besoin la circulation, tandis qu'elle absorbait jusqu'alors le quart de la production totale ; mais il en résultera d'autre part une hausse du change de la roupie.

Ce n'est qu'après avoir constaté ce double effet que l'on serait passé à l'application des deux autres mesures ayant pour but d'introduire l'or dans la circulation. « Les nouvelles pièces d'or », dit-il, « (de 10 et de 20 roupies, par exemple) auraient un poids et un titre tels que la parité du change entre elles et le souverain correspondît au change que l'on désire établir entre l'Inde et l'Angleterre. Ainsi, si l'on veut que la roupie d'argent vaille 16 deniers, la pièce d'or de 10 roupies contiendra la quantité d'or que valent 160 deniers ou 2/3 de la £ ».

Le projet n'établit donc pas l'étalon d'or. Il cherche à associer l'or et l'argent dans la circulation. C'est une mesure de transition, si l'on veut. Mais c'est aussi un système qui admet l'or et ne bannit pas l'argent, sans être le bimétallisme. Ce système est conforme aux besoins économiques de l'Inde que nous avons longuement étudiés. Mais est-il pratique ? Pourra-t-il durer ? Personne ne le croit. M. Barbour lui-même ne le considère que comme un pis-aller.

Le premier fait indéniable, c'est que le projet n'établit pas l'étalon d'or unique puisque la roupie n'est pas encore convertible en or. Ce n'est pas non plus le bimétallisme, car dans le système bimétallique l'argent et l'or, dont la frappe est libre, sont remboursables indifféremment en or ou en argent, à un taux fixe. C'est un système particulier d'étalon d'or avec cours forcé de l'argent, c'est ce qu'on appelle l'*étalon boiteux*.

En second lieu il faut dire qu'on n'aurait pas pu établir l'étalon d'or, quand même on l'aurait voulu. Il aurait fallu pour cela réduire l'argent au rôle de monnaie d'appoint, ce qui aurait entraîné une nouvelle baisse considérable de ce métal et par suite du change, et se procurer de l'or pour garantir la convertibilité de cette circulation d'argent purement représentative, ce qui eût été impossible vu le change radicalement défavorable dont on souffrait déjà et qu'on aurait encore empiré par cette mesure.

Le projet du Gouvernement avait donc recours à une demi-mesure, comptant, par la raréfaction de la roupie, en améliorer le change et, par l'amélioration du change, attirer l'or.

Loi du 26 *juin* 1893. — La commission Herschell et après elle les pouvoirs législatifs de la Métropole et de la Colonie ont voulu éviter une dépréciation nouvelle de l'argent métal, et, pour cela, le projet définitif a fixé un change maximum de 16 deniers, très peu élevé au-dessus du change actuel, et qui ne pourra pas être dépassé, car c'est *à ce change* que *la roupie sera admise contre l'or* par le Gouvernement. On n'aurait pas intérêt à payer la roupie plus de 16 deniers puisque l'Etat la prend à ce prix.

Mais le fait de s'engager à rembourser la roupie en or à 16 deniers aboutit à faire entrer la roupie dans le système de l'étalon d'or, à la considérer comme une médaille, comme une monnaie représentative de la valeur de 16 deniers d'or. On établissait donc nettement l'étalon d'or sans en avoir l'intention. Mais tout était subordonné à la confiance du public dans la promesse de convertibilité. Ce projet fût voté le 26 juin 1893.

Si cette promesse n'était pas observée, la roupie ne pouvant pas compter sur le remboursement en or au taux fixé se tiendrait au-dessous de ce taux. On n'aurait abouti qu'à l'établissement d'un cours forcé dans le pays, dont le change ne se soucierait guère. C'est ce qui est arrivé par la faute du Gouvernement anglais qui le premier a témoigné de sa méfiance à l'égard du Gouvernement des Indes en acceptant de l'or pour des roupies à un taux inférieur à 16 d. C'était montrer qu'il ne considérait pas la roupie comme valant absolument 16 deniers. Le public suivit cet avis imprudent et le change baissa. Cette baisse du change de la roupie par rapport au pair de 16 deniers n'est autre chose que l'agio, que la prime de l'or dans un pays à étalon d'or.

Si donc la mesure a échoué c'est que le système qu'on voulait appliquer n'était autre au fond que l'étalon d'or. Or, nous l'avons dit, non seulement on n'avait pas l'intention de l'établir, mais on ne le pouvait pas. L'avortement de la réforme était fatal. Le crédit de l'Inde aurait pu, malgré l'absence de l'or dans les caisses du Trésor, faire aboutir cette tentative hasardée. C'était un risque à courir. Mais il aurait fallu pour cela une caution comme celle de l'Angleterre. On y a compté un moment et la roupie a vite pris la valeur qu'on voulait lui assigner, mais le Gouvernement anglais a déclaré qu'il dégageait sa responsabilité en vendant ses traites sur l'*Inde au-dessous du pair*.

La crise actuelle.

Une crise est un état aigu et passager, aussi la crise actuelle, qui dure depuis 22 ans, a-t-elle plutôt les caractères d'une maladie chronique. C'est une souffrance latente, qui se manifeste par une lassitude générale de l'univers et par des explosions particulières sur divers points du globe.

On explique d'ordinaire cet ensemble de phénomènes par l'*excès de production* qui a répandu dans le monde plus de richesses qu'on n'en peut consommer.

Divers économistes (1) ont signalé comme un paradoxe cette théorie en vertu de laquelle l'excès de production amènerait la misère et les privations. Voit-on bien, disent-ils, l'humanité s'obstinant pendant 22 ans à produire trop de richesses, si tous ses malheurs venaient de là ? Que deviendraient la loi de l'offre et de la demande, la loi de la concurrence et toutes les lois économiques qui règlent la production, devant un pareil système ? Voit-on, pendant trois quarts de siècle, les progrès dûs à la vapeur et aux autres grandes inventions modernes, amenant la richesse et ces mêmes causes, pendant le dernier quart du même siècle, amenant la ruine, la pauvreté et la crise (2) ?

---

(1) Cf. Allard, *Dépréciation des richesses*, 1889, *La crise*, etc.
(2) Allard, *loc. cit.*

Si les lois économiques étaient impuissantes à modérer cette activité fiévreuse qui entraîne l'humanité à sa perte, il serait juste de dire avec les écoles économiques les plus pessimistes que l'homme est condamné par une fatalité invincible à la misère et au malheur. C'est une philosophie de ce genre qui a inspiré la *théorie de la périodicité des crises* dont nous avons essayé de faire justice.

L'état maladif dans lequel végète le monde aujourd'hui est incontestablement la conséquence d'une sorte d'intempérance qui a enivré le commerce, l'industrie, l'agriculture, la finance, à la suite des inventions, des perfectionnements industriels, de l'emploi de la vapeur, du gaz et de l'électricité, de l'établissement des voies de communication et des transports rapides et peu coûteux..... Mais, si cet affolement a eu de désastreuses conséquences, nous nous garderons de dire qu'il n'a d'autre cause que le développement naturel de l'humanité et qu'il est dangereux de chercher à y remédier. La faute des hommes, celle des États, a selon nous la plus grande part dans ces vastes perturbations, c'est ce qui nous encourage à les étudier et à chercher le moyen de les anéantir.

Nous appliquerons encore la méthode à laquelle notre étude nous a amené à la crise actuelle. Nous en étudierons d'abord les symptômes.

Symptômes : 1. — *Valeur des métaux précieux.*

L'or, dans tout l'univers, servant d'unité d'évaluation dans le commerce international, il est impossible de savoir si sa valeur absolue a changé. « Ce que l'on sait », dit M. Léon Say dans la Préface (1) de la Théorie des changes

(1) V. *Préface* de la 3e édit.

étrangers de M. Goschen, « c'est que le rapport de l'or à l'argent a changé et que les relations industrielles, agricoles et commerciales du monde entier en ont été profondément altérées ». De plus tous les économistes s'accordent à reconnaître que ces prix de gros du grand commerce ont baissé ; or ce sont ces prix qui, comme nous le savons, sont évalués en or, et en même temps ces prix sont les seuls qui peuvent trahir une variation dans la valeur de l'unité monétaire, parce qu'ils sont seuls variables parmi les prix de gros évalués en or. La Commission anglaise de 1887-1889, s'appuyant sur les travaux de Sœtbeer, Sauerbeck, Nicholson d'Edimbourg et sur ses propres observations, admet que les prix dont il s'agit ont baissé de 30 à 35 0/0 depuis 1873.

On a remarqué d'autre part que les prix évalués en argent n'ont pas sensiblement changé. C'est ce que le rapport de la Commission Herschell établit pour l'Inde et ce qu'il est facile de constater en Espagne, par exemple, où l'étalon des valeurs, dans l'intérieur du pays, est l'argent.

D'ailleurs les causes qui provoquent les variations de valeur des métaux se sont produites en si grand nombre pour l'or, la demande en a tellement augmenté par rapport à l'offre que si la valeur de l'or n'avait pas changé, la loi de l'offre et de la demande aurait dû être en défaut.

Quant à l'argent, sa valeur absolue a baissé probablement et nous verrons que les causes de cette baisse n'ont pas manqué. Mais ce qui est incontestable, c'est que sa valeur relative par rapport à l'or est tombée à un taux dérisoire. Cette variation a commencé en 1870-1871. Jusqu'à cette époque le rapport de l'or à l'argent s'était maintenu dans le voisinage de 15 1/2. Depuis le commencement du siècle il avait oscillé entre 15 et 16 : supérieur à 15 1/2 dans les premières années du siècle, inférieur à ce chiffre pendant la première moitié du siècle, supérieur de 1850 à 1870. En 1873 le rapport atteint 16 et baisse à 17 en 1876, 18 en 1878, 19 en 1885, 20 en 1886, 21 en 1887, 22 en 1888, 23 en 1892, puis 28 en 1893, 35 en 1894. Aujourd'hui l'or vaut à poids égal 32 à 33 fois plus que l'argent. L'once d'or est en effet cotée environ 28 à 29 pence à Londres. C'est, sur le rapport de 15 1/2, une moins-value de 52 à 54 0/0, ce qui met le kilo d'argent fin entre 102 et 105 francs d'or, la pièce de 5 francs de l'union latine de 2 fr. 30 à 2 fr. 38 et la pièce divisionnaire d'un franc à 43 centimes environ en or.

Cette appréciation de l'or ayant entraîné l'établissement du cours forcé dans un grand nombre de pays, l'or y est évalué par rapport au pair de la monnaie nationale qui est de papier. La dépréciation du papier-monnaie s'indique dans ces États malheureux par une prime sur l'or qu'on exprime par rapport à 100 francs d'or. Cette prime marque donc la variation de valeur exceptionnelle de l'or dans certains pays où elle atteint des taux fabuleux. C'est ainsi que aujourd'hui 100 francs d'or valent :

En Italie	118	francs environ
En Espagne	120	—
Au Portugal	125	—
Aux Indes.	125	—
En Russie.	148	—
En Grèce.	167	—
Au Brésil.	285	—
A Buenos-Ayres . . .	340	—
Au Chili	380	—

2. — *Cours des changes* (1).

Ce qui caractérise les changes depuis 25 ans c'est, non seulement leur dépréciation, mais leur instabilité. Il faudrait en suivre les variations dans chaque pays pris isolément et grouper les observations ainsi obtenues pour connaître l'état du monde au point de vue monétaire.

Prenons l'exemple de l'Inde anglaise. Nous trouvons que la roupie est tombée depuis 1873 d'une chute vertigineuse en même temps que l'argent se dépréciait par rapport à l'or comme le symptôme précédent nous l'a fait constater. Les vicissitudes de la baisse du change de la roupie sont parallèles à celles de la dépréciation de l'argent et cela prouve bien que la cause essentielle de ces deux séries de variations est la même. Nous les notons parallèlement.

Change de la roupie.		Cours de l'argent à Londres.
1850 à 1860	2 sh.	61 1/2 d.
1860 - 1865	1 sh. 11 7/8 d.	61 d.
1865 - 1870	1 sh. 11 1/8 d.	60 1/2 d.
1870 - 1875	1 sh. 10 5/8 d.	58 d.
1875 - 1880	1 sh. 8 4/8 d.	53 d.
1882	1 sh. 7 d.	51 5/8 d.
1886	1 sh. 6 d.	45 3/8 d.
1887	1 sh. 5 d.	44 5/8 d.
1888	1 sh. 4 d.	42 7/8 d.
1891	1 sh. 6 d.	47 11/16 d.
1893	1 sh. 3 d.	33 1/8 d.
1894	1 sh. 2 d.	29 d.

La baisse de la roupie est de 7/8 denier en 20 ans de 1850 à 1870. Et à partir de 1870 elle baisse en 5 ans de

(1) Voir Raffalovich, *Le marché financier en* 1891, 1892, 1893, *passim*.

1/2 denier, en 20 ans de 5 d. 1/8. Elle éprouve aujourd'hui une perte de 35 0/0 environ sur le pair.

L'étude des changes dans les principaux pays nous montrerait partout le même phénomène d'une dépréciation brusque dans les pays dont le système monétaire souffre des variations de valeur de l'or et de l'argent. D'ailleurs les États dont le change est favorable souffrent également de son instabilité aussi les variations du change anglo-indien manifestent-elles une crise non seulement pour l'Inde, mais pour l'Angleterre et en particulier pour les provinces qui sont en relations directes avec l'Inde, tel que le Lancashire. Il en est de même de tous les États qui se trouvent en rapports commerciaux plus ou moins intimes avec l'Inde.

3. — *Variations des prix.*

1° L'étude des variations de *prix des principales marchandises* prises isolément est assurément très instructive. On l'a faite souvent pour le *blé* (1). On a constaté que, à partir de 1875, dans le monde entier, le prix du blé a diminué. Cependant il y a des droits de douane qui viennent modifier ces prix et dont l'influence est difficile à apprécier. Ainsi en France un droit de 3 fr. par quintal a été établi en 1885, il a été porté à 5 fr. en 1887, après un retour à 3 fr. de 1891 à 1893, et à 7 fr. en 1894 (mars). Néanmoins on constate que les prix ont baissé. Ils étaient avant 1870 de 20 à 22 fr. l'hectol. Ils sont vers 1882 de 19 fr. 40, vers 1888 de 18 fr. 20, en 1891 de 20 fr. 58, en 1892 de 17 fr. 87, en 1893 de 15 fr. 70, en 1894 de 18 à 19 fr. (2).

(1) *Le Monde économique*, Zolla, 12 mai 1894. — De Foville, *Essai sur les variations des prix au XIX° siècle.*

(2) Zolla, *loc. cit.*, et *Annales agronomiques*, Masson.

2° On a étudié le *prix de la main d'œuvre* (1), mais ses oscillations indiquent les variations du prix de la vie plutôt que celles des prix de gros, qui nous intéressent particulièrement.

3° On a groupé les prix des grains, ceux des salaires et ceux de bien d'autres éléments et de données nombreuses réunies avec soin, on a essayé de tirer des conclusions générales sur les oscillations du niveau général des prix. C'est ce qu'ont fait Newmarck, Stanley Jevons et plus récemment Sauerbeck, en Angleterre. Ces auteurs ont groupé, sous le nom d'*index numbers*, les prix de 47 articles différents dont ils ont pris les moyennes. Des tables du même genre ont été dressées par Sœtbeer pour Hambourg, par la monnaie de Washington, pour les Etats-Unis (2), etc...

Les index numbers ont le tort d'attribuer à tous les prix la même importance dans l'évaluation de leur niveau général.

4° M. de Foville a étudié les *moyennes budgétaires*, c'est-à-dire l'évaluation du budget moyen d'une famille d'une classe déterminée de la société aux différentes époques de l'histoire (3). Ces recherches aboutissent à constater que de 1880 à 1890 le niveau général des prix est retombé au niveau du commencement du siècle, c'est-à-dire de la période antérieure aux découvertes des mines d'or de 1848-1850.

5° *Le prix des marchandises exportées ou importées* est peut-être pour le commerce extérieur l'un des moyens d'information les plus précieux. M. de Foville l'a utilisé

(1) Beauregard, *Essai sur la théorie du salaire.*
(2) *Bull. de l'Institut, Journ. de Stat.*, 1887, II, 1er liv.
(3) *Économiste français*, 1874-1879.

avec une patience qui a porté ses fruits. Il a établi par ce procédé que de 1873 à 1883 la baisse des prix de l'exportation française a atteint 9, 6 0/0. M. Giffen, directeur de la statistique au Board of Trade, a fait pour l'Angleterre un travail analogue (1) en se servant de la féconde *méthode des coefficients proportionnels*, que M. de Foville avait déjà appliquée dans son Mémoire de 1872 sur les variations des prix. M. R. Giffen a constaté ainsi que l'affaiblissement apparent des exportations anglaises de 1873 *à* 1877 s'explique tout entier par la *réduction des prix* et que le volume n'en a pas diminué. La baisse des prix est pour l'Angleterre, dans cette période, de 25 0/0 d'après M. Giffen et pour la France, d'après M. de Foville, d'environ 10 0/0 seulement.

6° Si l'on étudie les variations des prix dans des pays isolés et dans le *commerce intérieur* de ces pays, on peut comparer les changements des prix en or et des prix en argent séparément. On reconnaît alors, comme nous l'avons déjà constaté, que la valeur de l'or s'est élevée et que l'argent a un peu baissé, car les prix intérieurs ont baissé dans les pays à étalon d'or et haussé dans les pays à étalon d'argent. C'est ce que l'on constate en comparant les index numbers formés à l'aide de *moyennes graduées* par M. Inglis Palgrave, pour la France et l'Angleterre et par M. Prinsep, pour l'Inde.

Années.	Angleterre. (Or).	France. (Or, argent).	Inde. (Argent).
1865-1869	100	100	100
1870	90	91	97
1871	93	102	87

(1) *Bull. stat.*, juin 1879.

Années.	Angleterre. (Or).	France. (Or, argent).	Inde (Argent).
1872	100	105	90
1873	104	105	92
1874	108	97	96
1875	97	95	84
1880	89	88	100
1885	76	—	92
1890	71	—	—

Il résulte de l'ensemble de ces observations que le niveau général des prix qui s'était élevé brusquement à partir de 1848-1850 et était resté dans une période d'inflation, provoquée par l'afflux de l'or de Californie et d'Australie, de 1850 à 1864, commença, avec la diminution de cette production exceptionnelle, à s'abaisser vers 1864. La baisse s'arrêta en 1870, où un mouvement en hausse se dessina nettement. Puis la baisse reprit de plus belle et les prix se précipitèrent avec une prodigieuse rapidité dans un abîme où ils sont encore.

Les indications qui résultent de l'étude des prix concordent donc nettement avec celles que nous avons trouvées dans les variations de la valeur des métaux précieux et dans celles des cours du change.

Nous n'insisterons pas sur les autres symptômes de malaise qui se manifestent aujourd'hui partout dans le monde. Il nous suffit d'avoir montré que les symptômes caractéristiques des crises monétaires se constatent dans tout l'univers et que c'est dans ce domaine qu'il faut par suite rechercher les causes et les remèdes de ces maux.

Causes.

Loin de nier les causes indirectes qui expliquent une partie des troubles monétaires existant actuellement dans le monde, nous croyons qu'il est urgent de les étudier et que chaque État doit considérer comme un devoir sacré pour lui d'améliorer la situation générale de la nation dont les destinées lui sont confiées, en améliorant ses finances, son commerce, son industrie, en un mot toutes les branches de son développement économique. Mais ce qui résulte incontestablement de l'étude que nous venons de faire, c'est que les causes purement et directement monétaires de la crise sont peut-être les plus importantes et qu'elles sont les premières qu'on doive attaquer.

Les variations de valeur des métaux précieux, les cours du change, les mouvements de prix sont provoqués par des causes multiples qui constituent les modifications de l'offre et de la demande des métaux monétaires. Voyons si l'offre et la demande de ces métaux se sont modifiées de manière à justifier nos prévisions. Il nous suffira pour le constater de rapporter brièvement les dates mémorables de l'histoire monétaire de la dernière moitié de siècle.

1. — *Influence de la production.*

La valeur de l'argent par rapport à l'or baisse lentement depuis la découverte de l'Amérique. Or si l'on construit une courbe qui indique le rapport des quantités d'argent et d'or que la production des mines, découvertes depuis 1545, a accumulées dans le monde moderne, on constate que cette courbe décrit les mêmes ondulations que celle de la valeur de l'argent. Elle s'abaisse de 1545 à 1680 pour remonter de 1680 à 1780, puis elle baisse de 1780 à 1805. La courbe de la valeur de l'argent suit exactement les mêmes phases. De 1805 à 1845 la courbe des productions est une ligne horizontale, ses ordonnées sont égales entre ces deux dates.

A partir de 1848 la production de l'or dépasse de beaucoup ce qu'elle était précédemment. Celle de l'agent augmente beaucoup moins et cela dure jusqu'en 1870. A partir de cette époque la production de l'or fléchit. De 54 tonnes en 1845 elle passe à 200 jusqu'en 1860, 195 vers 1870 ; elle s'abaisse à 170 de 1875 à 1880, 150 vers 1885. La valeur de l'argent au contraire suit une marche ascensionnelle régulière jusqu'en 1870, dans le voisinage de 900 tonnes, mais à cette époque la production de ce métal augmente considérablement et passe à 2000 tonnes en 1875, 2500 en 1880, 2800 en 1885, 4200 en 1890, 4700 en 1892.

La production suffit donc à expliquer la baisse progressive de l'argent par rapport à l'or de 1545 à 1680, sa hausse de 1680 à 1780, sa baisse de 1780 à 1805, son immobilité relative de 1805 à 1845 ou 1848, sa hausse de 1848 à 1870, sa baisse en 1870. Mais elle n'explique pas assez la dépréciation inouïe subie par l'argent après cette époque, car si la production de ce métal a augmenté celle de l'or a augmenté aussi et la courbe des productions suit une ligne droite de 1870 à 1894, ligne qui s'infléchit, il est vrai, en baisse, mais très légèrement.

Il faut donc chercher à cette dernière dépréciation une autre cause, elle est dans les modifications des législations monétaires.

2. — *Influence de la législation.*

Les bimétallistes attribuent à la loi de germinal et aux autres lois qui ont organisé le système bimétallique ce fait qui leur semble étrange, que le rapport de valeur de l'or à l'argent soit resté sensiblement de 15 1/2 à 1 de 1805 à 1875. Nous avons montré que l'influence de la production explique ce fait très simplement. D'ailleurs le rapport est passé de 15 vers 1800 à 16 environ en 1848 pour remonter dans le voisinage de 15 en 1864, c'est-à-dire qu'il a oscillé entre 15 et 16 dans une période de 75 ans. Mais qu'on remarque la période de 125 ans qui précède. Elle a été, sans l'influence du bimétallisme, beaucoup plus régulière. En 1675 le rapport était de 14 1/2 et il s'est abaissé en décrivant une courbe très douce à 15 1/2 vers 1805. Ainsi pendant 125 ans le rapport de l'or à l'argent a été très voisin de 15 et ne s'en est écarté que de quelques centièmes et pourtant le bimétallisme n'était pas pratiqué.

Cependant la législation a une influence considérable sur la valeur des monnaies, elle s'est manifestée par l'abandon de l'argent depuis 1873 qui a précipité d'une manière inouïe la baisse de ce métal. C'est elle aussi qui vers 1890 l'a fait remonter brusquement sans pouvoir le retenir dans les hautes sphères. Nous citerons simplement les dates qui marquent ces événements.

1871. Etalon d'or en Allemagne.

1872. Etalon d'or dans les Etats scandinaves.

1873. Etalon d'or aux Etats-Unis.

1874. Limitation de la frappe de l'argent dans l'Union Latine.

1875. Etalon d'or aux Pays-Bas.

1876. Suspension de la frappe des écus en France.

1877. Etalon d'or en Finlande.

1878. Suspension de la frappe dans l'Union Latine.

Dès lors un revirement se produit en faveur de l'argent. Le métal blanc se relève.

1878. Bland Bill aux Etats-Unis.

1879. Suspension des ventes d'argent en Allemagne.

Puis la baisse reprend ; elle s'arrête momentanément en 1890. Sherman Bill aux Etats-Unis.

Enfin on renonce à retenir l'argent qui s'écroule.

1890. Etalon d'or en Roumanie.

1891. Etalon d'or en Tunisie.

1892. Etalon d'or en Autriche.

1893. Accumulation d'or en Russie.

— Abrogation du Sherman Bill aux Etats-Unis.

— Suspension de la frappe de la roupie aux Indes.

Sous ces coups répétés l'argent a baissé de 55 0/0 par rapport au 15 1/2.

Telles sont les deux causes essentielles de la crise monétaire actuelle. Nous avons montré précédemment que ces causes n'ont une influence néfaste que parce que les systèmes monétaires sont différents, sans quoi elles ne trouveraient pas de terrain préparé, propice à leur développement. Ces causes sont les germes de la maladie, la diversité des systèmes monétaires est, si l'on nous permet cette expression, le bouillon de culture qui favorise l'éclosion de ces germes et leur développement.

CHAPITRE IV

LES SOLUTIONS DU PROBLÈME MONÉTAIRE.

Division. — Trois catégories de solutions.

Les solutions du problème monétaire, qu'on a appliquées ou proposées jusqu'ici, peuvent se classer en trois catégories.

1° *Systèmes des étalons multiples ou des monnaies légales multiples.* — Ces systèmes sont théoriquement contradictoires et pratiquement inapplicables. Nous établirons que ce genre de systèmes est basé sur une confusion entre l'étalon monétaire et la monnaie à cours légal, confusion que Michel Chevalier signalait déjà en 1865 et que l'on fait encore couramment aujourd'hui.

2° *Systèmes associant plusieurs métaux sans leur donner à tous le rôle d'étalon ou le cours légal.* — C'est, en particulier, le système de l'étalon unique, dans lequel on admet, comme monnaie simplement commerciale ou comme monnaie à cours officiel, une monnaie faite d'un métal différent. Ce système est pratiqué actuellement par divers pays. Il pourrait être étendu et son application dans des États importants qui ne le pratiquent pas encore rendrait peut-être les relations monétaires et commerciales des divers peuples aussi faciles qu'on peut le désirer. Nous recommanderons donc une simple extension de ce système.

3° *Systèmes universels.* — C'est la question de l'unification.

1° Système des étalons multiples ou des monnaies légales multiples

1. — *Ces systèmes aboutissent au bimétallisme.*

Un système de ce genre est *contradictoire*, à moins qu'on n'établisse un *rapport fixe* envers les divers étalons ou les diverses monnaies légales. On aboutit ainsi fatalement au *bimétallisme.*

Si l'on considère l'étalon monétaire comme une monnaie ayant essentiellement cours légal, l'association de deux étalons revient à celle de deux monnaies à cours légal. Il nous suffit donc de considérer cette dernière solution et nous allons montrer qu'elle implique nécessairement l'établissement d'un rapport fixe entre ces deux monnaies.

Deux monnaies ne peuvent pas avoir en même temps dans le même système cours légal sans qu'un rapport soit fixé entre elles au moins implicitement.

Le cours légal a pour but, en effet, d'éviter une contestation entre des contractants qui n'ont pas prévu dans leur contrat les espèces stipulées et promises. C'est entre l'or et l'argent que la discussion s'établira en général. Or, si la loi donne cours légal aux deux métaux, elle ne résout pas la contestation, à moins qu'elle n'établisse un rapport entre les deux cours fixés légalement. On pourra alors s'acquitter en payant l'un des deux métaux dans le rapport fixe établi par la loi.

C'est pourquoi la loi du 7 germinal an XI qui voulait établir l'étalon unique d'argent et prétendait donner en même temps cours légal à l'or, s'est trouvée amenée à fixer le rapport légal des deux genres de monnaies dont l'une fut prise pour étalon. C'était le *système bimétallique*.

Ce que nous venons de dire explique pourquoi le bimétallisme renaît sans cesse de ses cendres. La diversité des systèmes monétaires, qui est un fait, pousse à l'association des deux métaux monétaires dans le même système de circulation. Or, si l'on veut faire de ces deux métaux des étalons en leur donnant à tous deux cours légal, on aboutit fatalement au bimétallisme, c'est-à-dire qu'on est amené à établir entre eux un rapport fixe.

2. — *Théorie du système bimétallique.*

Pour que les monnaies ainsi associées restent toutes deux des monnaies-étalons, il faut essentiellement qu'elles gardent leur valeur commerciale, réelle, c'est-à-dire que le rapport fixe établi par la loi reste identique au rapport commercial des valeurs des deux métaux. Sans cela leur force libératoire commerciale ne correspondrait pas à leur force libératoire nominale ou légale, ce qui serait contraire à l'essence de l'étalon monétaire. La moindre variation dans le rapport commercial des deux métaux fausse donc le système ; si le métal de l'une des monnaies, l'argent, je suppose, baisse de valeur, il cesse d'être étalon, il devient un signe représentant l'autre monnaie au rapport légal ; cette autre monnaie, la monnaie représentée, devient le seul étalon ; c'est celle que l'État reste engagé à payer à sa valeur nominale, malgré la dépréciation commerciale de l'autre ; la monnaie qui garde le rôle d'étalon est donc la plus chère commercialement. L'État doit naturellement subir les pertes résulant d'un engagement qu'il a pris et d'une disposition arbitraire qu'il a imposée. On voit que le bimétallisme est un *système de double étalon* dans la loi et d'*étalon alternatif* dans la pratique, suivant l'expression de M. Léon Say.

Ce n'est que par hasard que le système du double étalon est réalisé pratiquement en même temps que légalement ; il faut pour cela que le rapport commercial corresponde exactement au rapport légal. Ainsi, le système dont nous parlons ne résout en aucune façon le problème monétaire, puisque le bimétallisme n'est jamais pratiquement un système de double étalon, mais bien un système d'étalon unique alternativement d'or ou d'argent. Il ne réunit pas dans une même circulation les deux métaux monétaires, à leur valeur réelle, il les réunit en donnant tantôt à l'un, tantôt à l'autre le caractère représentatif. C'est tantôt l'argent, tantôt l'or, qui est inexportable, parce qu'il est surestimé par la loi et qu'il perdrait de sa valeur en s'expatriant. Le métal déprécié par la loi au contraire a une tendance à fuir le pays qui le méprise et à s'expatrier. On aboutit donc à organiser la répulsion entre les deux métaux et non leur association.

Les inconvénients pratiques dépassent encore les inconvénients théoriques du système comme le prouve sa lamentable histoire.

3. — *Histoire du bimétallisme.*

Le système bimétallique est aussi vieux que le monde.

Au temps de Moïse les trois métaux, l'or, l'argent et l'airain étaient déjà travaillés et appréciés (1). Mille ans avant Jésus-Christ, sous le roi Salomon, on discutait les valeurs relatives de l'or et de l'argent ; l'argent était déprécié à

(1) *Exode*, Ch. 35, verset 32.

Jérusalem : en créant son temple, Salomon n'admit que l'or (1) ; l'argent n'était point estimé sous son règne. « Il fit », dit la Genèse, « que l'argent était si commun à Jérusalem que les pierres ».

A Babylone, dans l'antique Empire de Chaldée, le plus ancien dont les monuments trahissent l'existence, l'or et l'argent étaient employés dans le commerce et le rapport de leur valeur semble avoir été de 1 à 12 1/2 (2). A la même époque il était dans les autres pays, de 1 à 13 1/2 (3). Les poids de métal, dont le commerce se servait, étaient frappés dans ces proportions, il y a 3.000 ans, à l'époque de Sardanapale et de Balthazar.

Mais on ne peut pas plus parler de bimétallisme à cette époque qu'à Rome ou chez tous les autres peuples à l'époque où ils ne connaissaient pas la monnaie métallique et légale proprement dite. Où la loi n'intervient pas pour fixer la valeur des métaux monétaires, il ne peut y avoir rapport légal fixe, et par suite il ne peut pas y avoir de système bimétallique. Et pourtant, s'il avait duré, le système établi par Valérius Publicola à l'origine de Rome et qui fixait les amendes dues à l'État par ceux qui ne s'étaient pas soumis aux ordres des consuls, dans la proportion de 1 bœuf pour 10 moutons (4), ce système aurait bien eu les conséquences ordinaires du bimétallisme. Supposez que la valeur du bœuf soit devenue celle de 12 moutons ; au lieu de payer l'État en bœufs, on l'aurait payé en moutons et l'État se serait trouvé encombré de cette monnaie dépréciée dans le

---

(1) *Liv. des Rois*, Ch. 10, verset 21.
(2) D Brugsh.
(3) Dr Brandès.
(4) Plut., *Vie de Publicolà*. — Rollin., *Hist. rom.*, IV, 64.

commerce, appréciée arbitrairement par la loi. La mauvaise monnaie aurait chassé la bonne. Il en serait résulté une crise provenant de l'afflux exagéré des moutons et de la rareté de plus en plus sensible des bœufs. On voit, par cet exemple, que ce qui est vrai pour deux marchandises quelconques est vrai pour deux monnaies quelconques et en particulier pour l'or et l'argent dès qu'on arrête entre leurs valeurs un rapport immuable.

Le premier exemple d'une double monnaie véritable, métallique et légale, soumise à un rapport fixe, se rencontre chez les Achéménides et provoque une crise fameuse qui finit par la soumission de l'Empire des Perses sous le sceptre d'Alexandre de Macédoine.

C'est ensuite dans l'Egypte des Lagides, où la perturbation n'est pas très nette, mais où l'on voit plusieurs métaux en présence dans la circulation, des preuves d'altération de monnaies, une crise formidable et la soumission définitive sous le joug romain.

Syracuse, les autres villes de la Sicile et les colonies de la Grande-Grèce, nous fournissent des exemples analogues de l'association de deux étalons, cuivre et argent, avec rapport fixe, suivie de réduction des monnaies devenues représentatives ou fiduciaires, puis, sous Denys l'Ancien surtout, une crise et une banqueroute qui ont laissé dans les écrits de l'époque et particulièrement dans ceux d'Aristote (1) le souvenir d'événements honteux pour ceux qui les ont provoqués et profondément pénibles pour ceux qui en furent victimes et qui passèrent à la suite de leurs malheurs sous la domination romaine.

Notons que dans les exemples que nous venons de citer,

(1) Ap. Polluc., IX, 79, Polluc, IV, 174; Mommsen, p. 55.

le bimétallisme, avec le cortège de fraudes qui l'accompagnent toujours, aboutit à une crise et cette crise à la perte de l'indépendance au profit d'une nation étrangère plus heureuse et surtout économiquement plus prospère. L'argent est le nerf de la guerre et sans argent Alexandre de Macédoine ne se serait pas mis en campagne avec une nombreuse armée, ses finances étaient donc prospères ainsi que celles de la Grèce entière lorsqu'il se trouva face à face avec l'armée de Darius. Or, cette prospérité financière coïncidait avec la pratique d'une bonne monnaie, de la monnaie grecque ? De même, lorsque les Romains conquirent l'Égypte, en l'an 30 de notre ère, ils avaient depuis un siècle une bonne monnaie que les premiers Empereurs s'étaient efforcés de rappeler au secours de leur autorité. L'exemple des erreurs récemment commises au déclin de la République les avait rendus prudents.

Quant à Syracuse et aux autres colonies grecques de Sicile et d'Italie, elles furent soumises par les Romains au temps où ceux-ci avaient de bonnes finances et une bonne monnaie, car ils pratiquaient le système de l'étalon unique de cuivre et c'est aux populations soumises qu'ils empruntèrent le funeste enseignement d'un système mixte et arbitraire.

Les Romains essayèrent à plusieurs reprises de résoudre le problème monétaire en associant dans leur circulation d'abord l'argent auprès du cuivre, puis l'or auprès de l'argent. Leurs essais furent malheureux et les amenèrent à des crises que les auteurs rapportent avec effroi et à une théorie monétaire qui a dit au moyen âge son dernier mot.

Il n'y a pas lieu, jusqu'au XVIIIe siècle, d'envisager chez les divers peuples, l'association des métaux dans la circulation. L'autorité remplaçait la justice et les lois de la nature étaient méconnues. L'altération des monnaies et leur cours forcé ne laissait pas place à des principes monétaires.

Depuis 1789, devant les Assemblées de la Révolution, les véritables principes semblèrent un moment triompher, mais le système de Gaudin, appliqué dans la loi de germinal aboutit au bimétallisme. Tant que la valeur relative des deux métaux ne fut pas trop différente dans le commerce de ce qu'elle était dans la loi, l'or et l'argent restèrent enchaînés. Les événements d'ailleurs s'y prêtèrent. L'argent depuis la découverte de l'Amérique ayant une tendance à se déprécier par rapport à l'or, vu sa production plus active, était retenu artificiellement au rapport de 1 à 15 1/2 par l'influence de la législation française, et de plusieurs autres, telles que celles des États-Unis, de l'Espagne, de la Hollande, de la Belgique, de la Russie, etc., qui, s'ils n'avaient pas précisément le même système, admettaient tout au moins les deux métaux dans un rapport voisin de 1 à 15 1/2. Il est probable que la valeur de l'argent, baissant de plus en plus, serait arrivée à culbuter la digue élevée par le bimétallisme et aurait entraîné dans sa chute les partisans de ce système, comme il en était arrivé de tous leurs devanciers. Mais il se trouva que vers le milieu de ce siècle des mines d'or abondantes furent découvertes, qui, abaissant la valeur de l'or, rétablirent dans la réalité l'équilibre instable créé par la loi et le rapport se maintint encore quelque temps. Ce fait explique que les prévisions des plus grands économistes du temps et en particulier de Michel Chevalier et de Cobden aient été déçues et que la baisse de l'or n'ait pas été aussi forte que ces auteurs l'avaient annoncé. On ne pouvait constater qu'une baisse relative et l'argent était déjà trop bas pour que l'or pût le dépasser.

Mais, en 1865, l'Union latine, puis l'Espagne, en 1868, s'avisèrent de baser leur circulation sur les apparences trompeuses dont le bimétallisme avait profité. L'argent avait repris nettement sa marche séculaire en baisse depuis 1860 et la faveur nouvelle dont il était l'objet le retint à peine. Il s'échappa, brisa la cage à laquelle M. Cernuschi compare le rapport fixe, et se précipita dans un abîme où il est encore.

Aussitôt, profitant de ce que la loi maintenait fixe son prix légal, les spéculateurs apportèrent l'argent déprécié aux Hôtels des Monnaies des États bimétallistes, les pièces de métal blanc se répandirent dans le commerce et l'or disparut. Il a bien fallu, pour éviter d'en être accablé, secouer ce joug et arrêter la frappe. C'est ce qu'on fit progressivement en fixant des *contingents* à chaque État, puis radicalement en effaçant dans la loi le principe de la libre frappe. On peut dire que ce jour là le bimétallisme était mort, il avait donné sa mesure.

4. — *Conclusion sur le bimétallisme.*

Contraire aux lois naturelles, il a la prétention de les arrêter dans leur marche en fixant la valeur relative des deux métaux monétaires principaux, comme si un législateur pouvait commander qu'on découvrira telle mine à telle heure, qu'on en tirera un nombre fixe de tonnes de minerai et que ce minerai aura telle richesse déterminée; que le commerce s'en servira pour tels ou tels échanges et que tels États l'adopteront.

Contraire aux lois humaines, il prétend faire imposer par la loi, à celui qui se dessaisit de sa marchandise, un morceau de métal, qui ne vaudrait que la moitié ou le quart de cette marchandise, comme si on pouvait, sous le couvert de la loi, obliger les gens à se faire voler.

Insoutenable en théorie, ce système est inapplicable en pratique. L'histoire tout entière le condamne et, pour ne parler que de ses derniers méfaits, on voit qu'il a réduit au cours forcé, dont il n'est qu'un tempérament, la plupart des États qui l'ont pratiqué. Et que pour quelques-uns qui ont, après l'avoir appliqué, une monnaie encore régulière, comme la Belgique et la France, ils succombent sous le poids écrasant d'un métal déprécié dont ils ne savent que faire et dont personne ne veut.

Nous n'insistons pas davantage sur un système dont la discussion a été faite trop souvent en comparaison de ses mérites. Toute cette étude tend à le condamner, mais si par quelques côtés elle semble le défendre, c'est qu'il se prétend lui-même le remède à des maux que nous considérons comme réels, qu'il croit guérir et qu'il ne fait qu'aggraver.

5. — *Étalon boiteux.*

Il faut ranger dans cette première catégorie le *système de l'étalon boiteux:* Dans ce système il n'y a qu'un étalon, mais il y a en outre en circulation une seconde monnaie, faite d'un autre métal, qui a *cours légal.* C'est par exemple, le système de l'étalon d'or avec des monnaies d'argent à cours légal. En général, il se présente comme un reste du système bimétallique dans lequel la loi contribue à déprécier l'un des métaux-étalons en suspendant sa frappe.

C'est le pire des systèmes. Il n'a qu'un bon côté, c'est qu'il marque l'abandon du bimétallisme et le passage au système de l'étalon unique.

« L'expression d'*étalon boiteux* est parfaitement adéquate à la nature des choses », dit M. Bamberger (1). « La jambe qui figure l'étalon d'or jouit de la pleine santé et de la liberté de ses mouvements, tandis que l'autre, celle d'argent, est paralysée, se traîne et par cela même devient une gêne plus ou moins grande pour sa sœur bien portante ».

Ce système est peut-être le plus répandu aujourd'hui. L'Allemagne, après avoir adopté le système de l'étalon d'or en 1871 et mis en vente ses thalers d'argent, qui jouissaient du cours légal plein, crut devoir en 1879 interrompre sa réforme. Elle garda donc en circulation une certaine quantité de ses anciens thalers. Elle se trouva ainsi régie par le système de l'étalon d'or et encombrée de pièces d'argent à cours légal plein, reste de son système monétaire précédent. C'est ce mélange monstrueux que l'on a désigné sous le nom d'étalon boiteux.

L'Union latine, régie par le système bimétallique, a suspendu en 1878 la frappe des écus de 5 francs. Elle s'est trouvée ainsi sous le système de l'étalon d'or, car l'or a seul, sons le régime actuel, les caractères d'un étalon monétaire, en particulier l'identité de la valeur intrinsèque et de la valeur nominale. Mais auprès des pièces d'or qui représentent l'étalon, les États de l'Union latine possèdent un stock considérable d'écus de 5 francs, dont la frappe est interdite et qui ont pourtant cours légal plein.

L'Autriche est également au système de l'étalon boiteux. Elle a depuis 1892 l'étalon d'or, mais elle ne s'est pas débarrassée de ses anciens florins d'argent.

Enfin, parmi les principaux États qui pratiquent ce sys-

---

(1) *Le Métal-Argent*, Traduc., R. C. Lévy, p. 313.

tème, nous citerons encore l'Inde qui y est soumise depuis 1893.

L'inconvénient capital de ce système est qu'il complique le système de l'étalon unique sans en corriger les défauts. En effet, la monnaie d'argent à cours légal plein qu'il admet dans la circulation n'est qu'une monnaie représentative dont l'État ne possède pas le gage et dont il ne peut pas assurer le remboursement.

2° Systèmes associant plusieurs métaux sans leur donner à tous le rôle d'étalon ou le cours légal.

1. — *Cours légal et cours officiel. Théorie.*

Le système dont nous voulons parler ici consiste dans l'introduction, dans la circulation, d'une monnaie différente de celle qui constitue l'étalon du système, et circulant librement auprès de lui. L'étalon unique est le seul système théoriquement bon, pratiquement il est insuffisant, comme nous avons cherché à le démontrer dans les chapitres précédents. Auprès du système régulier basé sur l'étalon unique, peut-être pourrait-on introduire une monnaie du métal qui n'est pas l'étalon et qui, sans avoir cours légal, circulerait à sa valeur réelle, comme l'étalon lui-même, sa valeur étant simplement constatée et non imposée par l'État. En d'autres termes on établirait un système complet, régulier, basé sur l'étalon d'or, par exemple, et auprès de ce système, dans les États dont le commerce exigerait cette adjonction, une ou plusieurs monnaies ayant simplement *cours officiel*. Disons tout de suite pour ne pas avoir l'air d'innover, que ce système est aujourd'hui pratiqué et que c'est celui qui préparera peut-être le plus efficacement les voies à l'étalon unique universel.

L'État est un des plus gros commerçants de chaque nation, mais il est un commerçant comme les autres et peut invoquer tout comme un autre le principe de la liberté des conventions. Le jour où il s'est affirmé par son intervention en matière monétaire, nous avons vu qu'il l'a fait comme le faisaient tous les jours avant lui les autres commerçants. Il n'est pas intervenu, comme on le dit en général, dans le but raffiné, désintéressé, de garantir le poids et le titre de la monnaie dont le commerce faisait usage. Ce but eût été peu compatible avec le caractère des souverains d'autrefois, des Crésus, des Darius, des Ptolémées, des rois de Syracuse, etc.... qui cherchaient plutôt à s'enrichir qu'à donner à leurs sujets une bonne monnaie. Ce qui le prouve, c'est que ceux-ci n'en voulurent pas pendant longtemps et que les rois en réalité se servirent le plus souvent de la monnaie pour exploiter les peuples. Si l'on veut voir dans la première idée de la monnaie une idée philanthropique ayant pour but de fournir au commerce un bon instrument d'échange, il faut reconnaître que les souverains qui se sont montrés si charitables ont été bien récompensés de leur bonne action, car ils ont été les premiers à en profiter. Il faut avouer que leur charité bien ordonnée a commencé par eux-mêmes. En réalité, les États qui ont les premiers émis de la monnaie ne l'ont émise que pour faciliter leurs propres opérations, les payements qu'ils avaient à effectuer tels que la solde des troupes, et ceux (en particulier les amendes), qu'ils avaient à recevoir. Aussi n'est-ce pas le *cours légal* qu'ils ont donné à la monnaie, mais bien le *cours officiel.*

Or le cours officiel est le taux conventionnel auquel l'État déclare qu'il donnera (sans les imposer) ses monnaies et qu'il les recevra de ses débiteurs. Le cours légal au contraire impose une monnaie à tous les créanciers de l'État et aux particuliers entre eux, dans leurs rapports privés, lorsqu'ils n'ont pas songé à en exiger d'avance une autre ou qu'ils n'ont pas pu le faire. Il y a là un acte d'autorité qui oblige tout créancier, même celui de l'État, à recevoir la monnaie légale, à défaut de stipulation contraire dans le contrat. A ce droit que la loi accorde à l'Etat de donner à une monnaie le cours légal, correspondent des devoirs à la charge de l'État. Il doit, au risque d'abuser de l'autorité qu'il s'attribue dans l'intérêt général, ne donner cours légal qu'à une marchandise qui ait véritablement la valeur pour laquelle on aura le droit de l'imposer. Le contraire serait l'organisation d'un vol légal. Il faut donc que la monnaie que l'État présume avoir été stipulée par les parties soit celle que les parties auraient le plus vraisemblablement choisie si elles y avaient pensé, car la loi ne doit faire qu'une interprétation de volonté. C'est donc la meilleure monnaie, avec sa vraie valeur commerciale, la monnaie qui sert à apprécier les valeurs, qui possède toutes les qualités d'une bonne monnaie, en un mot c'est la monnaie principale déjà adoptée par le commerce, que l'État doit simplement consacrer en lui donnant *cours légal.* Si l'État s'est soumis à ces diverses obligations en attribuant le cours légal, c'est-à-dire la force libératoire légale à une monnaie, cette monnaie se trouvera réunir en elle-même ces deux éléments caractéristiques : 1° la force libératoire commerciale ; 2° la force libératoire légale ou cours légal. Alors et seulement alors, quand ces deux caractères seront réunis dans la même monnaie, on pourra dire que cette monnaie est un *étalon.* Si la force libératoire commerciale n'est pas égale à la force libératoire attribuée par la loi, la monnaie ne sera pas un étalon ; elle aura *cours forcé* et non cours légal.

Si l'État ne donne pas à une monnaie les caractères particuliers qui constituent le cours légal et s'il s'engage simplement à la recevoir à un certain taux et à la remettre à qui voudra l'accepter à ce taux, l'Etat ne fait que ce que chaque commerçant peut faire. Il ne fait pas acte d'autorité, il ne résulte de là aucune obligation pour lui, c'est une simple intention qu'il indique et le jour où il voudra y renoncer il sera libre de le faire, comme chacun de nous en France peut, s'il le veut, accepter aujourd'hui la livre sterling au taux de 25 fr. 25 et la refuser demain. Quand l'Etat fixe ainsi le taux d'une monnaie, il lui donne *cours officiel* à ce taux.

Deux monnaies ne peuvent pas avoir cours légal dans une même circulation sans qu'on se trouve contraint d'établir un rapport fixe entre ces deux monnaies. En effet la contestation à laquelle le cours légal a pour but de mettre fin renaîtrait de la disposition même de la loi. Lequel, de l'or ou de l'argent, serait-on tenu de payer, si l'un et l'autre avaient cours légal ? La loi devra nécessairement répondre : le débiteur pourra payer l'un ou l'autre, mais s'il paye en argent il devra livrer un poids d'argent égal à 15 fois 1/2 le poids d'or correspondant à la valeur due. Si ce rapport est exact au moment du payement le créancier sera également désintéressé en or ou en argent, il n'aura pas de raison de se plaindre. Les deux métaux ayant une force libératoire légale correspondante à leur force libératoire commerciale se trouveront être tous deux étalons. Mais si l'argent, par exemple, est commercialement déprécié par rapport à l'or, s'il vaut 1/16 seulement de son poids d'or, le créancier dira : « il m'est dû 15 gr. 1/2 d'argent ou

1 gramme d'or, j'aime mieux de l'or, car sur le marché j'en trouverai 16 grammes d'argent au lieu de 15 1/2 » ; et si la loi lui impose de prendre 15 gr. 1/2 pour la valeur de 16, il dira que la loi l'a volé et il aura raison. Il faudra donc que l'État lui garantisse qu'il n'y perd rien et qu'il s'engage à lui rembourser son argent en or, au taux de 15 1/2, c'est-à-dire que l'or en réalité aura seul cours légal, il sera seul étalon. Mais rien ne s'oppose à ce que l'État donne cours officiel à deux monnaies ou à un plus grand nombre, car il ne prend aucun engagement fixe par là, il n'impose sa volonté à personne, il n'établit pas contre ceux qui refusent la monnaie officielle une sanction pénale (1) de 6 à 10 francs, comme contre ceux qui refuseraient la monnaie légale.

Le système qui consiste à admettre auprès de la monnaie étalon et de ses dépendances, auprès du système régulier basé sur l'étalon unique, une monnaie officielle ou plusieurs monnaies officielles a pour lui une expérience de 20 siècles au moins, l'autorité des plus grands écrivains de la science monétaire, d'hommes d'État considérables et enfin la législation actuelle de plusieurs États qui jouissent d'une bonne circulation monétaire.

Historique de ce système. — A l'origine du monnayage, la monnaie ne reçut pas de l'État le cours légal, nous avons montré qu'elle reçut simplement cours officiel, aussi aucun inconvénient ne résultait-il de l'émission de plusieurs métaux dans le même pays. Darius frappa des pièces d'or et d'argent, les Lagides des pièces de cuivre, d'argent et d'or, tous les peuples anciens en firent autant et aucun inconvénient ne résultait de cette association tant

---

(1) a. 475, 11°, C. P.

que l'État ne s'avisait pas de donner cours forcé à l'un ou à plusieurs d'entre eux.

Les Grecs furent les plus prudents, ils conservèrent avec obstination l'argent comme monnaie légale et résistèrent à l'introduction d'une disposition législative analogue à celles de leurs voisins ; quand ils se trouvèrent en relation avec des peuples nouveaux ils se contentèrent d'introduire dans leur système monétaire les monnaies étrangères à un taux officiel déterminé. C'est ainsi que, trouvant à Syracuse un système basé sur l'usage du cuivre, ayant pour unité la litra divisée en 12 onces, ils l'évaluèrent, au cours de l'argent, qui était à Syracuse de 1/250 par rapport au cuivre, et la trouvèrent égale au dixième du didrachme grec de poids attique fort. En conséquence ils adoptèrent la division décimale du didrachme quoique par leurs habitudes de calcul ils fussent plutôt portés vers le système duodécimal et le dixième du didrachme, sous le nom grec de noummos, qui deviendra le nummus romain, fut frappé en argent équivalant à la litra de cuivre syracusaine et constitua le trait d'union des deux systèmes. Il nous suffit de remarquer qu'au moment où Syracuse ne connaissait pas la monnaie, les Grecs en leur apportant l'usage de cet instrument ne leur imposèrent pas leur système national : 1° ils consacrèrent à Syracuse l'usage du cuivre qui était déjà usité dans le pays et conforme au système pondéral indigène ; 2° ils cherchèrent un moyen d'associer entre les Grecs et les Syracusains le cuivre et l'argent, étalons nationaux, dans un même système monétaire international ; 3° le moyen auquel ils s'arrêtèrent consista à faire coïncider les valeurs des pièces de cuivre et d'argent syracusaines de manière à les rattacher à une pièce grecque déjà existante. Autrement dit les Grecs se contentèrent de fixer un cours dans leur système national à l'étalon syracusain, mais se gardèrent bien d'introduire chez eux l'étalon de cuivre ou de répudier la monnaie de leurs clients. M. F. Lenormant (1) cite « une coupe particulièrement bizarre d'argent frappée dans le système syracusain, la pièce de 10 onces ou 10/12 du nummus, qui avait pour but d'offrir aux négociants venant de Grèce, avec des monnaies correspondant exactement aux divisions du système indigène, des oboles attiques exactes, du 12e du didrachme ou décalitron ». — Les autres colonies grecques de la Sicile et de l'Italie Méridionale adoptèrent des dispositions analogues. Pour l'or on fit de même et, rapportant les tailles au poids relatif de ce métal et de l'argent, on fixa le cours auquel la circulation reçut ces divers métaux. L'Etat ne prit en cela aucun engagement.

Sans nous appesantir plus longuement sur l'historique d'un procédé dont on trouvera d'autres exemples dans l'histoire romaine et dans celle de tous les peuples à l'origine de leur monnayage, qu'il nous suffise de constater que c'est le système simple qui se présente le plus naturellement à l'esprit du législateur dans les civilisations primitives. Le cours légal, la qualité d'étalon donnée aux monnaies, établissent entre elles des rapports forcés, des relations arbitraires, qui en compliquent la circulation et en rendent la théorie obscure.

3. — *Opinions de M. Chevalier, Mirabeau, etc...*

Tous les auteurs reconnaissent l'utilité d'une monnaie à cours légal, mais beaucoup de ces auteurs veulent qu'on

---

(1) Lenormant, *Essai*, p. 91-92.

s'en tienne à une seule monnaie légale, et que, si un État, pour faciliter les rapports commerciaux, adopte l'une des monnaies de ses voisins, ce ne soit pas pour lui donner dans le système national la place d'honneur, pour lui abandonner une part de souveraineté, mais bien pour lui donner simplement accès, comme à un hôte dont les services peuvent être précieux, en l'appréciant à sa juste valeur et en proportion des services rendus. Nous plaçons en tête l'opinion de Michel Chevalier, qui démontre : 1° que le système de l'étalon unique est le seul rationnel (1) ; 2° qu'il est nécessaire de maintenir les deux métaux monétaires principaux dans la circulation (2), en partant de ce principe que les lois doivent résulter de la nature des choses et que la nature des choses indique les deux métaux, surtout pour une nation qui a un grand commerce extérieur. Or, pour concilier ces deux nécessités, il recommande le système proposé par Mirabeau à la Constituante, en y introduisant quelques modifications de détail. Ce système consistait principalement à donner cours légal à une seule monnaie, constituant l'étalon du système, et auprès de cette monnaie principale à admettre dans la circulation une monnaie de l'autre métal à un cours fixé librement par le commerce.

« Ce système », disait Michel Chevalier en 1866, « est conforme à l'esprit et aux coutumes d'une civilisation perfectionnée, dans laquelle les populations traitent et agissent de leur propre mouvement et savent apprécier leurs intérêts, sans que l'autorité intervienne par des règlements ou sans que la loi apparaisse avec sa force impérative ».

Néanmoins il reconnaissait avec Gaudin, Lord Liverpool,

---

(1) *La Monnaie*, p. 138.
(2) *La Monnaie*, p. 173.

Locke,... que dans l'état actuel des mœurs il serait peut-être bon de donner à l'État le droit de fixer périodiquement, ou au moment où les nécessités l'y inviteraient, un cours déterminé pour une courte durée. C'est ce dernier système que Gaudin a cru établir dans la loi de Germinal mais qui, par une fausse interprétation, est devenu un système purement bimétallique.

4. — *Application de ce système.*

Tous les États monométallistes ou bimétallistes ont de tout temps admis les monnaies de leurs plus puissants clients. La livre sterling est tarifée et reçue par les caisses publiques de presque tous les États de l'univers, même de ceux qui ont l'étalon d'argent. Il en est ainsi du louis d'or et des autres pièces d'or de l'Union latine.

Mais, il y a plus. Le système de l'Union latine a eu un bon côté, celui de créer entre les divers États alliés l'uniformité monétaire, en donnant à leurs monnaies un champ de circulation commun et vaste. Or, les principaux États de l'Union (1) ne donnent cours légal qu'à leurs monnaies nationales, les autres ont cours officiel à un taux fixe, convenu et arrêté entre les divers États de l'Union. C'est ce système que nous voudrions voir pratiqué, mais sans la fixité inébranlable du rapport et sans traité international, c'est-à-dire sans les difficultés d'une liquidation à l'expiration de la convention.

Les pièces de 5 francs italiennes, par exemple, sont reçues en France aux caisses publiques et à la Banque de France. Leur cours officiel est fixé, mais elles n'ont pas

(1) La France, la Belgique.

cours légal (1). Si les pièces de paiement (2) et même les pièces divisionnaires de l'Union latine circulent en France et en Belgique, ce n'est donc pas parce qu'elles ont cours légal, puisqu'elles ne sont pas soumises à ce régime ; ce n'est pas davantage parce que l'État en garantit le remboursement. Loin de se considérer comme engagés à les rembourser, les divers États de l'Union n'acceptent même pas la charge résultant du frai. « L'État », disait le gouverneur de la Banque de France (3) à la Conférence de 1878, « ne saurait répondre de la bonne et sincère fabrication des monnaies des États associés ». Ainsi, le cours des monnaies italiennes, par exemple, en France, n'est qu'un cours de fait fondé sur l'admission dans les caisses publiques et à la Banque de France, c'est-à-dire fondé sur ce que ces pièces jouissent en France d'un cours officiel (4). Ce cours suffit amplement à la circulation internationale ; le cours légal consommerait une injustice au détriment des créanciers. « Le cours de fait est le mouvement certain du commerce et de l'opinion publique, qui trace aux gouvernements et aux législateurs la voie bonne à suivre. Il faut mettre le droit d'accord avec le fait » (5).

---

(1) Arrêt de la C. de cass. du 29 déc. 1882.

(2) Pièces d'or et pièces de 5 fr. d'argent.

(3) Lettre écrite au nom du Conseil général de la Banque, lue à la séance du 1er oct. 1878.

(4) Voir sur ce point : Th. Ducrocq, *Du cours international des monnaies de l'Union monétaire dite latine*, 1883.

(5) Th. Ducrocq, *loc. cit.*, p. 8.

CHAPITRE V

L'UNIFICATION MONÉTAIRE.

§ 1. — **Les traités d'union monétaire.**

1. — *Difficultés politiques et de droit public.*

Les maux auxquels le problème monétaire se propose d'apporter un remède, sont, avons-nous dit, causés pour la plupart par la *diversité des systèmes monétaires*. C'est à cette diversité, regrettable à tous égards, qu'il faut s'attaquer. C'est elle que nous avons espéré battre en brèche en associant les deux métaux monétaires dans la circulation des grandes nations commerçantes. Et tous nos efforts ont eu pour but d'aboutir à cette association en respectant les principes monétaires sur lesquels est basé le système de l'étalon unique, que nous considérons comme le seul rationnel, pratique et équitable.

Cette diversité des systèmes monétaires est-elle fatale? Pouvons-nous affirmer qu'elle s'évanouira, emportant avec elle tous les maux qu'elle engendre? Avons-nous des raisons pour espérer voir un jour régner à sa place l'heureuse union monétaire qu'on rêve depuis des siècles et qui entraînera peut-être l'union non moins désirable des intérêts et peut-être aussi l'union des cœurs? Il y aurait probablement beaucoup d'optimisme dans un pareil espoir. A l'heure actuelle, l'unification des systèmes monétaires n'est qu'une utopie.

Supposons cependant, pour un instant, que ce rêve soit réalisable et demandons-nous quels sont les moyens qui semblent aujourd'hui les plus propres à nous en rapprocher. C'est la dernière question que nous nous poserons.

Le moyen qui semble le plus sûr en même temps que le plus rapide consisterait à conclure un traité monétaire international, basé sur un système qui aurait l'assentiment de tous, et qui associerait dans une touchante solidarité les nations les plus importantes de l'univers entier. En un mot, ce serait un *traité d'union monétaire universelle*.

La première difficulté est de découvrir un *système* que toutes les grandes nations s'accorderaient à trouver bon.

La seconde consisterait à obtenir de ces nations qu'elles s'engagent par un *traité* à observer toutes les conditions qui constitueraient ce système.

Nous croyons avoir suffisamment développé la première question pour n'avoir pas à y revenir. Nous avons montré qu'en ce moment la diversité des systèmes monétaires est un fait et un fait malheureusement nécessaire.

1° Le système bimétallique ne peut pas plus se soutenir sous la forme universelle que sous forme de système national. Le maintien d'un rapport fixe entre deux marchandises, ou simplement d'une valeur arbitraire, est une chimère que bien des gens ont tentée. Citons comme exemple les efforts du syndicat des cuivres qui a réussi à porter en 1888 le prix de la tonne de 1000 francs à 2050. Les désastres de 1889, le krach du Comptoir d'Escompte et de la Société des métaux ont ramené le cours aux environs de 1000 francs. Tous les syndicats analogues ont fini de même, ils ont échoué devant l'effort persistant de la nature. Une digue peut arrêter quelque temps un ruisseau, mais il faudra qu'elle cède ou que les eaux inondent le voisinage. Et quand elle aura cédé, le ruisseau sera devenu un torrent, qui se précipitera avec une impétuosité inouïe, comme se précipite aujourd'hui l'argent rendu à la liberté, après une longue captivité dans les réseaux bimétalliques.

Quand l'univers entier se liguerait contre la nature, il n'empêcherait pas l'argent ou l'or de varier d'un centime, si telle est la loi naturelle. Et c'est l'univers qui payerait les frais de sa présomption.

2° L'étalon unique d'argent n'a aucune chance de triompher de la défaveur universelle. On ne pense plus à l'argent pour guérir nos maux ; c'est lui qui est le principal malade et qu'il s'agit de relever.

3° Quant à l'étalon d'or, son règne n'est pas encore venu. Il faut attendre. Que de nations ont intérêt à conserver l'argent, parce qu'elles en produisent, comme les Etats-Unis, le Mexique, parce qu'elles en ont un stock considérable, comme les Etats de l'Union latine, comme l'Inde, parce que l'or est trop cher et qu'elles n'ont pas les moyens de s'en procurer, comme les nations soumises au cours forcé !

Faut-il penser qu'un autre système, intermédiaire entre les précédents, comme celui de Mirabeau et de Michel Chevalier, ait des chances d'être admis et de mettre d'accord des peuples dont les intérêts sont si divers et si contradictoires ? Admettons-le, sans l'espérer.

Dans ce cas, l'univers accepterait-il de se liguer pour faire respecter ce système heureux ? Verrait-on, rangés sous une même loi, des peuples qui semblent aujourd'hui prêts à se dévorer ? Au point de vue politique, cette conception est étrange. On ne voit pas bien quelle autorité ferait respecter un pareil traité, quels législateurs seraient assez habiles pour l'organiser, quelle importance relative on donnerait aux diverses nations dans l'émission des monnaies et particulièrement des monnaies représentatives et fiduciaires, comment se règleraient les conditions de liquidation, d'admission dans l'Union et de démission. Toutes ces questions, des plus délicates quand il s'agit d'une union simplement internationale, deviendraient inextricables, s'il s'agissait de constituer une union universelle.

Mettons donc de côté les questions politiques et les questions de droit public pour ne considérer que les rapports monétaires de nation à nation et demandons-nous quelles sont les difficultés que présentent dans cette mesure restreinte les traités internationaux. Nous verrons ensuite s'il ne faut pas espérer atteindre un jour l'union monétaire universelle par une voie libre, indépendante, naturelle, c'est-à-dire sans l'intervention d'un traité, ni d'aucun autre moyen de coërcition.

L'expérience ne plaide pas en faveur des traités d'unions monétaires.

2. — *Antiquité.*

Dans l'antiquité on trouve quelques essais de ce genre d'association en Grèce et en Asie-Mineure. Les Grecs (1), par esprit de particularisme, n'ont jamais élevé leurs théories politiques jusqu'à la notion de patrie : ils s'en sont tenus à l'autonomie des cités. La variété des gouvernements entretenait chez eux la variété des institutions, les rivalités locales et les déchirements perpétuels. C'est ce qui explique aussi la variété de leurs monnaies. Il résultait

(1) F. Lenormant, *La monnaie dans l'antiquité*, Ch. III.

de là une grande complication des opérations commerciales et un développement considérable de l'industrie des changeurs, des banquiers, des hommes d'argent. Le grand commerce choisit les monnaies d'une ou de plusieurs cités qu'il adopta pour son usage et ces monnaies, jouant le rôle, entre les diverses républiques, de monnaie internationale, devinrent l'instrument du commerce extérieur et du commerce des cités helléniques entre elles. C'est ainsi que dans toute l'étendue du monde grec et même chez les Barbares, les tétadrachmes d'Athènes eurent cours. Les peuples qui ignoraient la langue grecque reconnaissaient aussitôt les chouettes et les jeunes filles, c'est-à-dire les Minerves (1). De même les tortues d'Égine, les pégases de Corinthe étaient très répandus. Mais les tétradrachmes d'Athènes étaient les pièces les plus appréciées ; malgré leur infériorité artistique, elles circulaient par millions et remplissaient les trésors des rois. Il était naturel que l'on songeât à remédier d'une manière légale à cette diversité dont le commerce souffrait et les gouvernements cherchèrent à contracter des unions monétaires. Mitylène et Phocée, par exemple, conclurent une union de ce genre et frappèrent des pièces identiques et même des pièces portant les types et les noms des deux villes. Les hectés d'électrum ainsi fabriqués étaient émis alternativement pendant un an par chaque ville. Ces pièces datent du Ve siècle avant notre ère.

Il y eut en dehors des monnaies frappées en vertu de conventions passées entre villes voisines, des monnaies frappées par des confédérations politiques. Il ne faut pas les confondre avec les précédentes, ce sont de véritables monnaies nationales de ces confédérations. Telles sont cel-

(1) Beulé, *Monnaies d'Athènes*, p. 2.

les de la Thessalie, avant Philippe, des villes de la Lycie, avant Alexandre, des ligues phocidienne, béotienne et surtout de la ligue achéenne, la plus fortement organisée.

Cet historique nous permet de constater que les unions monétaires avaient déjà pour but dans l'antiquité de résoudre le problème monétaire en remédiant aux inconvénients de la diversité des monnaies, qu'elles consacraient une nécessité reconnue par le commerce et déjà résolue par l'adoption de monnaies de certaines cités dans le commerce international, enfin que si l'union s'est opérée et si la Grèce a adopté un système uniforme et relativement homogène ce fut bien plutôt par l'action libre du commerce que par l'action forcée et arbitraire des traités d'unions monétaires.

Passons à l'étude des traités qui ont été faits dans les temps modernes. Ce sont les suivants :

1° Union austro-allemande, 24 janvier 1857 ;

2° Union scandinave, 16 octobre 1875 ;

3° Union dite latine, 23 décembre 1865-6 novembre 1885.

3. — *Union austro-allemande.*

L'*Union austro-allemande* fut un pas important fait dans la voie de l'unification monétaire des États allemands.

Avant 1838, ces États avaient des systèmes très différents basés sur l'étalon d'argent, et l'or était frappé en général suivant un rapport fixe avec l'argent, mais sans cours légal proprement dit. Le Zollverein, créé en 1833, annonça dès sa constitution l'intention d'unifier les systèmes monétaires des pays de langue allemande. Le premier pas fut fait en 1838 par cette union douanière qui, conservant l'étalon d'argent déjà existant, adopta le marc de Cologne, en usage dans tous les États du Sud, comme unité des systèmes monétaires de toute l'Allemagne. Les autres pièces (thaler, florin...) restaient différentes de valeur et de titre. C'était la consécration et l'extension d'un système d'unification imaginé par le commerce, qui avait déjà marqué ses préférences pour le marc de Cologne.

Le second pas fait par l'Allemagne dans la voie de l'unification date de 1857. A cette époque, l'Empire d'Autriche et le Zollverein s'unirent par un traité.

L'argent demeurait l'étalon de l'Union. Mais le traité se proposait un double but : 1° établir un rapport fixe entre les monnaies des deux États ; 2° créer une monnaie spéciale de l'Association, qui ne différât suivant les États que par l'effigie.

1. Le rapport fixe établi entre les monnaies des divers États résulta de ce que l'on prit pour base la livre d'argent de 500 grammes. Elle fut divisée en 30 thalers pour l'Allemagne du Nord, 45 florins pour l'Autriche, 52 florins 1/2 d'Allemagne pour les États du Sud, ce qui fixe entre les valeurs de ces pièces les rapports de 2 à 3 et à 3,83. Chacune de ces pièces n'eut cours légal que dans son pays d'origine.

2. Le thaler de l'Association fut identique à celui de l'Allemagne du Nord, de 30 à la livre. Il reçut cours légal pour toute l'Union. Enfin on émit des couronnes d'or pesant 10 grammes et dont le cours ne fut pas fixé en argent.

Mais on eut le tort de ne pas retirer de la circulation les anciennes monnaies, aussi ne fit-on qu'augmenter le chaos. En 1871 il y avait en circulation en Allemagne 66 monnaies différentes d'argent et 17 d'or, sans compter les billets. L'unification politique permit alors l'unification monétaire.

Le traité austro-allemand était inutile et ne faisait que

compliquer la situation, si on le considère au point de vue de son premier objet qui consistait à établir un rapport fixe entre les monnaies des divers États. *a*) Le rapport qu'il choisit n'était pas toujours simple, puisque 3,83 florins d'Allemagne valaient 3 florins d'Autriche ou 2 thalers. *b*) De plus, n'admettant pas les pièces des divers États dans toutes les caisses publiques, il les condamnait à l'immobilité. *c*) Conservant les pièces anciennes en même temps qu'il cantonnait les nouvelles, il maintenait et il exagérait la diversité des systèmes monétaires au lieu de les unifier.

Etudions le second objet que ce traité se proposa. Il voulut créer un système de l'Association, formé du thaler d'argent qui eût cours légal partout et de la couronne d'or qui n'eût cours légal nulle part. Cette dernière ne circula pas. Elle était inutile au milieu des tailles multiples répandues dans la circulation, elle passa inaperçue. — Quant au thaler, ce fut la seule pièce jouissant d'une circulation réciproque et constituant une monnaie uniforme pour toute l'Union. Quel fut son sort ?

L'Autriche frappa 31 millions de thalers de l'Association, qui valaient 1 thaler d'Allemagne et, par conséquent, 1 florin 1/2 d'Autriche et 1, 9 florin d'Allemagne. Or le florin d'Autriche se déprécia peu à peu sous l'influence du cours forcé, établi dans le pays depuis 1848. Le florin, que le traité fixait aux 2/3 du thaler, baissa au-dessous de cette valeur. Les thalers de l'Association se trouvant dépréciés en Autriche émigrèrent en masse vers l'Allemagne où ils avaient gardé force libératoire légale à leur valeur réelle. L'Allemagne se trouva ainsi envahie d'une monnaie d'argent frappée par l'Autriche et qui dans ce pays n'était plus acceptée qu'à un cours inférieur au cours d'émission (1).

(1) R. G. Lévy, *Séance de la Soc. d'Écon. Pol.*, du 5 juil. 1894.

Depuis cette époque, l'Allemagne garde toujours les thalers autrichiens, dont elle ne sait que faire. Les évènements de 1866 ont rompu le pacte-fédéral. L'Autriche s'est retirée de l'Union à dater de 1867 et l'Allemagne dès lors fut réduite à attendre la reprise des payements en espèces par l'Autriche pour lui restituer ses thalers. Or le cours forcé est resté implanté en Autriche, le florin, du pair de 2 fr. 50 est tombé à 2 francs et au-dessous, et aujourd'hui la reprise des payements se fait sur le pied du florin à 2 fr. 10. D'où une perte pour l'Allemagne de 40 centimes par florin, ou 60 centimes par thaler.

A diverses reprises cependant l'Allemagne avait tenté de rendre à l'Autriche sa mauvaise monnaie. Elle n'y réussit que partiellement et pour un tiers.

L'article 13 du traité de Prague, du 23 août 1866, décidait qu'une convention séparée interviendrait pour le règlement de la situation monétaire créée par la rupture de l'entente des deux nations. Cette convention consista dans un arrangement du 13 janvier 1867 qui déclarait simplement que l'ancien traité serait dénoncé à dater de la fin de l'année 1867. On ne parlait pas alors de liquidation (1) et l'on ajoutait simplement que les États s'engageaient, à la condition qu'aucun d'eux ne modifiât son système monétaire avant la fin de 1870, à laisser, jusqu'à cette époque, cours légal aux thalers de l'Union. L'Allemagne ne songea pas un seul instant, à cette époque, à demander le remboursement en pièces à valeur pleine des monnaies de son alliée dont elle était encombrée.

Lorsque l'Allemagne adopta l'étalon d'or, elle assigna aux thalers la valeur de 3 marks, qui correspondait, au

(1) Bamberger, Traduct. R. Lévy, *Le Métal Argent*, p. 39 et note.

taux fixé en 1857, à 1 florin 1/2 d'Autriche. Cette mesure augmenta encore le stock de thalers amassé en Allemagne (1) et la baisse de l'argent qui commença à la même époque accéléra la dépréciation du florin. L'Allemagne se trouva à la tête de 78 millions de marks, environ 100 millions de francs, en thalers qui ne valaient plus que la moitié de leur valeur nominale. Elle obtint alors de l'Autriche un arrangement par lequel cette puissance s'engagea à reprendre le tiers des thalers à l'effigie de l'Empereur des Habsbourg. Pour le reste, 52 millions de marks, ou 65 millions de francs, l'Allemagne attendit encore la reprise des payements en espèces, toujours annoncée, jamais réalisée.

C'est sur l'espoir de cette reprise, qui devait être accomplie en novembre 1858, qu'avait été fondé le traité d'union de 1857. Les préparatifs de la guerre d'Italie, annoncée par Napoléon, interrompirent cette réforme dès ses premiers pas. En 1866, on allait tenter un nouvel essai, lorsque la guerre franco-allemande éclata (2).

En résumé, la liquidation de l'union austro-allemande a été préjudiciable à celle des nations alliées dont la situation monétaire et financière était bonne et n'a pas profité à l'autre. L'Allemagne a tiré pour l'Autriche les marrons du feu. Il lui reste aujourd'hui, en monnaies autrichiennes, 65 millions de francs. L'Autriche, reprenant les payements en espèces, au cours du jour, qui est de 2 fr. 10 au florin, impose à l'Allemagne une perte nominale de 10 millions et demi, effective de plus de 20 millions de francs sur son

---

(1) Bamberger. R. Lévy, *Métal Argent*, p. 156.

(2) Bamberger, R. Lévy, *l. c.*, p. 162.

stock de 65 millions en thalers d'association (1). Tel est le dernier résultat du traité.

M. Bamberger, promoteur de la réforme du système monétaire allemand en 1870, se console de cette perte en remarquant qu'elle rompt définitivement avec les espérances de remboursement au pair qui faisaient conserver les thalers autrichiens. Il en résultera, dit-il, que l'Allemagne n'aura plus, de l'argent, dont la démonétisation avait été imprudemment arrêtée en 1879, que 200 millions de marks, c'est-à-dire 250 millions de francs au maximum. Cette masse n'a rien d'excessif en face des 2 milliards 1/2 de marks d'or, environ 3.125 millions de francs, qui existent tant à la Banque de l'Empire, que dans la tour de Julius et dans le public.

4. — *Union scandinave.*

L'*Union scandinave* est toute récente. C'est la réforme opérée en Allemangne en 1871-1873 qui a provoqué l'adoption de l'étalon d'or dans les États scandinaves. Dès la fin de 1872 une convention fut signée, mais la Norvège ne la ratifia pas définitivement. Ce n'est que le 16 octobre 1875 que le parlement norvégien céda aux désirs de son gouvernement et accéda à une union déjà conclue entre la Suède et le Danemark dès 1873.

Avant cette époque, les trois États, comme les États particuliers de l'Allemagne avant 1871, étaient régis par le système de l'étalon d'argent. Le système nouveau fut basé sur l'étalon d'or. La monnaie de compte est la couronne, dont le pair est de 1 fr. 38. La pièce de 20 couronnes pèse

(1) *Id.*, p. 159.

4 gr. 48 au titre de 900/1000 et vaut 27 fr. 77. Elle est donc plus forte que le louis d'or, la livre sterling, la pièce de 20 marks allemande, etc...

Les pièces ainsi frappées ont *cours légal* dans toute l'Union.

Il est impossible d'apprécier aujourd'hui les résultats de ce traité dont les effets ne se sont pas encore manifestés nettement.

5. — *Union Latine.*

La plus instructive, la plus intéressante des unions monétaires est l'*Union* dite *latine*. Son histoire est trop connue pour qu'il soit nécessaire d'y insister. Nous résumerons simplement les faits, et à la suite de quelques observations nous établirons nos conclusions.

Le traité qui constitua l'Union latine, le 23 décembre 1865, avait un bon côté. Il consacrait une situation de fait existant déjà entre les pays qu'il unissait. La France, depuis le 6 avril 1803 (7 germinal an XI), avait adopté un système monétaire provisoire basé sur l'étalon d'argent avec frappe libre de l'or dans le rapport de 1 à 15 1/2. Ce rapport se maintint à peu près exactement dans le commerce ; on en conclut que le commerce, que la loi de l'offre et de la demande, avaient obéi à la loi de germinal. Le système provisoire fut considéré dès lors comme définitif. La Belgique, l'Italie, la Suisse avaient successivement introduit chez elles le système français. Le commerce se trouvait bien de cette uniformité. Les gouvernements de ces divers États résolurent de consacrer par un traité le choix du commerce ; de cela on ne peut que les féliciter.

(1) M. Ducrocq, *Société d'Econ. pol.* Séance du 15 juillet 1894.

A tout autre point de vue, on ne peut guère que blâmer les gouvernements d'être intervenus dans la circulation. Tant qu'ils n'avaient pas innové, leur initiative avait été sage, dès qu'ils essayèrent d'agir par voie d'autorité, leur réforme devint incomplète et maladroite. Incomplète, parce qu'ils ne songèrent pas à la manière de sortir de la situation qu'ils créaient. Maladroite, parce qu'ils se substituèrent à la nature pour dicter des lois au commerce.

Voyons d'abord les innovations que le traité apportait au système monétaire existant : 1° La première, la plus grave, consistait à considérer comme fixe et immuable le rapport établi par la loi de germinal entre l'or et l'argent. C'était créer un système mixte, basé à la fois sur deux étalons, admettant deux monnaies légales, ce qui est contradictoire. C'était, en un mot, créer, ce qu'on a appelé le système bimétallique. C'est le principal, le plus grave reproche qu'on peut faire à l'Union latine (1) : elle a appliqué un mauvais système monétaire. Si elle a eu la sagesse de consacrer les monnaies adoptées par le public et connues de lui, elle a eu le tort de vouloir les rattacher les unes aux autres par un rapport fixe et permanent, ce qui était en contradiction avec les lois naturelles.

Rien ne prouvait que la loi pût maintenir le rapport de 1 à 15 1/2. D'ailleurs ce rapport ne resta immuable qu'en France de 1803 à 1865. L'Espagne avait le rapport de 1 à 16 en 1786, elle adopta celui de 1 à 15,77 en 1848 et celui de 1 à 15,48 en 1854, parce que telles étaient les variations de ce rapport dans la réalité. — Les États-Unis en 1791 adoptèrent le rapport de 1 à 15, en 1834 celui de 1 à 16. — La Hollande prit d'abord le taux de 1 à 15,5, puis, en 1816, elle l'abaissa à 1/15 7/8 et en 1847 elle adoptait l'étalon d'argent. — L'Angleterre jusqu'en 1816 eut le rapport de 1 à 15,21. — La Russie passa du taux de 1 à 15, taux auquel elle introduisit en 1817 l'or dans sa circulation, au taux de 1 à 15,45. — La Belgique n'adopta le système français que 30 ans après la France, en 1833, l'Italie, en 1862. La Suisse l'avait adopté en 1850. Ce sont donc en réalité les lois qui ont suivi les variations du rapport commercial.

Cependant nous ne contestons pas que la loi n'ait une influence sur la valeur des métaux monétaires, nous prétendons même que cette influence est néfaste et qu'il faut l'éviter. Mais nous constatons que l'Union latine a fait preuve de présomption en adoptant le rapport de 1 à 15 1/2 comme la loi éternelle qu'elle voulait imposer aux métaux. La fixation légale du rapport peut avoir une influence momentanée, temporaire, sur la valeur des métaux, mais elle ne peut pas empêcher une variation nette et considérable. Si elle essaye de le faire, elle en est la première victime, car c'est le système monétaire qui croule avec la prospérité économique et quelquefois avec l'indépendance de la nation. M. Wolowski (1) comparait l'emploi de deux métaux dans la circulation à un pendule compensateur. Michel Chevalier reconnaissait en 1850 que l'argent avait servi de parachute à l'or. L'emploi des deux métaux dans un rapport déterminé diminue donc l'amplitude des variations, mais l'Union latine a cru pouvoir supprimer ces variations. C'est en cela qu'elle s'est trompée.

La suite prouva bien la faiblesse de cette législation. Mais ce qui le prouvait mieux encore c'est le but immédiat que se proposait la convention et qui nous permettra de formuler un second grief contre le traité.

---

(1) *Enquête sur la question monétaire*, 1869-70, p. 28.

2° Ce but immédiat consistait à remédier à l'appréciation de l'argent par rapport au taux de 15 1/2. Suivant une loi fatale, quand ce rapport était devenu dans la pratique défavorable à l'or, ce métal s'exportait et inversement. Or depuis 1850 l'or baissant de valeur par suite des découvertes des mines d'Australie et de Californie, le rapport tomba au-dessous de 15 1/2. L'or valut seulement 15 1/3 en moyenne par rapport à l'argent jusqu'en 1864. En conséquence l'argent s'exportait. La Suisse réduisit le titre de ses pièces divisionnaires à 800/1000 en 1860, l'Italie le réduisit à 835/1000 en 1862, la France en 1864 à ce même titre. La Belgique seule avait conservé le titre de 900/1000 pour toutes ses pièces. Le traité décida pour toutes les nations unies que les pièces divisionnaires seraient désormais frappées au titre de 835/1000. Ces pièces devenaient purement représentatives d'une valeur fixée par leur nom et payable en or ou en pièces de 5 francs. La frappe en était réservée à l'État, limitée à 6 fr. par habitant. Elles recevaient cours légal dans l'État émetteur jusqu'à concurrence de 50 fr. par payement et cours officiel dans tous les États de l'Union jusqu'à concurrence de 100 francs par payement.

Cette législation spéciale aux pièces divisionnaires prouvait que l'on n'avait pas pleine confiance dans l'influence du rapport légal, puisqu'on prenait des mesures pour en arrêter la violation et pour intercepter par un moyen plus efficace la sortie définitive de l'argent. Si le rapport légal avait eu la force qu'on lui prêtait, l'argent serait rentré de lui-même dans le commerce : il n'y aurait pas eu lieu de se préoccuper de sa disparition.

Mais il advint que le rapport légal qui avait été favorable à l'or par suite de sa dépréciation et de l'afflux extraordinaire de ce métal, après 1850, redevint défavorable à ce métal après 1865 ; l'argent apprécié par la loi rentra dans l'Union latine. Et comme la seule pièce dont la frappe fût libre était la pièce de 5 francs, ce furent les écus qui s'accumulèrent dans les pays alliés. C'est ici le moment d'indiquer le troisième mode d'intervention des États fédérés dans leur circulation réciproque.

3° Nous avons dit que les États de l'Union avaient adopté un système monétaire existant, mais qu'ils avaient déclaré fixe et permanent le rapport de valeur de 1 à 15 1/2 entre l'argent et l'or, qu'ils avaient donné aux pièces d'argent divisionnaires les caractères d'une monnaie nettement représentative, enfin qu'ils avaient attribué aux monnaies d'or et à l'écu de 5 francs le cours légal plein dans l'État qui les aurait fabriquées et le cours officiel dans tous les autres États de l'Union. La frappe de ces dernières pièces restait libre.

Tout alla bien tant que le rapport légal correspondit au rapport commercial. Il se forma un vaste champ de circulation des monnaies de l'Union. C'est le point essentiel pour notre théorie. On le voit, les monnaies d'or et d'argent de la Belgique par exemple, n'avaient pas cours légal en France. Elles étaient simplement acceptées par les caisses publiques et leur circulation s'établit. Chacun était libre de les refuser. On les accepta et elles circulèrent sans encombre parce que l'État les acceptait pour son compte.

Mais un jour tout changea. L'argent, dès 1865 avait commencé à perdre légèrement de sa valeur. Peut-être la réduction des pièces divisionnaires par l'Union latine y avait-elle contribué. En 1866, l'Italie suspendit les payements en espèces, en 1870 ce fut la France. La Grèce qui avait accédé à l'Union en 1867 ne réussit pas jusqu'en 1883 à supprimer le cours forcé et elle dut le rétablir en

1885. L'argent fut refoulé en Belgique, en France où le cours forcé fut rapidement écarté. L'Allemagne profitant de sa victoire, de l'indemnité de guerre, de son unification politique, décidée d'ailleurs déjà depuis 1867 à adopter l'étalon unique d'or, réforma son système suivant ce principe et donna un nouveau coup au métal-argent. Les États scandinaves suivirent cet exemple et réussirent de 1872 à 1875 à se mettre d'accord pour l'adoption de l'étalon d'or. En 1873 ce furent les Etats-Unis qui répudièrent le bimétallisme.

L'argent profita de la situation exceptionnelle que lui faisait l'Union latine. Chassé de toute part il voulut profiter du rapport légal de 1 à 15 1/2 et de la frappe libre et demanda un refuge à la France, à la Belgique, qui se trouvèrent écrasées sous le poids. Il fallut agir. Les États de l'Union s'entendirent pour limiter d'abord la frappe, en fixant à chacun des alliés un *contingent* qui ne pût être dépassé. Une première convention intervint dans ce but en 1874, d'autres en 1875, 1876. Mais l'argent était en pleine panique. La Conférence monétaire de 1878 suspendit définitivement la frappe.

Il y eut alors une forte réaction en sens inverse. Mais le mal était fait. La France et la Belgique avaient accepté le lourd fardeau qu'elles portent encore. Il avait suffi d'une variation assez forte de la valeur d'un des métaux pour que la digue du 15 1/2 fût renversée. Dès lors l'écoulement du métal commença, c'est-à-dire la baisse définitive, irrémédiable peut-être, de l'argent un moment contenu. L'Alemagne cessa ses ventes en 1879, les États-Unis, inquiets pour leur production de métal blanc, poussés d'ailleurs par les producteurs, votèrent en 1878 le Bland Bill et rétablirent le bimétallisme, avec frappe obligatoire d'argent;

cette aberration ne s'explique que par l'influence des silvermen qui profitèrent dans leur intérêt particulier de la panique générale. En 1890 une nouvelle loi vint augmenter les achats d'argent, provoquant une surproduction nouvelle et accélérant la baisse.

Depuis, toutes les grandes banques accumulent des réserves d'or, l'Egypte en 1885, la Roumanie en 1890, la Tunisie en 1891, l'Autriche en 1892, ont adopté l'étalon d'or, l'Inde en 1893 a suspendu la frappe de l'argent et adopté un système voisin de l'étalon d'or. Les Etats-Unis ont rapporté les lois ordonnant les achats et la frappe obligatoire de l'argent. La Russie, l'Italie ont pris des mesures pour accumuler l'or dans les caisses de l'État. Qu'y a-t-il de surprenant que la baisse de l'argent continue ? Mais le système bimétallique a disparu partout laissant aux uns une production d'argent stérile, à d'autres des stocks de ce métal dont ils ne savent que faire, à d'autres enfin la ruine et le cours forcé, à tous les souffrances, les crises et la misère !

L'appréciation de la valeur du traité est fatalement noyée dans celle du système bimétallique ; l'une entraîne l'autre. On a même soutenu que l'Union latine n'avait eu des effets désastreux que parce qu'elle appliquait le système bimétallique, mais que, la convention, indépendamment du système, avait eu de bons effets (1).

a) Elle a créé, dit-on, une solidarité politique, qu'il est bon de respecter. Cette solidarité ne semble pas aujourd'hui bien solide au moins en ce qui concerne les rapports de la France et de l'Italie. Elle a amené en 1885 des discussions entre la France et la Belgique, qui auraient pu amener une

(1) M. Ducrocq, *Soc. d'Ec. pol.*, séance du 5 juillet 1894.

rupture entre les deux Etats plutôt que de consolider leurs bons rapports. Enfin, il faut dire que cette solidarité n'a servi ni à la Grèce, ni à l'Italie, qui sont dans une situation financière et commerciale déplorable, et qu'elle a coûté cher à la France et à la Belgique. Enfin la politique de l'Italie, au moins, ne semble pas depuis 1865 s'être orientée spécialement vers ses alliés de l'Union latine.

b) Au point de vue économique, on dit que c'est à l'Union latine que l'on doit la suspension de la frappe de l'argent, qui est un pas vers l'étalon d'or. Mais rien ne prouve que ce résultat ne se serait pas produit sans traité. Et d'ailleurs si un pas vers l'étalon d'or est un bien, ce système définitivement établi serait, semble-t-il, encore meilleur. Et c'est ce que l'on aurait pu faire sans traité. M. de Parieu, en 1867, le désirait vivement. Son projet n'a pas abouti.

Telle est la partie positive de l'accusation qu'on peut porter contre l'Union latine. En abordant la partie négative, c'est-à-dire celle qui consiste à lui reprocher de n'avoir pas prévu une question essentielle, on appréciera le véritable danger de ce genre de traités. L'Union latine n'a pas prévu la manière de sortir de la situation qu'elle créait. Elle a cru travailler pour l'éternité. C'est la question de la liquidation.

Cette grave question est aujourd'hui vidée, mais elle a fait l'objet de vives controverses à la Conférence de 1885. Le traité de 1865 ne réglait la liquidation que pour la monnaie divisionnaire dont chaque État, vu le caractère fiduciaire de cette monnaie, devait être responsable. Cette monnaie devait être remboursée en monnaie courante, d'or ou d'argent à 900/1000, à l'expiration de la convention ou dans les deux ans qui suivraient. — Après la limitation et la suspension de la frappe de l'argent à 900/1000 une clause du même genre aurait dû être appliquée à cette monnaie.

Mais la question qui se posa fut celle de savoir si cette clause devait avoir effet rétroactif, comme le voulait la France, ou bien si la dépréciation des pièces antérieures à 1874 devait être subie pour compte commun et celle des pièces postérieures proportionnellement aux quantités émises par chaque État, comme le voulait la Belgique. Après de longues discussions, qui amenèrent entre la France et la Belgique de graves dissentiments, il fut arrêté que, en cas de dénonciation du traité, chaque État serait tenu de rembourser aux détenteurs actuels, les pièces de 5 fr. qu'il aurait émises à leur *valeur nominale*, en or ou en billets de banque ayant cours légal dans l'État *créancier*, mais seulement jusqu'à concurrence de la moitié du solde, l'autre moitié devant être remboursée ultérieurement par le jeu naturel des changes.

La France était la plus intéressée dans la question, et cela en sa qualité d'alliée la plus riche, la plus prospère économiquement. En effet l'Italie et la Grèce étant au régime du cours forcé, leurs écus sont naturellement chassés vers la France. De plus les changes étant en général favorables à la France en présence de ses alliées, c'est chez elle que toute la monnaie de l'Union vient s'accumuler. Sa prospérité même et sa supériorité économique en font donc le déversoir naturel de la monnaie dépréciée de toute l'Union. C'est là qu'est le vice capital de ce genre de traités. Ils n'empêchent pas la ruine des Etats malheureux ou mal administrés, ils l'exagèrent plutôt en aggravant les maux que cause un mauvais système monétaire et ils font subir aux Etats riches et prospères le contre-coup des malheurs des autres en leur faisant recueillir toute la mauvaise monnaie de leurs alliés.

La France se trouve aujourd'hui en possession, d'après

les dernières évaluations de M. de Foville (1), de 2 milliards en écus, dont 345 millions d'écus belges. M. Pirmez (2) évaluait en 1885 à 125 millions les écus français dans la circulation belge. Le solde créditeur de la France en écus belges serait donc de 220 millions, dont 100 sont remboursables par la voie des changes et 220 en or.

En outre la France se trouve en possession de 328 millions d'écus italiens et l'Italie n'a presque pas d'écus français. Cent millions sont remboursables par le jeu des changes, mais cette voie est fermée par le cours forcé. Quant aux 228 millions qui seraient remboursables en or, l'Italie aurait de la peine à les payer.

Enfin la France aurait du même chef une créance de 7 millions sur la Grèce, qui est soumise au cours forcé avec une prime de 70 à 80 0/0 sur l'or.

Non seulement cette situation est des plus graves pour la France, mais elle semble s'aggraver de jour en jour, parce que les changes dans les pays régis par le cours forcé se déprécient de jour en jour, que les écus s'accumulent de plus en plus en France et que la valeur de l'argent baisse pendant que l'or renchérit.

L'histoire de l'Union latine, comme celle de l'Union austro-allemande, est la condamnation des traités d'union monétaire. Ces traités sont violés par les États pauvres ou mal administrés ou même par les États riches, dans les moments de crises. Les alliés n'ont aucune sanction, aucune arme contre ces violations. Les plus riches, les plus prospères endossent les erreurs ou les maladresses de leurs associés.

---

(1) *Economiste fr.*, 7 nov. 1891 (14 et 21 nov.).
(2) Confér. de 1885. Procès-verbaux.

Enfin, quand ces traités consacrent un mauvais système monétaire, ils en aggravent les vices.

6. — *Conférences internationales. Agitation bimétallique.*

Ces considérations n'ont pas semblé suffisantes pour détourner de leurs projets ceux qui rêvaient l'établissement de systèmes internationaux ou universels. De nombreuses conférences se sont réunies en 1878, 1881, 1885, 1889, 1892 dans le but d'amener la formation d'unions monétaires internationales. Elles ont toutes misérablement échoué. Nous avons fait de fréquentes allusions aux essais infructueux de leurs membres pour s'entendre. Ces conférences se sont toutes ajournées *sine die*. La dernière, celle de 1892, s'était ajournée à 1893. Mais elle est restée dans l'ombre et il semble que la science n'y a pas perdu, car le résultat était prévu.

Le groupe agricole de la Chambre des députés vient de déposer une proposition de résolution ayant pour but de convoquer une conférence internationale pour l'établissement du bimétallisme universel.

L'histoire n'est pas seule à protester contre de nouveaux essais de ce genre ; un coup d'œil sur l'état actuel du monde suffit à montrer que les lois naturelles et les aspirations du commerce ont une direction toute opposée.

§ 2. — Les progrès de l'étalon d'or. — Il régit la moitié de l'humanité civilisée.

Si l'on admet, ce que nous considérons comme incontestable, que le bimétallisme n'existe pas sans la frappe libre des deux métaux, il est vrai de dire que la France et la Belgique sont aujourd'hui sous le régime de l'étalon d'or. Tout au plus peut-on désigner leur système actuel sous le nom d'*étalon boiteux*, en considérant que c'est là un acheminement très net vers l'étalon d'or. Ce système est d'ailleurs celui de l'Allemagne qui est de l'avis de tous, régie par un système très voisin de l'étalon d'or.

On peut ranger dans l'ordre suivant les États qui ont adopté l'étalon, d'après la date de cette adoption.

1816. L'Angleterre a l'étalon d'or depuis près d'un siècle. C'est en 1798 qu'elle a modifié son système, qui était celui du double étalon avec le rapport de 1 à 15, 21, et qu'elle a suspendu la frappe libre de l'argent. Dès lors la transformation était faite. En 1816, la loi qui avait suspendu provisoirement la frappe de l'argent, en établissant le système qu'on désigne aujourd'hui sous le nom d'*étalon boiteux*, fut rendue définitive et l'étalon d'or légalement consacré. Depuis cette époque, l'Angleterre a fait les plus grands sacrifices pour rester fidèle à un système qui a puissamment contribué à sa grandeur et auquel elle doit une merveilleuse circulation fiduciaire, qui fait l'admiration du monde.

1854. Le Portugal a adopté l'étalon d'or depuis 1854, mais dans ces dernières années, il s'est trouvé obligé pour faire face à une situation critique, de suspendre les payements en espèces. Depuis 1891 il est au régime du cours forcé et attire par une politique financière déloyale la réprobation de tous.

1871. C'est en 1871 que s'ouvre la période vraiment favorable à l'étalon d'or. Déjà les conférences, les auteurs, à la suite du commerce, recommandaient l'adoption de ce système depuis de longues années. Dès 1867, à la suite de la Conférence Internationale monétaire tenue à Paris, l'étalon d'or était en honneur, la France y songeait sérieusement, comme en témoignent les rapports présentés à l'Empereur. L'Allemagne était décidée à l'établir chez elle. Cette puissance profita des circonstances favorables de 1870 pour mettre son projet à exécution. Elle donna donc le signal et, répudiant le système de l'étalon d'argent qu'elle avait pratiqué sous l'empire de la convention de 1857, elle plaça la réforme monétaire au premier rang des projets de la nouvelle Confédération. Deux lois de 1871 et de 1873 organisèrent le système nouveau sur la base du mark dont le pair est 1 fr. 2346. Les ventes d'argent commencèrent aussitôt. Les anciens thalers furent conservés dans la circulation comme monnaie représentative d'or au taux de 1 à 15 1/2, c'est-à-dire que 3 thalers valaient 1 mark d'or. On comptait retirer peu à peu les thalers de la circulation et renvoyer à l'Autriche ceux qui lui appartenaient quand elle reprendrait les payements en espèces. Les thalers ainsi conservés gardaient cours légal plein, mais on voit qu'ils étaient purement représentatifs et que par suite l'étalon boiteux équivaut à l'étalon d'or. La monnaie représentative frappée en conformité de la loi nouvelle ressortait au taux de 13,95. Nous avons vu que, les ventes d'argent ayant été suspendues en 1879, l'étalon boiteux existe encore actuellement en Allemagne.

1873. L'*Union scandinave* obéissant à l'impulsion du commerce et de l'opinion en faveur de l'or suivit de près l'exemple de l'Allemagne et adopta de 1873 à 1875 l'étalon d'or sur la base de la couronne dont le pair par rapport au franc d'or est de 1 fr. 38.

1875. La *Hollande* avait autrefois l'étalon d'argent. En 1816 elle se fit bimétalliste, en 1847 elle vota de concert avec la Belgique le retour au monométallisme argent. Depuis 1875 l'or et l'argent ont pouvoir libératoire illimité dans les Pays-Bas et ses colonies, mais la fabrication des florins d'argent a été complètement suspendue. Il en résulte que le système actuel est celui de *l'étalon boiteux*. Les tendances sont pour l'étalon unique d'or (1).

1877. La *Finlande*, qui avait primitivement les mêmes monnaies que la Russie, s'est séparée de cet Etat en adoptant la *marka* d'argent, équivalent du franc. Ce fut un système de transition. En 1877 le cours légal des monnaies d'argent fut limité, l'étalon d'or proclamé et les pièces taillées suivant le système français à l'exception de la pièce de 5 francs qui n'y est pas représentée.

1878. Suspension de la frappe de l'argent dans *l'Union latine*.

1885. En *Egypte* on comptait avant 1885 en livres égyptiennes d'or de 100 piastres, analogues aux livres turques et anglaises. La dernière frappe de livres égyptiennes date de 1855. Cette pièce a été retenue par la loi de 1885 qui a introduit en Egypte l'étalon d'or. Les monnaies d'or étrangères circulent à un cours officiel qui donne à la livre anglaise une valeur relativement supérieure à celle des autres monnaies étrangères. Aussi le souverain est-il devenu la base de la circulation.

1890. La *Roumanie* a adopté l'étalon d'or en 1890. La loi du 14 avril 1867, mettant de l'ordre dans la diversité des monnaies qui pullulaient dans le pays avant cette époque, remplaça le système basé sur le *leu ancien* par un système analogue à celui de l'Union latine, et choisit comme unité le *leu nouveau*, identique au franc. Cepen-

---

(1) Le Touzé, *l. c.*, p. 373.

dant les pièces de 5 francs n'eurent pas cours légal dès l'origine. Le commerce s'habitua, après quelques tâtonnements, à compter en or. L'argent fit perte. La spéculation s'en mêla et, en vertu de la loi de Gresham, l'or s'expatria. La circulation se composait d'ailleurs principalement de pièces étrangères tarifées par l'État et admises dans le commerce au cours officiel. On en vint bientôt à frapper la pièce de 5 francs. La prime sur l'or ne fit qu'augmenter. Les besoins suscités par la guerre de 1877-1878 contre la Turquie obligèrent à émettre des billets hypothécaires à cours légal. Ces billets représentaient un emprunt de 26 millions garanti par première hypothèque sur les biens de l'État. On chargea la Banque Nationale, par la loi qui la constituait, de retirer ces billets en en émettant d'autres en son nom personnel. L'État s'engageait à les rembourser en 1885. A cette époque le remboursement fut ajourné à 1892. La circulation de ces billets à découvert, le poids des dépenses occasionnées par la guerre, la spéculation, la baisse de l'argent dans l'univers entier, accrurent la prime sur l'or qui atteignit 25 0/0. La politique du gouvernement changea en 1880 et l'administration nouvelle rendit un service incontestable au commerce en arrêtant les progrès de la prime sur l'or. L'acte de 1884, renouvelé en 1889, fut dénoncé et les billets remboursés par une conversion en 4 0/0 amortissable (1889). C'était une première mesure contre la prime de l'or. La seconde consista dans l'adoption de l'étalon d'or (Loi du 15-27 octobre 1890). Les pièces de 5 francs n'ont plus cours légal que jusqu'à concurrence de 50 francs. De nombreuses pièces d'or étrangères sont admises à un cours officiel déterminé : le louis d'or, au pair, le souverain anglais à 25 fr. 22, la pièce de 20 marks à 24 fr. 70, le ducat russe à 12 fr. 40, etc...

Le passage à l'étalon d'or s'est fait, sans l'adoption de l'étalon boiteux ni de quelque autre système intermédiaire, sans demi-mesure, sans grande secousse. Et si le pays souffre actuellement d'une crise, il est certain que cette crise n'a pas sa source dans une mauvaise circulation monétaire. C'est une crise agricole, provoquée par des causes naturelles et par la dépréciation des céréales, qui est universelle, c'est une crise de répercussion provoquée par la situation des États voisins. Mais le crédit de l'État est des plus solidement assis, ses monnaies sont au pair, et l'État possède en propre, à ne compter que ses chemins de fer, de quoi garantir sa dette. Les progrès de l'industrie, la fin de la crise qui pèse sur le monde et une bonne administration financière promettent à ce pays un rang dans le monde que peu d'Etats peuvent aussi légitimement rêver.

Nous nous sommes étendu sur la réforme roumaine parce qu'elle est la seule aujourd'hui dans le monde qui ait été complète et radicale. Nous avons vu que l'Allemagne a passé par le système de l'étalon boiteux et qu'elle est encore sous ce régime, ainsi que la Hollande, l'Union latine, l'Autriche, l'Inde, etc... La réforme roumaine est particulièrement intéressante à ce point de vue et mérite d'être suivie de près dans ses conséquences.

1891. En 1891 la France a introduit en *Tunisie* l'étalon d'or. Les anciennes monnaies ont été retirées de la circulation et remplacées par les monnaies de l'Union latine, sauf la pièce de 5 francs.

1892. En 1892 c'est l'*Autriche* qui adopte l'étalon d'or basé sur la couronne divisée en 100 hellers. La couronne vaut 1 fr. 05. Les monnaies sont analogues à celles de l'Union latine.

L'ancien florin a été évalué à 2 fr. 10 : il valait commercialement 1 fr. 55. Il continue à représenter 2 couronnes et garde cours légal plein, en attendant son expulsion définitive. C'est donc le système de l'étalon boiteux. Les billets de l'Etat et de la Banque restent en circulation au même taux de 2 couronnes au florin.

1893. La *Russie* est sous le régime du cours forcé, mais elle a légalement l'étalon d'or. En effet, en juillet 1893, la frappe du rouble argent fut suspendue et sa valeur fixée à 55 kopeks au lieu de 60 pour le payement des droits de douane. Le rouble-argent se trouve ainsi destitué (1) et ne fait plus partie du système monétaire russe. Le rouble-papier et la monnaie de billon sont restés évalués à 60 kopeks par rouble.

Les billets d'Etat à cours forcé sont fortement dépréciés malgré les mesures que l'Etat a prises pour retenir l'or : payement en or des droits de douane, suspension de la frappe de l'argent, interdiction de toutes les monnaies étrangères d'argent, sauf les yamb chinois, émission d'emprunts payables en or, accumulation d'encaisses d'or pour garantir les billets.

1893. Les *États-Unis* ont abrogé le 30 octobre 1893 le Sherman Bil qui, suspendant la frappe de l'argent par les particuliers, la rendaient obligatoire pour l'État. La frappe du métal blanc est depuis lors définitivement suspendue pour l'État comme pour les particuliers, et le système monétaire est celui de l'étalon boiteux.

1893. Le gouvernement des *Indes* a suspendu la frappe de l'argent et adopté ainsi le système de l'étalon boiteux.

Il faut ajouter à ces Etats les colonies anglaises, en par-

(1) Ott. Haupt., 745.

ticulier l'Australie, qui pratiquent le système de la métropole.

D'ailleurs pour résumer ce tableau avec une complète impartialité nous distinguerons les pays qui ont définitivement l'étalon d'or et ceux qui s'acheminent vers ce régime, soient qu'ils aient l'étalon boiteux, soit qu'ils n'aient l'étalon d'or que nominalement comme le Portugal, qui est dans une situation financière précaire, qu'il ne faut pas confondre avec sa situation monétaire.

PAYS A ÉTALON D'OR		POPULATION Millions d'habitants
Angleterre et colonies	1816	51
Union scandinave	1873	9
Roumanie	1890	6
Égypte	1885	8
Finlande	1877	2.5
Tunisie	1891	1.5
		78

PAYS A ÉTALON BOITEUX OU A ÉTALON D'OR NOMINAL			
France	Union latine	1878	38
Belgique	Union latine	1878	6
Italie	Union latine	1878	32
Suisse	Union latine	1878	3
Grèce	Union latine	1878	2
Allemagne		1871	51
Autriche-Hongrie		1892	44
Russie		1893	123
États-Unis		1893	67
Pays-Bas		1875	35
Indes		1893	290
Portugal		1891	5
			696
			78
			774

La population des États civilisés, ou plutôt des États ayant des recensements officiels, s'élève à 1544 millions (1). Il résulte de la comparaison de ces deux chiffres que $\frac{774}{1544} = 1/2$ c'est-à-dire *exactement la moitié* du monde civilisé est régie aujourd'hui par l'étalon d'or ou en voie d'organisation de ce régime. L'autre moitié est divisée entre un bimétallisme plus ou moins avarié, l'étalon d'argent et le cours forcé.

Ce chiffre est éloquent. Il montre que l'unification des systèmes monétaires est en bonne voie et que le monde s'oriente vers l'étalon d'or.

§ 3. — **Conclusions générales.**

Nous conclurons donc en faveur du *système de l'étalon d'or avec cours simplement officiel de la monnaie d'argent* et nous résumerons brièvement les principales considérations qui plaident en faveur de ce régime.

1° Le *cours officiel* est le taux auquel les caisses publiques acceptent ou payent une monnaie. La fixation de ce cours est le mode originaire et naturel d'intervention des pouvoirs publics dans la circulation.

2° Le *cours légal* est le taux auquel l'Etat impose aux particuliers une monnaie dans leurs relations privées lorsqu'ils n'en ont stipulé aucune. Il résulte de la fixation du cours légal une obligation permanente pour l'Etat qui consiste à garantir à la monnaie la valeur fixée par ce cours. Sans cela, le cours légal aboutirait à frustrer les particuliers.

(1) D'après E. Reclus.

Le cours légal s'est introduit à la suite du *cours forcé*, système dans lequel l'Etat ne prend pas l'engagement de garantir la valeur, qu'il a attribuée à la monnaie.

C'est ainsi que les billets de la Banque de France ont eu longtemps simple *cours officiel*, les caisses publiques les recevaient à leur valeur nominale. — La loi du 12 août 1870 leur a attribué le *cours forcé* en obligeant les particuliers à les accepter (art. 1er) et dispensant, jusqu'à nouvel ordre, la Banque de les rembourser (art. 2). — En vertu de la loi du 3 août 1875, le cours forcé a été aboli à dater du 1er janvier 1878, mais l'article 1er de la loi du 12 août 1870 est resté en vigueur, les particuliers se sont trouvés obligés de recevoir les billets à leur valeur nominale, c'est-à-dire que du cours forcé il est resté une épave : le *cours légal*. Les commerçants ont réclamé eux-mêmes cette mesure (1).

3° L'État ne doit donner cours légal qu'à une seule monnaie, à la monnaie usuelle, préférée par le commerce, que les particuliers ont dû le plus naturellement avoir en vue en contractant. Le cours légal, étant une interprétation de volonté faite par la loi, doit se conformer le plus possible au choix qu'auraient fait vraisemblablement les parties elles-mêmes.

C'est aujourd'hui, dans la plupart des États, la *monnaie d'or* qui semble destinée à recevoir le cours légal.

4° L'Etat doit donner cours officiel, c'est-à-dire accepter à ses caisses, toutes les monnaies dont le commerce a un besoin évident. Les refuser, c'est en entraver la circulation, car l'Etat est le commerçant le plus influent du marché.

---

(1) Voir *Le Monde économique*, Le billet de la Banque de France, Beauregard.

Il doit donc donner cours officiel d'abord aux monnaies d'or étrangères, comme on le fait en France pour les pièces de 10 et 20 pesetas espagnoles, par exemple.

Il doit en outre donner cours officiel à la monnaie d'un métal qui n'a pas cours légal dans le pays, quand sa circulation dans ce pays est imposée par les nécessités du commerce. C'est ainsi que l'Inde anglaise, ayant l'étalon d'argent, a donné à diverses reprises cours officiel à la livre sterling. C'est ainsi qu'aujourd'hui en France les pièces d'argent de l'Union Latine ont cours officiel sans avoir cours légal.

5° Un système basé sur ces principes *associerait les deux métaux monétaires, l'or et l'argent*, dans la circulation des divers Etats, en leur laissant leur *valeur réelle*, commerciale.

6° Ce système résoudrait le *problème monétaire*, relèverait la valeur de l'argent, rendrait à ce métal un rôle dont il est digne et qu'il a perdu, mettrait fin à la *diversité des systèmes monétaires* qui est la cause capitale des crises.

7° Il préparerait par une transition progressive et lente l'*unification monétaire*.

8° Enfin ce système serait l'application pratique et rationnelle du principe, que nous avons indiqué au début de cette étude, sur le *role de l'Etat dans l'ordre économique* :

1. Il aboutirait à *pourvoir aux services communs* en matière monétaire *dans une mesure où l'action, même combinée, des individus serait impuissante*, puisqu'il mettrait l'influence commerciale et le crédit de l'Etat au service des besoins du commerce national et qu'il organiserait un système monétaire, garanti par l'Etat, assurant le libre jeu des transactions et fournissant à tous une monnaie sincère et estimée.

2. — L'Etat, en revanche, laissant au commerce une complète liberté, se pliant à ses exigences, n'entravant pas ses mouvements, s'abstenant d'attribuer arbitrairement aux monnaies de son choix un cours forcé ou une valeur artificielle, prouverait qu'il sait *se retirer* à temps *dès que l'action individuelle semble pouvoir intervenir utilement seule et sans assistance* et qu'il n'attend pas qu'on lui applique le mot de Talleyrand, que n'aurait pas désavoué Machiavel : « Surtout, Messieurs, pas de zèle ! »

Vu :
Le Président de la thèse,
PAUL BEAUREGARD.

Vu :
Le Doyen,
COLMET DE SANTERRE.

Vu et permis d'imprimer :
Le Vice-Recteur de l'Académie de Paris,
GRÉARD.

POSITIONS

Positions prises dans la thèse.

DROIT ROMAIN

I. — Sous le système de l'as libral la monnaie romaine était purement représentative.

II. — L'as libral se pesait dans les transactions les plus importantes.

III. — L'introduction des diverses tailles de monnaies à Rome fut déterminée par l'influence du commerce et les relations avec les pays étrangers.

IV. — L'altération des monnaies amène fatalement le commerce à renoncer à l'échange et à pratiquer le troc.

ECONOMIE POLITIQUE

I. — La crise actuelle a son origine dans les vices de la circulation monétaire internationale.

II. — La théorie des crises est dominée par une équivoque sur le sens du mot crise.

III. — Le cours forcé est toujours nuisible, il dénote une situation financière misérable.

IV. — Le système de l'étalon boiteux est un système de transition.

Positions prises en dehors de la thèse.

DROIT ROMAIN

I. — La mancipation, à l'origine de la législation romaine, ne portait pas sur les immeubles.

II. — On ne peut pas fixer exactement l'époque où la mancipation devint une vente fictive.

III. — Le testament *per æs et libram* est le résultat de la fusion des modes testamentaires antérieurs.

IV. — Le payement a le même objet que le contrat.

DROIT CIVIL FRANCAIS

I. — L'article 1895 n'est pas inconciliable avec les principes monétaires.

II. — Le droit de remboursement des rentes constituées par l'Etat est indiscutable (art. 1911 et 1912).

III. — Les lois relatives à la limitation du taux de l'intérêt conventionnel reçoivent exception en matière de rentes viagères (art. 1976).

IV. — La loi du 3 septembre 1807 sur le taux de l'intérêt ne s'applique pas aux prêts de denrées et autres choses mobilières.

FINANCES

I. — L'impôt progressif n'est pas plus arbitraire que l'impôt proportionnel et il est plus équitable.

II. — La fixation au premier janvier du commencement

de l'exercice financier rend inévitable le recours aux douzièmes provisoires.

ECONOMIE POLITIQUE

I. — La limitation de l'émission des billets de banque est préférable à la liberté absolue.

II. — Les statistiques douanières constituent un moyen d'information très imparfait.

TABLE DES MATIÈRES

DROIT ROMAIN

DU ROLE DE L'ÉTAT EN MATIÈRE MONÉTAIRE A ROME

ÉCONOMIE POLITIQUE

DU ROLE DE L'ÉTAT EN MATIÈRE MONÉTAIRE

Imp. G. Saint-Aubin et Thevenot, Saint-Dizier, (Hte-Marne). 15-17, passage Verdeau Paris

Imp. G. Saint-Aubin et Thevenot, Saint-Dizier (Haute-Marne) 15-17, passage Verdeau, Paris.

www.ingramcontent.com/pod-product-compliance
Ingram Content Group UK Ltd.
Pitfield, Milton Keynes, MK11 3LW, UK
UKHW012005240726
13965UKWH00001B/168

9 782013 462723